産業現場の ノンテクニカルスキル2.0の取り組み

― 事故防止教育の新展開

著

南川 忠男　堤 克一路　野田 誠司　井上 哲夫

化学工業日報社

まえがき

　ノンテクニカルスキル教育を始めたが、成果がまだ現われていないなどの課題を持ち、また、このまま続けていいのか自問自答して波に乗れていない事業所もあると思う。

　ノンテクニカルスキル教育は意識改革教育のようなものなので、従業員の意識が変わるには5,6年はかかると思われる。行動特性評価の場合、やり方によっては即効的成果が現われるのもある。

　すでに5年以上教育を継続していて、課題解決を模索している事業所の方々や心理学の先生など7名が2020年夏に集まり、課題解決の一助になれないかと思い、2年間かけて意見交換を行った。その後の1年（2022年秋から2023年夏）ではその課題解決に貢献する教材（コンテンツ）を開発した。その意見交換を通じて得られたことは多く、本書は課題解決の糸口としての「ノンテクニカルスキル2.0」という概念の提唱及びそれに基づく教材の開発の経緯や内容・ねらいを記述した。

　すでに多くの事業所の方々に利用いただいた先行しているノンテクニカルスキル教育の体験教室やコンテンツ提供教室に寄せられた振り返りシートの抜粋を第3部に、更に今回のノンテクニカルスキル2.0のコンテンツ提供教室の振り返りシートも収載した。

　今後これらの教室を申し込みをし、受講する事業所の方々

にとって本書がノンテクニカルスキル教育のガイドブックとなり、経験や悩みを共有でき、改善のきっかけになることを期待したい。

ノンテクニカルスキル教育を開始する事業所や1，2年経過の事業所の方々にこのような本が欲しかったと思われるようにしたかった。2004年に初めてノンテクニカルスキル教育の計画を立てて、翌年から実行していったが、本書のようなノンテクニカルスキル2.0も紹介した実践ガイドブック的な手引書があれば、試行錯誤あるいは紆余曲折はしなかっただろうと思う。

その当時はそのプログラムが一番良いと思って作成し、教育に使用したが、教育の経験を重ねていき、振り返りシートに記述された受講者の要望や意見に対応をしていくと良いプログラムのあるべき姿や必要な行動特性評価やそのフォローアップの仕方が見えてきた。見えてくると努力して手が届き、改善できた。上述の試行錯誤あるいは紆余曲折は回り道でなく、必然の歩みだったのかなと追想する。本書の読者がノンテクニカルスキル教育を開始したり、改善したりするときにより効果的で本来のノンテクニカルスキル教育の実施の役に立てればと思い、また、よく考えてやった後で振り返ったときに「間違っていなかった」という自信が胸によぎるように筆をとった。

事故の原因は技術的な面（テクニカルスキル）よりノンテ

クニカルスキルの面が増加している。この現状を改革するには、ハード面の対応にプラスして、ノンテクニカルスキルの向上教育が必要である。ノンテクニカルスキル教育とハード面の対策の両輪で再発防止を図るとよい。

ノンテクニカルスキル教育を始めるにはトップマネージメントの決意とそれを受けて教育を実施するインストラクターの力量が求められる。この両方が揃わないと、ノンテクニカルスキル教育を始めることも継続することもできない。ノンテクニカルスキル 2.0 の概念はインストラクターやその周りの人たちのスモーラーリーダーシップの必要性及びトップマネージメントも含めたメンターまでのワークエンゲージメントの必要性も論じており、少しづつ実践していけばゴールが近づいてくるだろう。

本書の章立てとそのポイントを概観すると、第 1 部 4 章、第 2 部 7 章及び第 3 部 7 章の合計 18 章で構成している。

第 1 部ではノンテクニカルスキル 2.0 の概念を提案した動機及びその構成要素のスモーラーリーダーシップとワークエンゲージメントについて詳しく記述している。2020 年から 2 年間活動した「ノンテクニカルスキル枠組みワーキンググループ（WG）」の成果としてノンテクニカルスキル 2.0 の概念が想起された背景やそこに至った調査経緯を記述している。

第 2 部ではノンテクニカルスキル 2.0 の概念に基づき、求められているコンテンツを開発しようと有志が集まり、2022

年秋から2023年夏にかけて6個の教材を開発制作した経緯が記されている。第2部のそれぞれの章は統一した節立てとしており、第1節に開発の背景、第2節以降にコンテンツの内容、活用法と期待される効果で構成している。コンテンツはそれぞれのテーマに対応した演習用の映像を制作し、編集したものが提供されている。

　第6章「その気にさせる会話術」は産業界の多くの人たちの要望である「行動特性評価後、どのように部下と面談すればよいか教えて欲しい」に応えた待望のコンテンツと自負している。このコンテンツで話されるのは高いゴールと思われるが、小さなゴールへの歩みの積み重ねと継続でいい面談者（メンター）になれることを目指している。

　第11章「意思決定力の自己評価」では意志力が自己評価できるように設問を考案し、2021年11月開催の第2回体験教室の意見交換会で参加者44名が体験したことを記述した。編者である南川は4名の記述のレベルが大きくずれないように考慮し、2024年2月から月1回の編集会議を行い、それぞれの執筆者が力をいれたコンテンツを中心に教訓やその筆者の一家言も追記した。

　第13章「化学工学会安全部会の行動特性研究会の実績」では前著『産業現場のノンテクニカルスキル教育　実践ガイドブック』において、2016年5月開催の化学工学会安全部会主催の第1回行動特性研究会から2019年6月開催の第10

回までの内容について記録・収載しており、本書では2020年から2024年のWebによるオンライン配信開催の5回分の記録を追加した。

第14章「化学工学会安全部会のノンテクニカルスキル講座の実績」は2015年9月開催の第1回から2023年開催の第16回までの記録を当時の募集案内文を含めて、転記編集した。

第15、16、17、18章は2020年9月以降に開催・開始されたイベントでその開催の目的、実績及び参加者からの振り返りシート抜粋で構成している。これらの教室は2024年2月末までで累積236件の申し込みがあり、実施した。全236回の内、出張講座が10回（すべて新型コロナウイルス感染症の5類感染症移行後・コロナ終息後）となる。

最後に本書刊行においてお世話になった多くの方々に御礼を申し上げます。発刊の機会を与えてくださった化学工業日報社の増井靖氏には章立ての構想から紙面構成や内容へのアドバイスなど提供してくださったことに深く御礼申し上げます。

産業界のみならず建設、流通、食品、運輸など広い業界にノンテクニカルスキル教育が普及することを願っています。

2024年（令和6年）9月

南川 忠男

目　次

まえがき ……………………………………………………………… i

第1部　ノンテクニカルスキル2.0の概要

第1章　ノンテクニカルスキル2.0とはなんであろうか？

1－1	はじめに ………………………………………………	3
1－2	ノンテクニカルスキルの新しい要素の発見 …………	5
1－3	ノンテクニカルスキル 2.0 の誕生 ……………………	14
1－4	ノンテクニカルスキル 2.0 に基づく業務遂行 ………	18
1－5	ノンテクニカルスキル 2.0 のメカニズム ……………	20
1－6	ノンテクニカルスキル 2.0 に基づくスキル教育 ……	22
1－7	ノンテクニカルスキル 2.0 における教育の体制 ……	26
1－7－1	トップマネージメント ………………………………	26
1－7－2	信頼される事務局体制の構築 ………………………	27
1－7－3	熱意あるインストラクターの存在 …………………	28
1－7－4	教育のプログラム ……………………………………	29
1－7－5	集合教育について ……………………………………	29
1－7－6	集合教育の教材について ……………………………	33
1－7－7	集合教育のスタイルについて ………………………	34

| 1−7−8 | 階層別教育の必要性 …………………………………… 36 |

1−8 ノンテクニカルスキル 2.0 における教育需要の導出方法 （事故調査の手法） ……………………………………… 37
1−8−1	事故原因の分類 …………………………………………… 37
1−8−2	事故原因調査 ……………………………………………… 40
1−8−3	これまでの重要なノンテクニカルスキルの教育テーマ… 42
1−8−4	これまでに我々が導き出し、教育したテーマの実例 … 43

第2章 ノンテクニカルスキル2.0における スモーラーリーダーシップ

2−1 スモーラーリーダーシップとは? ……………………… 47
2−1−1 スモーラーリーダーシップの向上に必要な
14 の行動要素 ……………………………………… 49
2−2 スモーラーリーダーシップの効能 ……………………… 54

第3章 ノンテクニカルスキル2.0における ワークエンゲージメント

3−1 ワークエンゲージメントとは? ………………………… 59
3−2 ワークエンゲージメントの向上に必要な7つの行動要素 〜活力・熱意・没頭が整っている状態 ………………… 61
3−3 ワークエンゲージメントの効能 ………………………… 63

第4章 ノンテクニカルスキル活動の進め方

4−1 ノンテクニカルスキル活動の初動 ……………………… 71
4−2 初動の2つのパターン …………………………………… 72
4−3 トップダウン型の初動の進め方 ………………………… 73

4－4	ボトムアップ型の初動の進め方	80
4－5	理想的な初動の進め方	82

第2部 ノンテクニカルスキル2.0向け新コンテンツ

第5章 新危険敢行性・危険感受性の評価手法

5－1	開発の背景	87
5－1－1	危険敢行性とは	89
5－1－2	従来型KKマッピングとは	90
5－1－3	従来型KKマッピングの4類型	92
5－1－4	開発の背景	94
5－2	開発のねらい（ノンテクニカルスキル2.0での位置づけ）	97
5－3	内　容	98
5－3－1	危険敢行性の6原因と設問	98
5－3－2	危険敢行性の6原因別の行動ガイドラインの一部抜粋	99
5－3－3	危険感受性の6原因別の行動ガイドラインの一部抜粋	101
5－4	コンテンツの活用法と期待される効果	103
5－5	受講者の反応（振り返りシートの抜粋）	104
5－5－1	新KK提供体験教室のオンライン（Web）開催	104
5－5－2	企業特設講座での新KK提供体験教室の開催	107
5－5－3	定期的意見交換会での各社の活動報告	109
5－6	今後の展望	111

5－6－1　クラウド評価システム ……………………………… 111

第6章　その気にさせる会話術

6－1　ノンテクニカルスキル2.0から見たコンテンツの
　　　位置づけ ……………………………………………… 115
6－2　その気にさせる会話術とは ………………………… 118
6－3　「その気にさせる会話術」のインストラクターの養成 … 127
6－4　「その気にさせる会話術」の職場への展開 ………… 130
6－5　その気にさせる会話術の指導案の作成 …………… 133
6－6　まとめ ………………………………………………… 136

第7章　スモーラーリーダーシップ

7－1　コンテンツ開発の背景 ……………………………… 137
7－2　コンテンツのねらいと効果 ………………………… 140
7－3　実施用スライドの構成とその効果的な活用方法 …… 143
7－4　実演映像の紹介とその効果的な活用方法 ………… 157
7－5　皆様の職場へ講師出前教育の紹介とその効果的な
　　　活用方法 ……………………………………………… 160
7－6　コンテンツのあとがき ……………………………… 161

第8章　ワークエンゲージメント

8－1　コンテンツ開発の背景 ……………………………… 163
8－2　コンテンツのねらいと効果 ………………………… 168
8－3　実施用スライドの構成とその効果的な活用方法 …… 170
8－4　実演映像の紹介とその効果的な活用方法 ………… 186

8－5	皆様の職場へ講師出前教育の紹介とその効果的な活用方法	187
8－6	コンテンツのあとがき	189

第9章　上位者育成面談手法

9－1	コンテンツ開発の背景	191
9－2	コンテンツのねらいと効果	194
9－3	実施用スライドの構成とその効果的な活用方法	195
9－4	実演映像の紹介とその効果的な活用方法	212
9－5	皆様の職場へ講師出前教育の紹介とその効果的な活用方法	214
9－6	コンテンツのあとがき	215

第10章　行動特性診断LEマップ(スモーラーリーダーシップ・ワークエンゲージメント)

10－1	開発の背景(行動特性診断の有効性)	219
10－2	開発のねらい(ノンテクニカルスキル2.0での位置づけ)	220
10－3	スモーラーリーダーシップとワークエンゲージメントについて	221
10－4	LEマップ	223
10－4－1	全般	223
10－4－2	設問構造	225
10－4－3	スモーラーリーダーシップの設問	226
10－4－4	ワークエンゲージメントの設問	229
10－4－5	LEマップの4つの分類系	232
10－4－6	4つの分類系へのひとこと提言	235

10－4－7　活用法と期待される効果（行動ガイドライン） …… 236
10－5　**まとめ** ……………………………………………………… 242

第11章　意思決定力の自己評価

11－1　**意思決定のフロー** ……………………………………… 245
11－2　**意思決定の4要素** ………………………………………… 247
11－3　**意思決定には自己認識が基礎** …………………………… 249
11－4　**小さなことから意思力を鍛える** ………………………… 252
11－5　**意思決定の落とし穴注意** ………………………………… 256
11－6　**意思決定の自己評価** ……………………………………… 259
11－7　**意思力の具体的な向上策** ………………………………… 263
　　11－7－1　計画遂行の力の向上策 ……………………………… 263
　　11－7－2　我慢統制の力の向上策 ……………………………… 265
　　11－7－3　動機づけの力の向上策 ……………………………… 266
　　11－7－4　スタイル、理論の考えの向上策 …………………… 268
11－8　**個人生活における意思決定** ……………………………… 270
11－9　**まとめ** ……………………………………………………… 271

第3部
ノンテクニカルスキル教育の実績

第12章　三井化学におけるノンテクニカルスキル展開

12－1　**ノンテクニカルスキル教育導入のきっかけ** ………… 277
12－2　**ノンテクニカルスキル教育の試行と味付け** ………… 280
12－3　**ノンテクニカルスキル教育の実績と展開** …………… 282

12－4 ノンテクニカルスキル教育の構成とねらい ………… 289
12－5 ノンテクニカルスキル教育プログラムの作成過程 … 294
12－6 ノンテクニカルスキル教育推進組織 ……………… 296
12－7 ノンテクニカルスキル教育の注意点と効果 ………… 299
12－8 展開を振り返って ………………………………………… 302

第13章 化学工学会安全部会の行動特性研究会の実績

13－1 行動特性研究会の実績のまとめ背景 ……………… 305
13－2 行動特性研究会の個別実績 ………………………… 310
  13－2－1　第1回行動特性研究会 ……………………………… 310
  13－2－2　第2回行動特性研究会 ……………………………… 312
  13－2－3　第3回行動特性研究会 ……………………………… 314
  13－2－4　第4回行動特性研究会（第3回と同内容で大阪開催）… 316
  13－2－5　第5回行動特性研究会 ……………………………… 317
  13－2－6　第6回行動特性研究会 ……………………………… 319
  13－2－7　第7回行動特性研究会（第8回も同内容で千葉工場開催）… 320
  13－2－8　第9回行動特性研究会 ……………………………… 322
  13－2－9　第10回行動特性研究会 …………………………… 324
  13－2－10　第11回行動特性研究会（Web）………………… 325
  13－2－11　第12回行動特性研究会（Web）………………… 333
  13－2－12　第13回行動特性研究会（Web）………………… 338
  13－2－13　第14回行動特性研究会（Web）………………… 342
  13－2－14　第15回行動特性研究会（Web）………………… 344
13－3 未来の行動特性研究会 ……………………………… 346

第14章 化学工学会安全部会の ノンテクニカルスキル講座の実績

14－1　ノンテクニカルスキル講座の実績のまとめ ‥‥‥‥‥349
14－2　ノンテクニカルスキル講座の個別実績 ‥‥‥‥‥‥‥351
　14－2－1　　第1回ノンテクニカルスキル講座 ‥‥‥‥‥‥‥351
　14－2－2　　第2回ノンテクニカルスキル講座 ‥‥‥‥‥‥‥355
　14－2－3　　第3回ノンテクニカルスキル講座 ‥‥‥‥‥‥‥357
　14－2－4　　第4回ノンテクニカルスキル講座 ‥‥‥‥‥‥‥357
　14－2－5　　第5回ノンテクニカルスキル講座 ‥‥‥‥‥‥‥359
　14－2－6　　第6回ノンテクニカルスキル講座 ‥‥‥‥‥‥‥360
　14－2－7　　第7回ノンテクニカルスキル講座 ‥‥‥‥‥‥‥362
　14－2－8　　第8回ノンテクニカルスキル講座 ‥‥‥‥‥‥‥364
　14－2－9　　第9回ノンテクニカルスキル講座 ‥‥‥‥‥‥‥364
　14－2－10　　第10回ノンテクニカルスキル講座 ‥‥‥‥‥‥‥365
　14－2－11　　第11回ノンテクニカルスキル講座 ‥‥‥‥‥‥‥365
　14－2－12　　第12回ノンテクニカルスキル講座 ‥‥‥‥‥‥‥366
　14－2－13　　第13回ノンテクニカルスキル講座（Web） ‥‥‥368
　14－2－14　　第14回ノンテクニカルスキル講座（Web） ‥‥‥372
　14－2－15　　第15回ノンテクニカルスキル講座（Web） ‥‥‥377
　14－2－16　　第16回ノンテクニカルスキル講座（Web） ‥‥‥379
14－3　未来のノンテクニカルスキル講座 ‥‥‥‥‥‥‥‥‥383

第15章 体験教室の実績

15－1　始めた背景 ‥‥‥‥‥‥‥‥‥‥‥‥‥‥‥‥‥‥‥385
15－2　体験教室 ‥‥‥‥‥‥‥‥‥‥‥‥‥‥‥‥‥‥‥‥388
15－3　体験教室の内容 ‥‥‥‥‥‥‥‥‥‥‥‥‥‥‥‥‥390

15－4	体験教室の振り返りシート	398
15－5	展開の構想	407
15－6	定期的意見交換会での各社の活動報告	409
15－7	今後の展望	410

第16章 コンテンツ提供教室の実績

16－1	始めた背景	413
16－2	ノンテクニカルスキル2.0 コンテンツ提供教室の開発の背景	415
16－3	コンテンツ提供教室の内容	417
16－4	コンテンツ提供教室の振り返りシート	430
16－5	ノンテクニカルスキル2.0 コンテンツ提供教室の紹介	439
16－5－1	教室の種類	440
16－5－2	教室共通の要領	441
16－5－3	ノンテクニカルスキル2.0 コンテンツ提供教室の内容	442
16－6	ノンテクニカルスキル2.0 コンテンツ 提供教室の振り返りシート	448
16－7	クラウド評価システム	455

第17章 意見交換会の実績

17－1	始めた背景	457
17－2	意見交換会の開催実績	459
17－2－1	第1回意見交換会	459
17－2－2	第2回意見交換会	463
17－2－3	第3回意見交換会	467

17－2－4　第4回意見交換会	478
17－2－5　第5回意見交換会	481
17－2－6　第6回意見交換会	485
17－3　今後の展望	**487**

第18章　はじめてのノンテクニカルスキル教育講座

18－1　始めた背景 ……………………………………………… 489
18－2　はじめてのノンテクニカルスキル教育講座 ………… 492
　18－2－1　第1回はじめてのノンテクニカルスキル教育講座 … 492
　18－2－2　第2回はじめてのノンテクニカルスキル教育講座 … 497
18－3　今後の展望 ……………………………………………… 498

あとがき …………………………………………………………… 501

第1部

ノンテクニカルスキル2.0の概要

第1章

ノンテクニカルスキル2.0とはなんであろうか？

1-1 はじめに

　製造業はもちろんのこと、医療業界や航空業界などの様々な産業界においてノンテクニカルスキル起因の事故・労災は今なお多く発生している。近年の日本国内の製造業では、ノンテクニカルスキル教育の重要性を強く認識した事業所においてトップマネージメントの決意のもとノンテクニカルスキルの教育が開始される例が見られるようになってきた。そのような事業所では、インストラクターの力量も少しずつ向上し、教育の良好事例が蓄積され、事故・労災の撲滅という我々の目指す成果も少しずつ現れ始めた事業所もある。しかしながら、これらの各社のノンテクニカルスキル教育は、顕在化

した事故調査結果に基づき教育需要を導出し、教育のテーマを決定し、進めているのが現状であり、どちらかというと事後対処的な教育が中心となっている。これらの事故事例に基づく教育でも十分な成果を挙げることができるものと考えてはいるが、網羅的かつ予防保全的なノンテクニカルスキル教育を目指すにおいては、学術的な見地からの裏付けや検討が不足しており、現状のノンテクニカルスキル教育における弱みや強みも認識されてはいない。

　加えて、ノンテクニカルスキルの7カテゴリーを構成するそれぞれの多くの要素について、その要件やその要素の定義が必ずしも明確でなく、各々の産業界特有の定義に基づき独自の教育を進めている。今回、これらのカテゴリー間の関連性や要素間の連携度合いを理論的な裏付けと共に明確にし、それぞれの事業所の教育需要に基づきインストラクターが指針のように感じられるガイドラインの作成を目指したワーキンググループ（WG）活動が行われた。

　本編は、そのWG活動の成果である新しいノンテクニカルスキルの枠組みとなる「**ノンテクニカルスキル2.0**」についてのガイドラインである。本編には、事業所の事故を振り返り、事故・労災抑制に向けた自覚を促進すると共に、これまでの国内の数々のノンテクニカルスキル教育の実績に見られる教育手法や教育プログラムや教育の結果から導き出される普遍的な学びの内容も加えられている。

1−2 ノンテクニカルスキルの新しい要素の発見

　これまでのノンテクニカルスキル教育においては、**表1−1**に示すようにそれぞれのノンテクニカルスキルのカテゴリーに応じて、そのカテゴリーを構成する要素毎に教育テーマを定め、そのテーマに応じた教育を実施してきた。この根底には、それぞれのカテゴリーにおける個人のノンテクニカルスキルの向上が結果として組織の事故・労災の撲滅につながるとの考えからである。今回のWGの活動では、それらの

【表1−1】これまでのノンテクニカルスキルの主要5カテゴリーとその構成要素

カテゴリー	要　　素
状況認識	情報の収集、その情報の理解、予測判断など
コミュニケーション	情報の明確な発信と受け取り、情報の開放性と共有化、権威勾配、言い出す勇気、声掛けの大切さ、緊急時の相談
意思決定	選択肢の検討・比較、選択肢からの採用、決定後のレビュー
チームワーク	他者への支援、情報交換、チーム員の共通理解の促進と調整
リーダーシップ	目標設定、標準の維持、計画と優先づけ、困難に打ち勝つ力、他人を思いやる心

出典：南川忠男，産業現場のノンテクニカルスキルを学ぶ，化学工業日報社（2017）

考えを一旦白紙に戻し、初めに「事故・労災の撲滅に資する要素とはいったい何であろうか？」という疑問からスタートした。その疑問を解決するためのアプローチとして「どのような要素が従業員の行動に影響しているのか？」などを問う質問紙法（自由記述欄あり）の意識調査を実施している。

　第1段階の意識調査は、製造業、建設業にて働く約100名を対象に40問の意識調査であった。質問は、組織要素：6問、管理者要素：6問、メンバー要素：8問、職場環境要素：17問、全般：5問の計42問から構成されており、質問の具体的な内容はこれまでのノンテクニカルスキルの要素を含む以下の内容であった。

- 組織要素（会社の方針、グループの方針、グループのテクニカルスキルとノンテクニカルスキル）
- 管理者要素（管理者の意欲：モラル、管理者のスキル：リーダーシップ）
- メンバー要素（メンバーの意欲：モラル、メンバーの目標：行動指針、メンバーのスキル：テクニカルスキルとノンテクニカルスキル）
- 職場環境要素（職場環境：メンバー同士の人間関係、規則を守る風土、職場環境要素：プレッシャーの存在、職場要素：仕事そのものの魅力）

なお、**表1－1**に42問のすべての設問を掲載する。

設問の作成から始まり、質問票を配布し、先端で作業する多くの従業員から回答を得て、結果を取りまとめるのに凡そ半年もの月日がかかったが、この第1段階の意識調査からは、何も新しい発見をすることはできなかった。しかしながら、自由記述のコメントからは多くの得るものがあり、42問の質問の内容が必要十分であることに手応えを感じた。続く第2段階の意識調査では、少し視点を変えて安全成績において良い結果を得ている組織の特徴に注目することとした。これまでの第1段階の意識調査では「悪いのは何であろうか？」という原因究明の思いが勝っていた。物事を理解するには多面的な視点から見ることが大切であると認識はしていたものの、まさに思い込みでありノンテクニカルスキルの不足であったとの反省からの方向転換であった。

　近年で事故が少なく安全成績の良い組織を有する2社から1部署ずつ選び、合計2部署、50名を対象に同じ内容の追加の意識調査を実施し、第1段階の意識調査との比較検証を行った。するとこの比較検証から我々は大きな発見をすることができた。この発見は、統計処理的に十分に優位性のあるものであり、言われてみればもっともな話だが、我々のノンテクニカルスキル2.0の思考のスタートとなった。この意識調査で見出された発見は、「上司のリーダーシップ」と「本人の仕事へのやりがい」の2つの要素において、安全成績の差のある組織との間に強い有意差が認められるということで

【表1-1】意識調査の設問項目

通し番号		テーマ		No.
1	1 組織要素	1.1 会社の方針		1.1.1
2				1.1.2
3		1.2 グループの方針		1.2.1
4				1.2.2
5				1.2.3
6		1.3 グループのテクニカルスキルとノンテクニカルスキル		1.3
7	2 管理者要素	2.1 管理者の意欲（モラル）		2.1.1
8				2.1.2
9				2.1.3
10		2.2 管理者のスキル（リーダーシップ）		2.2.1
11				2.2.2
12				2.2.3
13	3 メンバー要素	3.1 メンバーの意欲（モラル）		3.1.1
14				3.1.2
15				3.1.3

質　問　文
あなたは、日頃から会社の企業理念や安全方針を理解して、常にそのように行動している
会社の理念や安全方針は、安全安心な職場を作るのに重要なものである
所属するグループ（課）の目標や計画を知っている
所属するグループ（課）の目標や計画を常に意識して仕事をしている
所属するグループ（課）の目標や計画は、安全安心な職場を作るのに重要なものである
所属するグループ（課）のトラブルや労災への対策は設備対応に偏っており、人的要因に対する教育が不足している
あなたの上司の安全安心に関する高い意識はトラブルや労災の撲滅に重要なものである
あなたの上司の安全安心に関する意識は何によって向上すると思いますか？
あなたの部下の安全安心に関する意識は何によって向上すると思いますか？
あなたの上司は、皆の進む方向性や道筋を分かり易く示してくれる
あなたの上司は、安全安心に関する考えを繰り返し皆に語り掛け、皆の意見をよく聴いている
あなたの上司との双方向の良好な対話は、安全安心な職場を作るのに重要なものである
あなたは、誰も見ていなくてもルールや規則を順守して作業を行うことができる
あなたの安全安心に関する意識は何によって向上しますか？
一人ひとりの安全安心に関する高い意識は、トラブルや労災の撲滅に重要なものである

(表1-1 続き)

No.			
16	3 メンバー要素	3.2 メンバーの目標（行動指針）	3.2.1
17		3.3 メンバーのスキル 　（テクニカルスキルとノンテクニカルスキル）	3.3.1
18			3.3.2
19			3.3.3
20			3.3.4
21	4 職場環境要素	4.1 職場環境（メンバー同士の人間関係）	4.1.1
22			4.1.2
23			4.1.3
24		4.2 職場環境（規則を守る風土）	4.2.1
25			4.2.2
26			4.2.3
27			4.2.4
28			4.2.5
29			4.2.6
30			4.2.7

一人ひとりの行動目標や判断基準は、トラブルや労災の撲滅に重要なものである
多くのトラブルや労災が人的要因（うっかり、勘違い、ルール無視、知識不足、コミュニケーションエラー など）が起因となって発生している
多くのトラブルや労災は何が起因となって発生していると思いますか？
一人ひとりの安全を確保するための様々な教育は、安全安心な職場を作るのに重要なものである
危険な作業をしている人に対して、躊躇いなく声掛けや注意をすることができる
仲間との対話や何でも話し合える雰囲気は、トラブルや労災の撲滅に重要なものである
あなたの職場では、仲間との信頼関係や連帯感があるほうである
仲間との信頼関係や連帯感は、トラブルや労災の撲滅に重要なものである
あなたの職場には、安全を確保するための厳しいルールや規制が存在する
安全を確保するための厳しいルールや規制は、トラブルや労災の撲滅に重要なものである
あなたの職場には、安全協議会などの安全を確保するための体制や作業現場パトロールなどの管理するための仕組みが存在する
安全協議会などの安全を確保するための体制や作業現場パトロールなどの管理するための仕組みは、トラブルや労災の撲滅に重要なものである
あなたの職場は、人が見ていなくてもルールや規制通りに仕事ができている
あなたの職場では、ルールや規制に書かれていなくても安全行動ができている
職場の皆がルールや規制を守ることは、トラブルや労災の撲滅に重要なものである

(表1−1 続き)

31	4	4.2 職場環境（規則を守る風土）	4.2.8
32			4.2.9
33	職場環境要素	4.3 職場環境要素（プレッシャーの存在）	4.3.1
34			4.3.2
35		4.4 職場要素（仕事そのものの魅力）	4.4.1
36			4.4.2
37			4.4.3
38	5	5.1 安全に関する組織文化・風土の構築	5.1
39		5.2 ルール・規制の構築	5.2
40	全般	5.3 体制・仕組みの構築	5.3
41		5.4 行動特性の変容（動機つけ）	5.4
42		5.5 人材育成	5.5

あなたの職場では、いい仕事をしたときに褒められる雰囲気がある
あなたの仕事へのフィードバックや褒められることは、トラブルや労災の撲滅に必要なものである
どのようなプレッシャーが職場の安全行動を確保しますか？
どのようなプレッシャーが職場の安全行動を阻害しますか？
公平な評価や報酬は、トラブルや労災の撲滅に重要なものである
あなたは、仕事にやりがいを感じている
仕事へのやりがいは、トラブルや労災の撲滅に重要なものである
トラブルや労災の発生には、組織の安全に関する文化や風土が関係している
組織の安全に関する文化や風土を作り出すためには、安全を確保するための厳しいルールや規制などが重要である
組織の安全に関する文化や風土を作り出すためには、安全協議会などの安全を確保するための体制や作業現場パトロールなどの管理するための仕組みが重要である
組織の安全に関する文化や風土を作り出すためには、一人ひとりの安全に対する意識と行動の変化が重要である
組織の安全に関する文化や風土を作り出すためには、一人ひとりの安全を確保するための知識や技術の向上、経験やノウハウの積み重ねなどのレベルアップが重要である

あった。この結果は、ある意味納得感をもって我々WGメンバーに受け止められ、この2つの要素を成功への鍵として、従来のノンテクニカルスキルの要素に結びつけるのが有効であろうと推測するに至った。成果に結びつく成功への鍵は「上司のリーダーシップ」と「本人の仕事へのやりがい」にあるようであり、これらがノンテクニカルスキルの新しい要素の発見であった。これらの意識調査の結果を踏まえ、今回のWGにおいて、ノンテクニカルスキルの新プログラムの基礎となる新しいコンセプトとしてノンテクニカルスキル2.0を提唱することとなる。ノンテクニカルスキル2.0は、従来の7つの要素で構成するノンテクニカルスキルを向上させていくことに加え、上位者とメンバーの持つ心理的な2つの要素の充実を結びつけることが事故・トラブルのない現場づくりへとつながることを示していくこととなる。

1-3　ノンテクニカルスキル2.0の誕生

　これまでのノンテクニカルスキルの概念では、ノンテクニカルスキルを状況認識力・意思決定力・コミュニケーション力・チームワーク力・ストレスマネージメント力・リーダーシップ力・疲労への対処力の7つのスキルと定義し、個人を主体としたスキルの向上を目的としてノンテクニカルスキルの教育を進めてきた。もちろんそれでも一定の成果を挙げて

いる事業所もあるのではあるが、この7つのスキル自体の教育や訓練だけでは事故・労災のない職場という成果に結びつかず、活動が停滞したり、悩みを抱える事業所も多いようであった。今回のWG活動での調査・検討を通じて、ノンテクニカルスキルの向上を成果に結びつける2つの成功の要素の存在に気がつくことができた。その要素とは、「上司のリーダーシップ」と「本人の仕事へのやりがい」である。我々は、この「上司のリーダーシップ」を「上位者のスモーラーリーダーシップの向上」[※1]、「本人の仕事へのやりがい」を「メンバーのワークエンゲージメントの充実」[※2]というように定義した。

　上位者のスモーラーリーダーシップとは、日々のメンバーとの関わり合いであり、具体的には、見せる、導く、褒める、認める、任せる、雰囲気作りなどの行動を意味する。スモーラーリーダーシップは、上位者とメンバーとの関わり合いはもちろんであるが、経験したことある人と経験したことない人、知ってる人と知らない人、気がついている人と気がついていない人などの間で、業務を円滑に行う上での関わり合いともいうこともできる。知っている人、気がついている人、経験のある人はみんなスモーラーリーダーである。スモーラーリーダーシップについては次の節でもう少し詳しく触れる。

　メンバーのワークエンゲージメントの充実とは、活力・熱意・没頭の3つが揃い、仕事に対してやりがいがある状態の

達成を意味する。活力とは仕事から活力を得て生き生きとしている状態であり、熱意とは仕事に誇りとやりがいを感じている状態、没頭とは仕事に熱心に取り組んでいる状態を表す。このような心理的な充実が、仕事の成否はもちろんのこと、我々の目指す事故・労災の撲滅という成果へも大きな影響を与えるようである。ワークエンゲージメントについても次節でもう少し詳しく触れる。

　我々は、これらの2つの成功の要素を従来からのノンテクニカルスキルの枠組みに結びつけることで、新たな枠組みであるノンテクニカルスキル2.0を提唱した。実際の現場の業務においては、個人作業であれ、仲間との共同作業であれ、作業者の大脳の中での短い時間で状況認識され、コミュニケーションされ、意思決定され、従来の7つのカテゴリーがつながり作業が行われており、今回のような心理状態が与える影響は現場の業務とは独立しているものと考えられてきた。実際に、そのような心理的要素が現場の作業の安全に結びつくなど意識して作業している作業員はいないであろう。ノンテクニカルスキル2.0においては、その心理的要素に重要性を認め、ノンテクニカルスキル自体の向上に加えて心理的要素の充実を図ることが極めて大切であることに注目している。

　今回、提唱したノンテクニカルスキル2.0では、これまでの7つのノンテクニカルスキルに2つの成功への要素を加え

ている。これらの2つの要素が加わることで、スキルの向上が成果に結びつく確率を飛躍的にアップさせることが期待される。ノンテクニカルスキルの教育が成果に結びつかなくて悩んでいる現場や成果を性急に求める上位者には、1つの新たな指針になるであろう。加えて、我々の目指すノンテクニカルスキル 2.0 の教育においては、これらの7つのスキルと2つの要素をバランスよく、効果的に、継続して教育していくことによって、個人の行動変容を促し、組織の安全に関する文化を醸成し、事故・労災の撲滅という我々の最終的な成果に結びつくことを確かなものにすることを目指している。

ノンテクニカルスキル 2.0　＝

これまでの7つのノンテクニカルスキル
(状況認識力／意思決定力／コミュニケーション力／チームワーク力／ストレスマネージメント力／リーダーシップ力／疲労への対処力)

＋

2つの成功への要素
(上位者のスモーラーリーダーシップ[※1]の向上／メンバーのワークエンゲージメント[※2]の充実)

※1　スモーラーリーダーシップ：日々のメンバーとの関わり合い
　　　　（見せる、導く、褒める、認める、任せる、雰囲気作り）
※2　ワークエンゲージメント：活力・熱意・没頭の3つが揃い、
　　　　仕事に対してやりがいがある状態

1-4 ノンテクニカルスキル2.0に基づく業務遂行

今回の枠組みであるノンテクニカルスキル2.0をこれまでの事故・労災を撲滅する業務構造の5層に加えると以下のようになる。

事故・労災の撲滅を目指すには第1層である安全に関する組織文化・風土の醸成とトップマネージメントの強い意識と覚悟が必要である。そのような組織文化・風土は、行動特性の変容・人材育成、ルール・規則の構築、体制・仕組みの構築3つの分野の業務構造によって達成される。要領や手順書

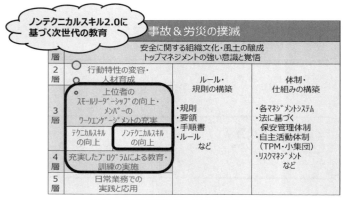

【図1-1】事故撲滅に向けた業務構造

出典：堤克一路、テクニカルスキルとノンテクニカルスキルのバランスの取れた教育への試み、安全工学シンポジウム発表論文、2021

のようなルール・規則は必ず必要である。ルール・規則がないと組織の行動の価値観と秩序を保つことができない。各マネージメントシステムや保安管理体制のような体制・仕組みも必ず必要である。体制・仕組みがないと組織としての活動が成り立たない。ところが、ルール・規則や体制・仕組みだけがあっても、我々の目指す事故・労災の撲滅は達成できない。3つ目の分野である個人の行動特性の変容・人材育成が事故・労災の撲滅には不可欠である。それは、どんなに素晴らしいルール・規則があってもそれが守られなければ役には

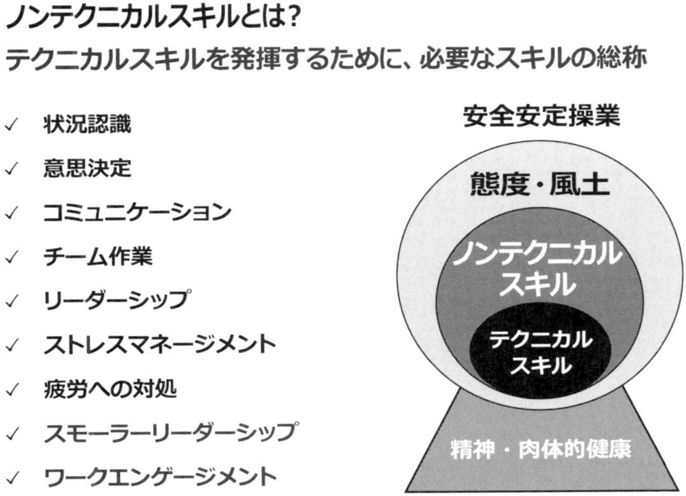

ノンテクニカルスキルとは？
テクニカルスキルを発揮するために、必要なスキルの総称

- ✓ 状況認識
- ✓ 意思決定
- ✓ コミュニケーション
- ✓ チーム作業
- ✓ リーダーシップ
- ✓ ストレスマネージメント
- ✓ 疲労への対処
- ✓ スモーラーリーダーシップ
- ✓ ワークエンゲージメント

安全安定操業

態度・風土
ノンテクニカルスキル
テクニカルスキル
精神・肉体的健康

【図1-2】ノンテクニカルスキルとは？

出典：堤克一路、産業現場のノンテクニカルスキル教育実践ガイドブック、化学工業日報社、2020

立たず、どんなに素晴らしい体制・仕組みがあってもその中で行動する一人ひとりの腹落ちがなければ成り立たないからである。ルール・仕組みを活かし、体制・仕組みを効率的に機能させるために、もっとも大切なのは3つ目の個人の行動変容・人材育成ということができるかもしれない。極端な言い方をすると、個々人のスキルが高く、組織として成熟した集団であれば、自らルール・規則を定め、体制・仕組みを構築し、個人としても組織としても成果の出せる自立した主体的な行動をしていくことであろう。

1-5 ノンテクニカルスキル2.0のメカニズム

　スモーラーリーダーシップとワークエンゲージメントがノンテクニカルスキル2.0の中でどのように作用しあっているのか？そのメカニズムについて考えてみたい。**図1-3**は、ヒューマンエラー起因の事故・労災の撲滅までの作用を表したものである。

　スモーラーリーダーシップとワークエンゲージメントはテクニカルスキル及びノンテクニカルスキル向上のための土台となる成功への要素であり、双方には相互向上作用がある。つまりワークエンゲージメントが高い個人は、様々な好奇心から仲間との関わり合いを望むようになり、仲間との関わり

合いが高い個人は、皆の好奇心を刺激し、ワークエンゲージメントが向上する環境を整える。

スモーラーリーダーシップでの仲間との関わり合いは、いわゆる技術・ノウハウ伝承という形でテクニカルスキルの向上につながり、助け合い・情報の共有という形でノンテクニカルスキルの向上につながる。更にはワークエンゲージメントは、テクニカルスキル及びノンテクニカルスキル双方のスキルの向上意欲の源泉となる。

テクニカルスキルとノンテクニカルスキルには相互向上作用がある。ノンテクニカルスキルに長けている人は、人と対

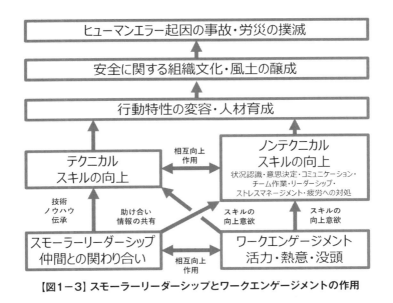

【図1-3】スモーラーリーダーシップとワークエンゲージメントの作用

話することで、技術的情報を補いテクニカルスキルを向上させる。一方でテクニカルスキルに長けている人は、人と技術的情報を共有することで、新たな気づきを得てノンテクニカルスキルを向上させる。テクニカルスキル及びノンテクニカルスキルの向上は、人材育成であり、一人ひとりの行動特性を変容させる。一人ひとりの望ましい行動特性の変容が安全に関する組織文化・風土の醸成につながり、我々の目指すヒューマンエラー起因の事故・労災の撲滅へとつながることになる。

1-6 ノンテクニカルスキル2.0に基づくスキル教育

これまでの7つのノンテクニカルスキルに2つの行動の要素が加わったノンテクニカルスキル2.0におけるスキル教育は、5つのPの概念から構成され、業務における行動的要素と心理状態を結びつけ、リーダーからメンバーまでのすべての階層においてその教育の重要性を理解させ、一人ひとりの自律的な行動変容を促し、総合的な人財育成にも貢献することが期待される（心理的充実、腹落ち）。逆に言うと、ノンテクニカルスキル2.0の役割は、5つのPを効果的に機能させていくことにあるとも言える。

① Philosophy（人材育成の哲学）：上位者がもつ人材育

成の哲学とメンバーがもつ成長のあるべき姿

② Policy（方針）：その哲学や成長のあるべき姿に沿って体現する具体的戦略とそれを具現化する教育制度の構築

③ Program（プログラム）：事故・トラブル防止の行動特性教育や管理職ノンテクニカルスキル教育など個々のプログラムの構築

④ Practice（運用・実施）：ノンテクニカル教育制度に基づく、ノンテクニカルスキル教育プログラムの実行

⑤ Perception（従業員の認知・行動変容　Behavior Change）：方針の浸透、メンバーの能力向上、主体性にもとづく行動変容などの結果のフォローアップ

上記5つのPの最初の① Philosophy が最も大切である。これがないとノンテクニカルスキル教育は始まらない。上位

【図1-4】ノンテクニカルスキル2.0の関係図

者らがメンバーとじっくり話し合い合意形成する。上位者は、自らの言葉で従業員にその哲学を語り、メンバーは自らの成長のあるべき姿をイメージする。これらがぶれると②以降はぶれ、表面的な活動に陥る危険がある。

上記5つのPの①から③までが関係者の対話を通じてよく準備され、既存の教育制度と有機的に連結させて方針どおり実施されれば大きな成果を挙げることができるだろう。③Programと④Practiceの実行には優秀なインストラクターを育てておく必要がある。これは②Policyの中で教育制度を構築する際にインストラクターの養成を最初の計画として取り上げることで達成できる。

ノンテクニカルスキル2.0におけるスキル教育は、経営者の実施に向けた固い決意とそれを受けての優秀なインストラクターの育成及び活動の両輪で成り立つ。どちらが欠けてもノンテクニカルスキル2.0におけるスキル教育を始めることもできないし、継続することもできない。

これまでの7つのノンテクニカルスキル（状況認識力・意思決定力・コミュニケーション力・チームワーク力・ストレスマネージメント力・リーダーシップ力・疲労への対処力）と2つの成功への要素（スモーラーリーダーシップ・ワークエンゲージメント）については、「7つのノンテクニカルスキルの教育が一定の成果を得てから、2つの成功への要素に取り組むべきですか？」「その取り組み方に順序はあるので

すか?」という質問をよく受ける。確かに、2つの成功への要素が導き出されたのは、7つのノンテクニカルスキルの理論が確立した後のことである。我々も最初は、7つのノンテクニカルスキルの向上がある程度達成してから、2つの成功への要素に取り組むと良いと考えていた。しかしながら、このスモーラーリーダーシップとワークエンゲージメントの2つの要素について製造現場と議論を深めるうちに、むしろスモーラーリーダーシップとワークエンゲージメントの向上を先に取り組む方が、少なくとも同時に取り組む方が活動をすすめるのに効果的ではないかと思い至るようになった。そもそもスモーラーリーダーシップとワークエンゲージメントの2つは仲間との関わり合いと個人の心理的充実の概念である。仲間との関わり合いの良好な職場において、個人の心理的な充実が整えば、きっと仲間と共に積極的にノンテクニカルスキルの向上に取り組む行動をするようになるであろうし、ノンテクニカルスキルも自然と向上していくと思われる。そのように考えると、職場や個人のスキル向上のための環境を整えることがまず必要な要素であるということもできる。

1−7 ノンテクニカルスキル2.0における教育の体制

1−7−1 トップマネージメント

　事故・労災のない現場づくりには、安全に関する組織文化・風土の醸成に加えて、トップマネージメントの強い意識と覚悟が不可欠である。新ノンテクニカルスキル理論に基づく次世代の教育は、一人ひとりの行動特性の変容を通じた新しい組織文化・風土の醸成を目指している。それが最終的には事故・労災のない現場づくりへとつながる。新しい組織文化・風土の醸成は、数年で達成できるものではなく、5年、10年と長い年月を経て達成されるものである。トップマネージメントは、ノンテクニカルスキルへの理解を深め、ノンテクニカルスキル導入への強い意志をもち、性急に結果を求めず、ノンテクニカルスキル推進の事務局を信頼し、後押しし、長い目で成果に辿り着くという覚悟が必要である。事務局のワークエンゲージメントを充実させ、働きやすい環境を作ってあげることも、トップマネージメントが発揮すべきノンテクニカルスキルの1つであると共に成功への大切な姿勢である。

1-7-2　信頼される事務局体制の構築

　トップマネージメントの強い意志と覚悟を受けて、事務局はノンテクニカルスキルの活動を組織内にて推進していく活動の中心となる。ノンテクニカルスキルの組織内教育や研修を行ったり、インストラクターを育成したり、組織内での啓発活動や組織外での交流や情報収集と事務局の守備範囲は多岐にわたる。しかしながら、ノンテクニカルスキルの活動が組織内にて根付くも根付かないも、成果が出るも出ないも、この事務局の出来栄え次第といっても過言ではない。事務局メンバーに備わっておくべき要素としては、①ノンテクニカルスキルを深く理解していること、②組織を変革したいという熱意と直向きさを持ち続けること、③皆から信頼される存在であること、④ワークエンゲージメントが充実していることなどが挙げられる。この4つの要素を備えたメンバーが集まれば、必ずや活動は少しずつでも前に進み、人々の心をつかみ、やがてはノンテクニカルスキルを通じた個人の行動変容を引き出すことができるであろう。また、活動を通じてメンバー自身のノンテクニカルスキルも向上し、組織を司るリーダーとして大きく成長することができる。事務局自体がOJTとしての人材育成の場でもあると言える。

1-7-3 熱意あるインストラクターの存在

このような教育を行うとなると、よくあるのが経験豊かな熱意あるベテランがインストラクターとして抜擢されるケースである。もちろんメンバーのなかにはそのような熱意あるベテランは不可欠であるが、活動の主体は若手から中堅であることが望ましい。ノンテクニカルスキルの知識はなくとも意欲ある若手をメンバーとし、本人のノンテクニカルスキルの向上と合わせて、インストラクターとしてのスキルを実際に集合教育の講師をしながら活動を通じて学んでいく。もちろん、失敗もするし、聴衆の心をとらえる集合教育には程遠いかもしれないが、若手がノンテクニカルスキルに一生懸命取り組む姿は、必ずや聴衆の意識に響くことになる。ノンテクニカルスキルの事務局でスキルとマインドを身につけた若手は、現場に戻って、その現場のノンテクニカルスキル活動の旗振り役となって現場の活動を活性化する。事務局にはまた新しい若手を迎え入れ、若手とベテランが一緒になったノンテクニカルスキルの事務局活動を推進していく。楽しく、達成感、充実感のある事務局活動が皆のノンテクニカルスキルを向上させる。そのような意味からは、ノンテクニカル向上に必要なのは、向上しようとする意識と好奇心だけである。一人ひとりが意識と好奇心をもって楽しくノンテクニカルスキル活動に取り組む姿があるべき姿であろう。

1−7−4　教育のプログラム

　ノンテクニカルスキルは、ノンテクニカルスキル向上のための意識教育と行動特性診断と日常の業務の中での実践の3つの活動を継続的に繰り返すことによって、スパイラル的に向上していく。集合教育であるノンテクニカルスキル意識向上教育では、ノンテクニカルスキルについて触れ、その内容を正しく理解し、必要性を納得し、一人ひとりの意識の中にノンテクニカルスキルをすり込み、ノンテクニカルスキル向上のための意識づけを行う。自己診断である行動特性診断では、自分の行動特性を知り、仲間の行動特性を知ることで、効果的にノンテクニカルスキルの向上活動を推し進め、一人ひとりの行動変容につなげる。更には、これまでの日常の安全諸活動、小集団活動、業務の中にノンテクニカルスキル的な要素を取り入れることで継続的な向上を行っていく。また、日常の業務の中でヒューマンスキルの不足により発生した労災やトラブル事例や現場活動事例を翌年の集合教育のテーマや演習事例として取り上げ、集合教育の場でのグループ討議を通じて、スパイラル的なノンテクニカルスキルの向上を目指していく。

1−7−5　集合教育について

　ノンテクニカルスキル向上のための意識教育のメニュー

【表1-2】ノンテクニカルスキルの教育・訓練体系

ノンテクニカルスキル教育・訓練体系				
意識教育	行動特性診断			日常の活動にノンテクニカルスキルを活かす
ノンテクニカルスキル向上のための意識教育	状況認識力 意思決定力	行動特性診断	KKマップ 危険感受性 危険敢行性	リスクアセスメント活動 ヒヤリハット・HAZOP活動 所内外トラブル水平展開 外面腐食合同（運転・設備）点検
			OOマップ 思い込み おっちょこちょい <u>注意力</u>	危険予知活動・変更管理活動 自問自答訓練 工事リスクスクリーニング 自主保全活動・活動板 始業前朝ミーティング
	コミュニケーション力 チームワーク力 リーダーシップ力		<u>IKマップ</u> 言い出す力 聞く力	指差呼称 ツールボックスミーティング 着工前安全打ち合わせ ブリーフィング＆デブリーフィング リスク・気がかり会議 トレンド監視会議
	スモーラー リーダーシップ ワークエンゲージメント		<u>LEマップ</u> スモーラー リーダーシップ ワークエンゲージメント	
ストレス＆疲労への対処				集合教育＆eラーニング

　は、一般的にはノンテクニカルスキルの基礎、行動特性診断、演習、これからの活動目標などから構成される。ノンテクニカルスキルの基礎では、ノンテクニカルスキルの基礎知識を座学を中心に学び、正しい理解を深める。ノンテクニカルスキルに関する正しい理解のないままでは、行動特性診断も演習も効果が半減する。基礎知識で学んだことを診断や演習で体感する、「そうなんだ」というアハ体験（疑似体験）と組み合わさるからこそ、これからノンテクニカルスキル向上するぞという意識の向上へつながっていき、ようやく行動変容

への第一歩が始まる。

　行動特性診断は、ノンテクニカルスキル向上活動への動機づけや興味を示すきっかけとなる取り組みである。自分の行動特性を知ることや一緒に働く仲間の行動特性を知ることやそのことを見える化するだけでも行動の変化は速やかに現れる。というのも自分の行動特性を仲間のそれと比較して理解がなされると、大概の人は自分が行動する際にまず少し気を付けるようになる。また、仲間の行動特性を自分のそれと比較して理解されると、大概の人は仲間が行動する際に、気にかけるようになる。これらの一人ひとりの小さな変化が集団となると大きな変化につながっていく。このようなことからも行動特性診断はノンテクニカルスキルの入り口といえる。

　演習は、身近なテーマでのアハ体験（疑似体験）をさせることによって、ノンテクニカルスキル向上への必要性を認識する取り組みである。演習のテーマにはチームワークや言い出す勇気、注意力、危険敢行性と危険感受性など様々なテーマに基づく工夫を凝らした新鮮味のある演習を準備するのが良い。例えば、チームワークをテーマにした演習では、身近にある複数解決策が想定される問題解決のためのテーマを用意し、限られた時間の中でのグループ討議を通じて、チームとしての結論や方向性を見出していくことの難しさを体感すると共に、グループ討議の大切さを認識させるとよい。このような演習では、グループ討議の良し悪しが問題解決への立

案に大きく影響する過程を疑似体験することができる。このような演習における疑似体験が通常の業務において再現されるとノンテクニカルスキル的な要素を日常業務の中に取り込むことのきっかけとなる。

　ノンテクニカルスキルは、意識教育や行動特性診断などの一時のアクションだけで向上するものではない。意識教育はノンテクニカルスキルに関する基礎知識の習得と意識づけを、行動特性診断はノンテクニカルスキル向上に向けた行動への動機づけを目的としている。スキルの向上のためには、日々の業務の中での繰り返し訓練が不可欠である。従来から行っている業務や諸活動にノンテクニカルスキルの理論や要素を取り入れ、常に意識することで、業務や諸活動を通じてスキルを向上させていくことが可能となる。ノンテクニカルスキルに関する新しい業務や活動をオントップに増やすことを避け、これまでの業務や活動をノンテクニカルスキルの観点から改善し、OJTを通じてのスキル向上を目指すのがよい。年1回の90分程度の集合教育だけでノンテクニカルスキルがメキメキ向上することは期待できないが、個人の意識が変わることは期待できる。集合教育の目的は、意識を変えることであり、その後のフォローアップや日常の業務の中での実践を通じて、集合教育での疑似体験を実体験に置き換えていくことで、ノンテクニカルスキルが実感され、小さな成功体験につながり、スキルが向上していく。そのためには、

集合教育の最後にこれからの活動計画を全員で共有したり、個人個人の行動計画を立ててフォローアップしていくことが大切になってくる。日常生活の中で少しでもスキルの向上を実感してくると、次の集合教育では一人ひとりが更に理解を深め、意識を高めることができる。このような良のスパイラルを一人ひとりが繰り返していけば、組織としてはすごい力となって現れてくるはずである。

1-7-6　集合教育の教材について

　集合教育の教材は、全社一律の教材ではなく、その事業所の特徴にあった手作り感のある教材が望ましい。その年のトラブルや労災の事例を振り返り、担当するインストラクター全員で、コンセプトを定め、文献なども調べつつ、議論を重ねながら作り上げていくとよい。可能な限り、自所での事例を多く取り入れ、受講者が身近に感じるような手作り感のある教材が望ましい。

　できあがった教材を使って行う集合教育の際のインストラクターも教材を作成したメンバーが分担し、教える側も必死になって、練習とリハーサルを繰り返し本番に臨むべきである。如何に分かりやすく、聴く者の気持ちをとらえることができるか、人に伝えたり、説明したり、共感を得たりするインストラクターの役務においてもまさにノンテクニカルスキルが不可欠であり、場数を踏むたびにインストラクター自身

のノンテクニカルスキルが向上していくのが実感できる。

しかしながらこのような教材をいちから作成することは大きな労力を要する。特にノンテクニカルスキル教育の活動を始めたばかりの組織においてはなおさらである。教材の作成が負担になり活動が停滞してしまうこともしばしばである。そのようなことからも、まずは化学工学会安全部会などで用意しているノンテクニカルスキルに関する様々な教材を軸にして自らの組織の工夫を入れていくような教材の作成をするとよい。これを続けていくと、次第に自らのオリジナルの内容の方が多くなっていくと共に内容も充実していくであろう。

1-7-7　集合教育のスタイルについて

集合教育のスタイルは、対面式の教育が望ましい。対面式の良さはインストラクターが相手の目を見て、表情を見て、全体の反応を見て、雰囲気を察して、教育のトーンを変えたり、内容やスピードの変化を行うことができる点にある。演習の間の対話や質疑応答などフェイス－ツウ－フェイスの対話により教育の効果も高まる。伝えたいことをコンパクトに、要領よく、分かり易く相手に伝える、まさに互いのノンテクニカルスキルが発揮される。また、演習においても対面式の演習の方が活発な意見交換が期待されるため明らかにその効果に違いがある。しかしながら、コロナ禍以降の非対面式の

リモート(オンライン)での授業や講演や会議の普及により、オンラインでの集合教育のスタイルに慣れてきたところではある。ノンテクニカルスキルの教育では対面式での教育が望ましいものの、オンラインでの教育も経験したことで、オンラインでも十分な点と対面が必要な点がはっきりしてきたことはコロナ禍での収穫である。前者は、多くの幅広い人が、気軽に、フットワークよく参加し、体感し、時間を共有できることは、最大のメリットであり、オンラインにおいても教育の効果が実感されることに我々は気がついてしまった。一方で、後者はやはり臨場感にかけ、教育にのめりこむや没頭するといった興奮は感じられない。特に演習におけるグループ討議やグループワークには、参加して楽しかったという達成感や満足感や充実感が必要であり、そのことが日常業務における継続的なノンテクニカルスキルの活動へのきっかけとなる。そのように考えると、対面式の教育を主体として、それをオンラインでも中継したり、オンラインでのグループワークを追加的に加えたりするなどいいとこどりしたハイブリッド型の教育の形がこれからの教育の望まれるスタイルになると思われる。また、ハイブリッド型の課題としては、それぞれの受講環境に差が出るため、取り組み方への差が出てくることが懸念される。事前に予習を与えて、当日は議論やグループワークを中心とした教育や終了後のフォローアップや確認を充実させるなど、受講者の参加への意欲を掻き立て

る工夫を凝らすことが重要となってくる。

1-7-8　階層別教育の必要性

　図1-5のスキル成長曲線に示すように、ノンテクニカルスキルは、生まれたころよりスキルの向上が始まり、年齢を経るにしたがって少しずつ向上していく。したがってスキル成長曲線からすると年齢別、年代別に望ましいノンテクニカルスキルは異なるはずであり、階層別のノンテクニカルスキルの必要性はあるものと推測される。しかしながら、それぞれの階層毎の教育メニューを作成し、教育していくことは、

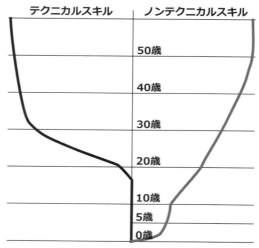

【図1-5】スキルの成長曲線

出典：堤克一路、テクニカルスキルとノンテクニカルスキルのバランスの取れた教育への試み、安全工学シンポジウム発表論文、2021

大きな労力と多大な時間を要する。一方で階層別に教育をするよりも、世代も部署も異なる者たちが、一堂に会し、同じプログラムの中で意見を交わし合うことの方がお互いの立場を理解し合うことにつながり、組織全体としてのノンテクニカルスキルの向上には役に立つということもある。片や管理者とメンバーに望まれるノンテクニカルスキルにはそれぞれ違う視点が一部には必要であり、一堂に会するプログラムに加えて、管理者向けのプログラムを用意することが望ましい。特に、ノンテクニカルスキル導入の活動の初期には、管理職のノンテクニカルスキルに関する理解と価値観の方向性を1つにしておくことが不可欠であり、管理職向けのプログラムの中でグループワークを通じて、ノンテクニカルスキルの必要性を腹落ちさせ、メンバーのノンテクニカルスキルへの取り組みを後押し、時にはリードできるような管理職としての準備をしておくことが望ましい。

1-8　ノンテクニカルスキル2.0における教育需要の導出方法（事故調査の手法）

1-8-1　事故原因の分類

　ヒューマンエラーは結果であって、それに至った原因がある。技術的な原因、技術的でないノンテクニカルスキル的な

原因そして組織的な原因の3種類が組み合わさっている。スイスチーズモデル的にはその3種類のどれか1つでもチーズの穴が塞がれていれば、事故は防ぐことができていた。

　図1-6はスイスチーズモデルの原型であり、原因は原材料、手順、機械、人的要因の4つで構成されている。これを変更し、この基本形の中の手順、機械は技術要因にくくりこ

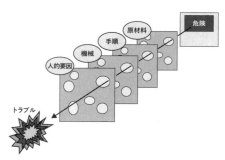

【図1-6】スイスチーズモデルの原型

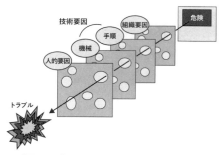

【図1-7】スイスチーズモデルの基本形2

出典：南川忠男、産業現場のノンテクニカルスキルを学ぶ、化学工業日報社、2017

の中に原材料も含めて、新たに組織要因を第一のチーズとして挿入したのが**図1－7**のスイスチーズモデルの基本形2である。かろうじて事故が発生していなくてもどこかのチーズの穴は大きいかもしれない。事故が発生した場合には、先端作業者がその現場で危険源やその事故の起きた設備と向き合っている。作業者の前の3つのチーズの穴が貫通してきている場合には作業者は業務を間違えないように努力している。手順書が改訂されていなくて古い手順書が放置されていても、ハード面でのフェールセーフ対応がついていなくても、がんばらざるを得ない。最後の関門である人に頼ることになる。

設備管理面のチーズの穴があると、事故の発生確率は更に高くなる。例えば設計時から不備がある場合を考えてみる。保守スペースを考慮しない機器レイアウトにて設計され、プラントが建設され、運転が行われていると、狭いスペースでポンプの修理をせざるをえないこととなる。そして、いつかチェーンブロックに手が挟まれるトラブルが発生することとなる。

反対に設計時から工夫されている場合を考えてみる。制御室のグラフィックパネルの蒸留塔の操作時、その蒸留塔の操作で影響を受ける上流と下流の蒸留塔のレベルがその蒸留塔の操作画面に表示されるように設計されていれば、ボードマンは運転操作の際に画面を切り替える手間が省け、作業に集

中できる。

　3種類の要因の内、スイスチーズモデルの一番最初の組織的な原因は表面的な事故調査をしても抽出しにくい。事故多発部署の事故調査ではその事故の多くの原因に対して再発防止策が話し合われるが組織的な原因の解明に手がはいらないことが多い。それは自然と組織の防衛本能が働くからであろう。

　技術が進歩し、事故の技術的な原因の再発防止が進むと事故の件数が下がっていく。そのような状態のときにまだノンテクニカルスキル教育が実施されていないとノンテクニカルスキル起因（人的要因）の事故の割合は増えていく。プログラムは作成したもののノンテクニカルスキル教育をしていない場合においても、更に日頃のOJTでのノンテクニカルスキルの向上の効果がなかった場合においても、ノンテクニカルスキル起因の事故の割合はテクニカルスキル起因の割合を超えて増えていく。

1-8-2　事故原因調査

　事故原因の調査には従来の手法に加え、ノンテクニカルスキル視点の深堀した調査が必要である。事故原因の多くがノンテクニカルスキル起因であることを考えると技術面からの事故調査とノンテクニカルスキル面からの両面での事故調査が必要である。前節で述べたように、ノンテクニカルスキル教育を長年実施してきても、事故全体の原因の内、ノンテクニカ

ルスキルの原因が半分を占めることを考えれば、ノンテクニカルスキル視点の事故調査が必要であることは明白である。

「事故調査」には繰り返される事故を把握するために、事故と事故調査データの傾向分析も含まれる。事故調査の目的は、組織の安全成績（プロセスに関わる事故と労働災害の両方）を改善するために、事故の原因を特定して取り除くことにある。

前節の基本形2の3つの要因すべての視点で同時に事故調査が行われなければ、この目的は達成されないだろう。3つの要因とは組織的な要因、設備や手順書などの技術的な要因そして人的な要因（ノンテクニカルスキル）である。事故調査は大抵技術的な要因から始まっていくことが多い。そして多くの時間を技術要因の調査で費やされ、事故報告書は文字で埋まっていく。事故調査に関わった方々は技術的な解決が図れれば、それで満足した気分になる。

再発防止欄に記述される対策はほとんどが技術的な要因の事柄となっている。3つの要因すべての視点で同時に事故調査を行うには、事故の1事象を調査するときに技術的な要因の意見交換が終われば、ここで報告書の状況経過欄に数行挿入し、次にその事象での人的な要因は何か意見交換する。ノンテクニカルスキル視点での状況を報告書に記述した後、最後の組織的な要因を探る。報告書のテンプレートとしてこの3つの要因の記述欄を予め設けておくのもよい。記載されな

ければ次に進まないようにしておくのである。

調査の段階でノンテクニカルスキル要因の中の1要素である個人の行動特性については議論されることがあっても、組織的な要因が事故調査の場で議論されたことはなかった。調査において議論されない限り、組織的な要因が存在するにもかかわらず、全体の事故調査では放置され、改善策が作成されない。そのため、その組織では組織的な要因の割合が増えていくという流れ（悪循環ともいえる）になってしまう。

1-8-3 これまでの重要なノンテクニカルスキルの教育テーマ

簡易なノンテクニカルスキル視点（やや直観的な分析でもあったが）での事故調査はノンテクニカルスキルの主要な5カテゴリーとの関係と個人の行動特性が中心であった。**表1－3**は、ノンテクニカルスキルの主要な5カテゴリーとその構成要素を示す。状況認識、コミュニケーション、意思決定、チームワーク、リーダーシップが主要な5カテゴリーで、他には疲労管理、ストレスマネージメントがある。

思い込みが原因の事故の場合、思い込み防止教育を実施し、行動特性の評価として思い込みの度合いを質問紙法で自己評価してきた。情報の共有化が不備である事故の場合、その要素別に「言い出す勇気をもとう教育」「思いやり言葉で事故防止」などの教育を実施してきた。注意力の維持が重要であ

ると思われた場合、注意力向上教育を実施してきた。上記のような単独テーマ別教育を実施していたその頃にも、おぼろげながら管理者への教育も必要であろうと思っていたが、足元の作業者起因の事故の防止に注力し、かつその足元の教育を実施することでも教育の効果がある程度は上がっていたため、管理者への教育は企画することはなかった。

【表1-3】ノンテクニカルスキルの主要5カテゴリーとその構成要素

カテゴリー	要　　素
状況認識	情報の収集、その情報の理解、予測判断など
コミュニケーション	情報の明確な発信と受け取り、情報の開放性と共有化、権威勾配、言い出す勇気、声掛けの大切さ、緊急時の相談
意思決定	選択肢の検討・比較、選択肢からの採用、決定後のレビュー
チームワーク	他者への支援、情報交換、チーム員の共通理解の促進と調整
リーダーシップ	目標設定、標準の維持、計画と優先づけ、困難に打ち勝つ力、他人を思いやる心

(注)【表1-1】の再掲

1-8-4　これまでに我々が導き出し、教育したテーマの実例

SHELLモデル上の事故要因を情報入手系（感覚系と認知系に分かれる）、情報処理系、意思決定系、動作系に分類し、配置してある表を使って（「SHELLモデルとそのケーススタ

[表1-4] エラー形成因子の分類例（t-m-SHELLモデル）

エラー形成因子 ヒューマン・エラー	Liveware	L-Sインタフェース	L-Hインタフェース	L-Eインタフェース	L-Lインタフェース	M（マネージメント）
				m-SHELLモデル		
感覚系エラー（情報入力）	通常と同じに認識・違う認識、不注意、見逃し、体調不良、疲れ	直接的に感知できない情報	操作部がダメなど配列、見易さ、大きさ、色彩、動き、デザイン	見にくい環境（薄暗い、振動、天候（雨）気温、湿度	人間関係（オペレータ間の意思疎通不透）チームワーク	教育・訓練不足（不慣れ）、情熱、誇りなど、社会的重要さ、責任の認識
認知系エラー（情報取得）	見間違い、思い込み、記憶ミス、忘却、人の能力、やりがい喪失	記述の適切さ、情報不足・過多、正確に迅速に理解、紛らわしい	マンマシンインタフェース、不適、情報不十分	見にくい環境（薄暗い、聞こえない（騒音）	相互関連遠がわかりづらい、チームワーク、タスクの理解度	手順・基準・目標が決められていない、過去の記録が不完全、全体の流れ
判断系エラー（情報処理）	せっかち、あせり、疲れ、体調不良、類似	早とちり、偏見、間違いやすい表示・ルール	操作に不慣れ（新しい操作による）	判断のにぶる環境（天候、温度、湿度）	訓練不足、時間的余裕無し、チームワーク	安全最優先の教育・訓練を行うシステムの構築と実践がされていない
決定・指示系エラー（決定）	自己満足、過信、大担、あきらめ、失敗を過度に恐れる	手順書不備、取扱説明書読まない、規定に対する考えの甘さ	訂正、中断のしにくさ、指示の整合性	環境不適、温度、聞こえない（騒音）、見えにくい、振動	自尊心欠如、階層性、経験不足、責任不明確	気配り不足、指示・命令が直接伝えられない、危険に対するモラル、気分転換無し
作業・動作・操作系エラー（出力）	規定不順守、注意散漫、いたずら、疲労、単調、退屈、適正不適	危険物取り扱いの規定不適（火気、司燃物、爆発、毒物etc）	欠陥品、不安全な姿勢・行為、技能不足、不慣れ	整理整頓不良、温度、湿度・騒音・振動、明るさ、安定性	意思疎通不足、訓練不足、資源、知識不足、協調不良	安全重視の風土無し、モラルの低さ、単調作業の連続、客観的チェック体制無し

出典：渡辺純哉、動力機械に起因する労働災害の作業者の経験年数に関する考察、安全サロン配布資料、2022

[表1-5] t-m-SHELLモデル上でのノンテクニカルスキル教育コンテンツ

エラー形成因子 ヒューマン・エラー	L系	L-S系	L-E系	L-L系	M系
感覚器エラー (情報入力)	・状況認識の思い込み防止教育の〇〇マップ			・状況認識の思い込み防止教育のパターン ・優先度付け演習 ・クロスロード演習 ・あなたならどうする演習	・管理者への動機づけ* ・従業員への動機づけ* ・NOTSインストラクター養成講座
認知系エラー (情報取得)	・考えてから行動しよう教育			・言い出す勇気を持とう教育 ・動物当てゲーム	・管理者への教育*
判断系エラー (情報処理)	・とっさの行動防止教育	・思い込み防止教育		・動物当てゲーム ・クロスロード演習 ・あなたならどうする演習 ・事故事例の話し合い*	・当事者意識向上教育*
決定・指示系エラー (決定)	・レジリエンス教育	・別系統で作業手順書が具備すべき要件教育	・動物当てゲーム	・動物当てゲーム ・レコ組み立て演習	・思いやりの言葉で事故防止 ・よいフィードバック*
作業・動作・操作系エラー (出力)	・規律順守性教育 ・疲労時の思いやり教育 ・注意力向上教育 ・IKマップ（言い出す勇気と聞く力） ・KKマップ（危険感受性と危険敢行性）		・若年層特別教育	・傾聴力と言い出す勇気教育	・管理者向け規律順守性教育* ・やりがいの醸成教育 と上司のリーダーシップ*

*：まだ作成されていないコンテンツ

ディ」清水洋孝、佐藤吉信（2003）より表を引用)、これまでにすでに作成された教育コンテンツとまだ作成されていないが今後作成すべきであろうコンテンツに分けて**表1−5**に記述してみた。

　この表からわかることはすでに作成された教育コンテンツは個人としての Liveware（L系）への対応と Liveware と Liveware（L‑L系）という集団の中での事故原因に対応したものが多い。これは個人の行動特性を向上することがその個人が所属している集団の意識にも影響し、集団のノンテクニカルスキルの向上に寄与すると考えたからである。これらのコンテンツによって一定程度の教育の目標は達成してきた。しかし、本WGで意見交換を通じて、事故防止に影響する要因として「仕事のやりがい」や「動機づけ」が仕事の満足度を上げることに気がついた。そのための教育コンテンツとしては、仕事のやりがいが向上できる教育や上位者による動機づけやリーダーシップなどの教育が必要であり、今後作成する教育コンテンツに望まれるべき要素であろう。**表1−5**におけるマネージメント系（M系）の教育コンテンツを職場の管理者や上位者に対して行うことで、集団の安全文化が向上するであろう。このような背景から、管理者への動機づけ教育、従業員への動機づけ教育、当事者意識の向上教育、よいフィードバック、スモーラーリーダーシップ実践教育などに関する様々なコンテンツが作成されることになった。

第2章

ノンテクニカルスキル2.0におけるスモーラーリーダーシップ

2-1 スモーラーリーダーシップとは?

　ノンテクニカルスキル2.0では、これまでの7つのノンテクニカルスキル（状況認識力／意思決定力／コミュニケーション力／チームワーク力／ストレスマネージメント力／リーダーシップ力／疲労への対処力）に2つの成功への要素として、上位者のスモーラーリーダーシップの向上とメンバーのワークエンゲージメントの向上を掲げている。上位者のスモーラーリーダーシップとは、日々のメンバーとの関わり合いであり、具体的には、見せる、導く、褒める、認める、任せる、雰囲気作りなどの行動を意味する。ところが、我々の掲げるスモーラーリーダーシップは、上位者とメンバーと

の関わり合いだけにとどまらない。

　例えば、1つのチームでの現場作業について考えると、その作業を経験したことがある人と経験したことない人においては、年齢に関係なく経験したことがある人がスモールリーダーである。スモーラーリーダーシップを発揮して、経験したことがない人を導き、作業を円滑にトラブル・労災ゼロで完遂する。また、その作業において潜在する危険やリスクに気がついている人と気がついていない人においては、年齢に関係なく気がついている人がスモールリーダーである。スモーラーリーダーシップを発揮して、気がついていない人に教えることで、チーム全体の危険感受性を向上し、作業を円滑にトラブル・労災ゼロで完遂する。

　1つのチームでの検討作業について考えると、その分野における専門知識を有している人と有していない人においては、年齢に関係なく専門知識を有している人がスモールリーダーである。スモーラーリーダーシップを発揮して、自らが有する専門知識をメンバーと共有することで、検討を円滑に進めると共にメンバーの持つ知識をも引き出し、チーム全体としての多面的な検討結果を導く。他にも、スモーラーリーダーシップは、タイムプレッシャーを受け余裕のない人と余裕のある人やその分野が得意な人と得意でない人や咄嗟のときに踏みとどまれる人と踏みとどまれない人やきまりを守れる人と守れない人や言い出せる人と言い出せない人や聞ける

人と聞けない人などのように業務を円滑に行う上での組織の枠を超えた関わり合いともいうことができる。余裕のある人、得意な人、踏みとどまれる人、きまりを守れる人、言い出せる人、聞ける人は、みんなスモールリーダーである。

　ノンテクニカルスキル2.0では、このような日々の業務におけるこのようなスモーラーリーダーシップの発揮によるバリアーの積み重ねが、我々の成果であるトラブル・労災の撲滅につながるとしている。

2-1-1　スモーラーリーダーシップの向上に必要な14の行動要素

　スモーラーリーダーシップの向上には、身近な仲間との関わり合いとおせっかいともいえる14の行動要素が設定されている。この行動要素の源流は、サーバントリーダーシップの行動要素であるため、サーバントリーダーシップについて少し触れる。一般によく言われるリーダーシップには、2つのタイプがある。支配型のリーダーシップとサーバントリーダーシップの2つのリーダーシップである。昨今では働くことに対する意識の変化から、求められるリーダーシップのタイプが支配型のリーダーシップからサーバントリーダーシップへと変化してきている。支配型のリーダーシップは、カリスマ的なリーダーが部下に指示や命令をすることによって、部下をけん引し、組織の成果を導き出すようなリーダーシッ

プのことを言う。一方で、サーバントリーダーシップとは、支援型リーダーシップとも言われ、部下の能力や強みや動機づけをうまく引き出して、組織の成果につなげていくようなリーダーシップのことを言う。加えて、サーバントリーダーシップはメンバーに対してだけでなく、仕事のミッションやビジョンにも奉仕すると共に、部下が組織目標の達成に向けて主体的に貢献できるように、部下の成長を支援し、リーダーが奉仕の精神を持つことから始まる。具体的には、部下を支援しながら部下や現場から話を聞き、ボトムアップ型の意思決定を行い、部下のモチベーションを高めつつ、部下の成長と同じく組織力の強化にも力を入れながら、組織の成果に導

我々の目指すスモーラーリーダーシップとは？

✓ **支配型リーダーシップ**
リーダーが部下に指示や命令をすることにより、成果を目指す

✓ **サーバントリーダーシップ**
支援型リーダーシップは、部下の能力や強みをうまく引き出し、チームの成果につなげていく

【図2−1】リーダーシップのタイプ

く。このサーバントリーダーシップには、傾聴、共感、癒し、コミュニティーづくり、成長への関与、奉仕、先見性、概念化、説得、気づきの10の特徴があり、今回のスモーラーリーダーシップに必要な14の行動要素の源流となっている。

その14の行動要素は、仲間の共感を引き出すあるべき姿と目標の設定、傾聴と共感のコミュニケーションによる動機づけ、職務遂行と成長を促すチームビルディングの3つの視点から構成されている。それぞれの視点には、具体的な行動要素が設定されており、スモーラーリーダーシップを発揮する際の行動指針となる。これらの行動要素は一見するととてもハードルの高い行動のように見えるかもしれないが、すべての行動要素は日常業務における小さな声掛けや関わり合いやおせっかいから始まるものであり、その繰り返しと積み重ねがスモーラーリーダーシップの向上につながり、安全に関する組織文化・風土の醸成につながる。スモーラーリーダーシップの行動要素は、以下の通りのA〜Cの3つの視点と14の要素からなる。また、後の第10章で記述されている行動特性診断ＬＥマップは、このスモーラーリーダーシップの14の行動要素とワークエンゲージメントの7つの行動要素をもとにして、作成された行動特性診断であり、後の章で詳しく説明する。

Aの視点：仲間の共感を引き出すあるべき姿と目標の設定

スモールリーダーは、先見力を発揮し、チームが達成した

いと考える共感を引き出すあるべき姿や身近な目標を具現化し、メンバーを説得する。これによりチームの方向性が明確になり、メンバーの納得感が醸成され、共通の目的に向かって取り組めるようになる。加えて、スモールリーダーは、常に新しいアイデアを導入し、イノベーションを促進し、適切なリスク管理を行い、不確実性に対処する。

- あるべき姿と目標：仲間が目指すべきことを設定する
- 先見力：過去に学び、現実を見て、将来を予測する
- 概念化：様々な事象をシンプルに理解し、仲間がわかるように具現化する
- 説得：仲間とコンセンサスを得ながら納得を促す

Bの視点：傾聴と共感のコミュニケーションによる動機づけ

スモールリーダーは、身近な仲間との適切な双方向対話を通じて、チームのメンバーや他のチームのメンバーと接触し、意見を共有し、フィードバックを提供する。また、身近な双方向対話を通じて、メンバーの意見を傾聴し、理解し、共感し、メンバーが互いに理解し合えるように促していく。加えて、スモールリーダーは、メンバーを動機づけ、高いパフォーマンスを発揮させるために、適切な共感や癒し、そして気づきを提供する。

- 双方向対話：日常業務における双方向対話を実施する
- 傾聴：相手の望みを聞き出すためによく話を聞く
- 共感：相手の立場になって相手の気持ちを理解する

【表2-1】スモーラーリーダーシップの行動要素

行動要素	
A：仲間の共感を引き出すあるべき姿と目標の設定	
あるべき姿と目標	仲間が目指すべきことを設定する
先見力	過去に学び、現実を見て、将来を予測する
概念化	様々な事象をシンプルに理解し、仲間がわかるように具現化する
説　得	仲間とコンセンサスを得ながら納得を促す
B：傾聴と共感のコミュニケーションによる動機づけ	
双方向対話	日常業務における双方向対話を実施する
傾　聴	相手の望みを聞き出すためによく話を聞く
共　感	相手の立場になって相手の気持ちを理解する
癒　し	相手の心を癒す言葉をかけ、本来の力を取り戻させる
気づき	気づきを得ようとする、また気づきを与えようとする
C：職務遂行と成長を促すチームビルディング	
チームビルディング	みんなで成果を挙げていく
業務遂行への関与	仲間の業務遂行に関心を持ち、成功へ導くことができる
成長への関与	仲間の成長に関心を持ち、可能性に気がつくことができる
奉　仕	仲間に利益を与えることに喜びを感じる
コミュニティーづくり	人々が大きく成長できる協働の場を作り出せる

- 癒し：相手の心を癒す言葉をかけ、本来の力を取り戻させる
- 気づき：気づきを得ようとする、また気づきを与えようとする

Cの視点：職務遂行と成長を促すチームビルディング

スモールリーダーは、職務遂行にあたって、チームメンバーを調整し、協力し、お互いの能力を最大限に引き出すために、チームビルディングを行う。加えて、スモールリーダーは、適切な情報を収集し、分析し、チームメンバーと協力して意思決定を行い、行動を起こす。

- チームビルディング：皆で成果を挙げていく
- 業務遂行への関与：仲間の業務遂行に関心を持ち、成功へ導くことができる
- 成長への関与：仲間の成長に関心を持ち、可能性に気がつくことができる
- 奉仕：仲間に利益を与えることに喜びを感じる
- コミュニティーづくり：人々が大きく成長できる協働の場を作り出せる

2-2 スモーラーリーダーシップの効能

スモーラーリーダーシップの行動要素のいくつかの発揮が期待される状況を１つの作業事例をもとに見てみよう。スイ

スチーズ理論によると、トラブルはすべてのバリアをすり抜けたときに発生する。

[状況]

ローリーで各地を回って回収した酸性廃液をタンクに移送し、一旦貯蔵することになった。そのため仮設ポンプを設置し、ホースを接続しローリーからタンクへ酸性廃液を移送する作業であった。作業者は仮設ポンプを設置し、作業を開始するも移送がうまくいかない上に、ローリーとホースの接続部から液の滲みを覚知した。滲みを改善するために接続部のパッキンを取り換えようと考え、接続部を緩めた際に酸性廃液が噴出し作業者は被液した。

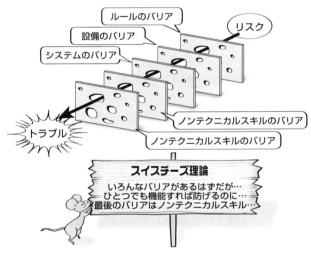

【図2-2】スイスチーズ理論とノンテクニカルスキル

【図2-3】廃液の受け入れ作業の様子

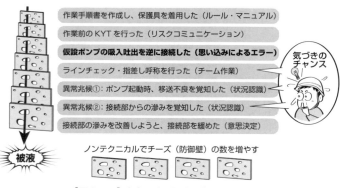

【図2-4】事象における気づきのチャンス

56　第2章　ノンテクニカルスキル2.0におけるスモーラーリーダーシップ

[時系列分析]

作業前：
- 作業手順書を作成し、保護具を着用した（ルール・マニュアル）
- 作業前のＫＹ（危険予知）を作業チームで実施した（リスクコミュニケーション）

作業中：
- 仮設ポンプを設置したが、吸入吐出を逆に設置した（思い込みによるエラー）
- ホース接続後、ラインチェック・指差し呼称を行った（チーム作業）
- 異常兆候①：ポンプ起動するも、移送不良を覚知した（状況認識）
- 異常兆候②：接続部からの滲みを覚知した（状況認識）
- 接続部の滲みを改善しようと、接続部を緩めた（意思決定）
- トラブル：酸性廃液が噴出し、作業者は被液した

[スモーラーリーダーシップ的な考察]

この事例もいろんなバリアがあるはずだったが、すべてのバリアをすり抜けて被液というトラブルに至った。仮設ポンプの吸入吐出を逆に接続したという思い込みによるヒューマンエラーは許容するとしても、チームの皆がそれぞれスモーラーリーダーシップを発揮し、気づきを共有化し、踏みとど

まるチャンスはいくつかあった。

　気づきのチャンス①：ラインチェック・指差し呼称まで行っているが、仮設ポンプの構造をよく知るスモールリーダーが、技術的な接続間違いを指摘できなかったであろうか？

　気づきのチャンス②：ポンプ起動し、移送不良を覚知した際に、作業を停止し、立ち止まって、状況を共有し、皆で議論することができなかったであろうか？また、そのように言い出すスモールリーダーがいなかったであろうか？

　気づきのチャンス③：接続部の滲みを覚知した際に、緩めてパッキンを取り替えるという意思決定を行ったが、緩める前に立ち止まって皆で議論することができなかったであろうか？滲みのリスクに気がついているスモールリーダーがいなかったであろうか？

　もちろん、作業前の手順書の作成やＫＹ（危険予知）やラインチェック・指差し呼称においても、この作業の経験を持つ者や酸性廃液のリスクに詳しい者がスモーラーリーダーシップを発揮して、バリアのすり抜けを防止することも大切である。スモールリーダーによるスモーラーリーダーシップの発揮が皆のノンテクニカルスキルを高め、危険感受性を高め、トラブルの未然防止へとつながる。一方で、一人ひとりがトラブルを防止するバリアになるためには、一人ひとりが危険感受性を高め、危険敢行性を抑制していくなどノンテクニカルスキルを向上させていく取り組みも大切である。

第3章

ノンテクニカルスキル2.0におけるワークエンゲージメント

3-1 ワークエンゲージメントとは？

　ノンテクニカルスキル2.0では、これまでの7つのノンテクニカルスキル（状況認識力／意思決定力／コミュニケーション力／チームワーク力／ストレスマネージメント力／リーダーシップ力／疲労への対処力）に2つの成功への要素として、上位者のスモーラーリーダーシップの向上とメンバーのワークエンゲージメントの向上を掲げている。メンバーのワークエンゲージメントとは、活力・熱意・没頭の3つが揃い、仕事に対してやりがいを感じ、充実している状態を意味する。活力とは仕事から活力を得て生き生きとしている状態であり、熱意とは仕事に誇りとやりがいを感じている

状態であり、没頭とは仕事に熱心に取り組んでいる状態である。これまで、このような心理的な充実とトラブル・労災の撲滅とは全く別のそれぞれのアプローチがなされてきた。ところが、このような心理的な充実は仕事の成否はもちろんのこと、我々の目指す事故・労災の撲滅という成果へも大きな影響を与えるようである。

　ワークエンゲージメントは、イベントや行動によって引き起こされる一時的なものではなく、持続的かつ全般的な感情と認知によって特徴づけられる。オランダ・ユトレヒト大学のSchaufeli教授らが提唱したことでワークエンゲージメントが概念として確立され、現在では、働き方改革を推進している厚生労働省も様々な分析する際にワークエンゲージメントを取り上げている。ワークエンゲージメントの高い職場では、仕事に意欲的な従業員が増え、従業員の幸福感も上昇し、離職率が低下するという一般的な効能に加えて、ワークエンゲージメントがノンテクニカルスキルの向上を通じて、安全に関する組織文化・風土の醸成の源泉となり、我々の目指す事故・労災の撲滅という成果にもつながるというのがノンテクニカルスキル2.0の提唱するところである。仕事に意欲的に取り組む従業員がルール・規則を守り、前向きに様々な工夫を凝らして業務を進めていき、ミスや失敗も少なく、事故・労災の発生に縁遠いことは想像するに難しくないであろう。

3-2 ワークエンゲージメントの向上に必要な7つの行動要素 〜活力・熱意・没頭が整っている状態

　ワークエンゲージメントの向上には、身近な仲間との関わり合いとおせっかいともいえる7つの行動要素が設定されている。この行動要素の源流は「仕事の資源」と「個人の資源」の2つからなる。ワークエンゲージメントにおける仕事の資源とは、業務量の調整や仕事に対するフィードバック、上司・同僚からのサポート、仕事における学習の機会など外部環境や自分以外の人間との関係で発生するものが当てはまる。ワークエンゲージメントにおける個人の資源とは、ストレスのセルフマネージメント、仕事とプライベートの両立、内的要因に基づく仕事への動機づけなど自分の活動や内面でコントロールするものが当てはまる。そのワークエンゲージメントの7つの行動要素は、以下の通りである。

　①組織へのコミットメント：メンバーが自分の仕事に取り組み、組織の目標に貢献することに誇りと情熱を持っていることを示す。

　②自らが承認されることへの欲求：承認されることへの欲求が満たされていることを示す。承認の欲求には、チームのメンバーとして認められ、支援されていることに対する承認の欲求と成し遂げた仕事の成果に対する承認の欲求とがあ

る。

③自らの裁量権の範囲：仕事においてのしかるべき範囲に裁量権が与えられており、自分で仕事をコントロールできることを示す。

④自らが成長する機会：仕事を通じて、自らが成長する機会と可能性があることを示す。加えて、その成長の機会を通じて得た自己の成長が認識できるように、スモールリーダーはチームメンバーを動機づけ、高いパフォーマンスを発揮させるための適切な感謝や認知、そしてフィードバックを提供する必要がある。

⑤自らを表現する機会：メンバーが自分自身を表現し、自由闊達に意見を述べ、部分的にでも組織の意思決定に関与や貢献することができる機会に恵まれていることを示す。

⑥仕事に対する自己効力感：自分の仕事や課題を遂行でき

【表3-1】ワークエンゲージメントの行動要素

	活力	熱意	没頭
組織へのコミットメント	○	○	
自らが承認されることへの欲求	○	○	
自らの裁量権の範囲	○	○	○
自らが成長する機会	○	○	
自らを表現する機会	○		○
仕事に対する自己効力感	○	○	
仕事自体の内容	○		○

るという自信や信念を示す。加えて、仕事で発生する自己のストレスを緩和できる個人的なスキルが整っていることも含む。

⑦**仕事自体の内容**：仕事の内容に専門性があり、仕事に対する興味が高い状態にあることを示す。加えて、その仕事を行う環境が心理的にも、衛生的にも良好であることまでも含む。

3-3　ワークエンゲージメントの効能

　ワークエンゲージメントの発揮が期待される状況を1つの活動事例をもとに見てみよう。一般的にはワークエンゲージメントの向上により、次のような効果が期待されている。
- ・従業員や組織の業務効率が向上する
- ・積極的な提案などが行われ、従業員や組織の業務品質が向上する
- ・チーム間や部門間を跨いだ連携が強化される
- ・従業員の心身の健康が安定する
- ・社会からの信頼が向上する

　では、ワークエンゲージメントの向上が、どのようにして安全に関する組織文化・風土の醸成と結びつくのであろうか？ワークエンゲージメントは、前節にて示した7つの行動

要素を達成することで、向上することが期待される。一人ひとりにある範囲の裁量権と成長する機会が与えられ、自らの表現する機会が与えられる。業務の上での小さな成功体験と達成感を通じて、仕事に対する自己効力感が高まり、仕事に対する興味も高まっていく。仕事への興味の高まりは、組織へのコミットメントにつながり、業務の成果と共に自らが承認されることにより、更に大きな範囲の裁量権と成長する機会が与えられる。これらの学習ループが繰り返されることで、継続的なワークエンゲージメントの向上が図れていく。

　日々の作業前の危険予知活動やHAZOPやヒヤリハットなどのリスクアセスメント活動や手順書や要領などの見直し活動や日々の点検や監視業務など安全に対する諸活動は裁量権の与えられた成長する機会であり、ワークエンゲージメント向上への機会である。それらの機会を通じて、業務上の作業の成功体験を積み重ねることによって個人のワークエンゲージメントの向上がなされ、組織の安全に関する組織文化・風土の醸成が図れていく。ワークエンゲージメントの向上をこのような安全に対する諸活動に限ることなく、すべての分野の活動において、その向上を図りつつ、組織としての成果を挙げていく具体的な活動の仕組みの1つがTPM（Total Productive Maintenance）活動である。

　TPM活動は、様々なプログラムを通じて、設備に強い人材を育成し、個々の人材の能力を最高に発揮し、設備総合効

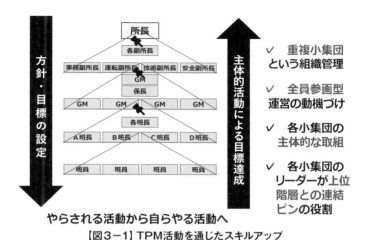

やらされる活動から自らやる活動へ
【図3-1】TPM活動を通じたスキルアップ

率の極限を追求していく活動の仕組みである。その活動は、個別改善・自主保全・計画保全・教育訓練・初期管理・品質保全・安全環境などの各分野における連携した小集団により構成されており、個々のテクニカルスキル及びノンテクニカルスキルの向上をはじめとした人材育成に始まり、最終的には組織全体で成果を挙げ、成果を実感できるプログラムになっている。トップからの方針や目標に沿って、やらされる活動ではなく自らやる活動によって目標達成を目指す。その活動形態には、連携した小集団という組織管理、全員参画型運営の動機づけ、各小集団の主体的な取組、各小集団のリーダーが上位階層との連結ピンの役割を果たすなどの特徴を有する。また、TPM活動を通じて次のような一人ひとりの能

力を高め、設備に強いオペレーターが育成される。

・**設備の維持に必要な能力（状況認識）**：異常を発見できる能力、異常を復元・処置できる能力、決め事を守りやすく改善できる能力、決め事を守ることができる能力

・**設備の改善に必要な能力（意思決定）**：正確に要因を分析できる能力、正しい改善が実施できる能力、判断基準を決めることのできる能力

TPM（自主保全）の核を成す活動は、ステップ展開と呼ばれる現場の改善活動である。ステップ展開は、

ステップ1：初期清掃・初期点検
ステップ2：発生源・作業困難箇所対策
ステップ3：清掃・点検基準の作成
ステップ4：機器総点検
ステップ5：プロセス総点検
ステップ6：自主保全のシステム化

【図3-2】活動板の様子

ステップ７：自主管理の徹底

の７つのステップから構成され、ステップ毎に現場の改善を体感しながら、試行錯誤して、現場の改善を段階的に進めていく手法である。

　自主保全活動を成功させる鍵は、『やる気・やる腕・やる場』の３条件を整えることである。自らの意識、自らの知恵、自らの技能を向上させ活動を活性化させるためのTPMの３種の神器（活動板、スモールミーティング、ワンポイントレッスン）と呼ばれているツールがある。３種の神器は、ノンテクニカルスキルの向上にも効果的なツールである。

・**活動板**：活動板は、どんな問題がある？どう解決するか？

解決したのか？といったことをコンパクトに見える化するための道具であり、まとめる力・表現する力が鍛えられる。また、活動板は、仕事のスコアボードであり、ミーティングで活用することで、チームワーク・コミュニケーションが活性化する。

・**スモールミーティング**：自主保全活動を活性化させるためには、メンバー全員による質の高いミーティングを行うことが重要である。ミーティングの良し悪しは、班長のリーダーシップと班員の同志のコミュニケーションといったノンテクニカルスキルに大きく左右される。質の高いミーティングを短い時間で、頻繁に行うことにより、チームの課題を解決するだけでなく、活動が活性化し、自然とノンテクニカルスキルが向上する。

・**ワンポイントレッスン**：ワンポイントレッスンシートは、個々人がもつノウハウ、勘所、経験などを1テーマ毎に、1枚のシートにまとめた周知や伝達教育のためのツールであり、メンバーの不具合を見抜く力（状況認識）を養う。基礎知識、トラブル事例、改善事例などの分野毎に、それぞれシンプルに、分かり易くまとめることで、まとめる力・表現する力に加え、思考力が養われる。知識の集積、共有化を通じて、チーム全体のスキルの向上を図ることができる。

TPM活動への取り組みは、設備に強い人材を育成し、個々の人材の能力を最高に発揮し、設備総合効率の極限を追求していく活動の仕組みであることはこれまでに述べてきた。言い換えると、個人の強みを強化する活動でもある。個人の強みの強化や強みの活用は、個人を良好な心理状態に導き、ワークエンゲージメントを高め、ノンテクニカルスキルを向上させ、結果として生産性や業績を向上させるようである。

第4章

ノンテクニカルスキル活動の進め方

4-1　ノンテクニカルスキル活動の初動

　各事業所共、トラブルや労災の削減など様々な思いからノンテクニカルスキルの活動を自らの事業所で始めようと考えている人は多いことと思う。これまで、様々なノンテクニカルスキルの講演会や講習会に参加してきて、ノンテクニカルスキルに関する知識や演習の進め方などのノウハウの蓄積はできてきた。さて？では、これからどうしたら自らの事業所においてノンテクニカルスキルの活動が始められるのであろうか？まず何からしたらよいのであろうか？と困っている人は多いことと思う。今この文章を書いている筆者（堤）も8年前はそうであった。2カ所の事業所におけるノンテクニカ

ルスキル活動を8年間続けてきた経験からいうと初動の活動が一番難しいと言える。大抵は、この初動の時期がうまくいかず頓挫して、諦めにつながり、活動が停滞してしまったり、自然消滅してしまう。これまでの筆者の経験や筆者と共にそれぞれの事業所でノンテクニカルスキル活動に取り組む先駆者たちの知見も併せて、ノンテクニカルスキル活動の初動について考えてみたい。

4-2　初動の2つのパターン

　今トラブルや労災撲滅のためのノンテクニカルスキルの活動を事業所で取り組もうと決意した一人のインストラクターがいたとする。彼は、まず何からするべきなのであろうか？端的に言えば、最初はまず同志を増やすことである。一人では何をするにしても限界がある。ましてや事業所全体を動かそうというのだから、多くの仲間の協力と力が必要である。仲間といっても同じ価値観を持ち、同じ方向を向いている仲間が必要である。ノンテクニカルスキルの考え方にほれ込んだ仲間、言い方は悪いがノンテクニカルスキルに夢中な仲間であるほうが望ましい。そのような仲間はノンテクニカルスキル活動においてこれから起こるに違いない障害を一緒になって乗り越えてくれる。仲間は、多すぎてもまとまりがなくなるため、最初は5人程度の仲間が望ましい。もちろん、

社外にも仲間がいることが後になって活きてくる。仲間の作り方によっては、ノンテクニカルスキルの活動の初動が2つのパターンに分かれてくる。それぞれのパターンでの初動について述べてみよう。

4-3 トップダウン型の初動の進め方

1つ目のパターンはトップダウン型の初動の進め方である。これは、まず事業所のトップを仲間にすることである。ノンテクニカルスキルの魅力と期待される効果について事業

所の所長・工場長・副所長・副工場長クラス層や工場の経営を担う、権限を有するトップマネージメント層を説得し、事業所や工場として取り組む方針を掲げてもらう進め方である。この進め方の利点は、マネージメントの錦の旗のもと活動が進められるため、我々の活動が進めやすいことにある。兎に角、初めての取り組みをしようとすると、例えどんなに事業所に役に立つ活動であったとしても、少なからず反対の意見は出るものである。そのような環境下においても、いろいろ議論はあるにしろ、まずは活動を推し進めることができるようになる。このことは、活動を推し進めようとする者にとっては、特に初動の活動において、何よりも心強いものとなる。一方で、欠点は活動の成果が速やかに求められることである。マネージメント層が意識改革には時間がかかるものであるという理解していれば、性急な成果を求めるものでないと理解することもあるであろう。ノンテクニカルスキルの向上は最終的には人材育成であり、意識改革であり、組織文化の醸成である。

　ノンテクニカルスキルの活動がトラブルや労災の削減という成果となって現れてくるには、10年単位で時間のかかるものである。ノンテクニカルスキルの向上により皆が気づき合うようになり、気づきを共有し合うようになる。これは次世代への育成であり、次世代への投資であり、将来のプラットフォーム的な構築の類である。そのようなことまで、理解

した上で決断していればよいが、大抵は数年後には定量的な成果が必要とされることが多い。その時点で、成果に現れていなければ、方向転換や活動を止めることも考えなければならない。筆者の経験からすると、ノンテクニカルスキルの向上は未来への投資であり、やはり成果に現れるまでには10年間くらいの活動の継続が必要である。成果までには現れなくとも組織を構成する一人ひとりの行動の変化は数年で目に見えて現れてくる。このような行動の変化に目を向けるようなフォローアップを続けていくことが、将来の目に見える成果につながることとなる。

　筆者（堤）のノンテクニカルスキル活動の初動について少し触れる。当時、筆者は何もノンテクニカルスキルに関することは知らなかった。ある日、トップマネージメントである所長が所内のトラブルや労災の削減、安全安心文化の醸成のためにノンテクニカルスキルというものに取り組んでみたいという鶴の一声から筆者の活動は始まった。彼は、どこかの場でノンテクニカルスキルという世界を垣間見て、この手法が今の事業所の文化を変えていくのに有効であろうと直感的に感じたのだと思う。当時現場の課長をしていた筆者は、その命を受け自分ひとりから活動を始めることとした。筆者以外に6名の将来仲間となるメンバーが集められたが、そのメンバーには工務系もいれば、品質系、技術系、運転系、総務系など様々な部署から選ばれた、年齢もバラバラなメンバー

であった。人選はすべて所長によるものであり、振り返ってみるとその人選自体に所長の強い思いとこの活動に対する期待の大きさが込められていた。そのことを筆者は後になって痛感することになる。この活動のリーダーであった筆者は、兎に角調査することから始めた。まず自分がノンテクニカルスキルのことをよく理解し、納得し、好奇心を高くもつことが必要であった。今でこそ製造業におけるノンテクニカルスキルという概念は一般的になってきたものの、2015年頃のこの当時は医療や航空の分野に限られた概念であった。そのような中、インターネット上で製造業におけるノンテクニカルスキルを検索するとどこをどのようにやっても、何を検索しても最終的には旭硝子（現AGC）の南川氏の活動に行き着く、そのような状況であった。南川氏に飛び込みのメールで面会を求め、メンバーのひとりである現場のリーダー格を連れて、南川氏に教えを請いに行ったのがこの活動のスタートであった。このあたりから、筆者自身もノンテクニカルスキルの虜になっていく。

　最初の段階はまずは調査、研究である。筆者を含む7人のメンバーで手分けして、とにかくノンテクニカルスキルに関することならすべてを調べ、ノンテクニカルスキルに関する本を読み、お互いに得た知識を共有し、皆の知識レベルを上げることに注力した。このようなことをしていると、7人の知識レベルが整い、皆ノンテクニカルスキルの重要性が理解

でき、同じような価値観をもてるようになる。もちろん、それぞれに思いや意見はもっているが、大きな方向性は同じ7人が出来上がる。すでに、医療や航空の分野において成果を挙げ、世の中に重要性を認められた概念であるから、それを製造業に取り入れても大きく方向が間違っているはずはないと7人が理解し、このノンテクニカルスキルに取り組んでみようという気になってきた。この段階で7人の仲間の誕生である。ベテランもいる、若手もいる、インストラクターたちの卵の誕生である。

　同じ価値観の仲間が誕生すれば、次の段階は活動の理念と計画の作成である。理念を最初の段階で考えることは大切である。活動を通じて、どのような姿を目指すのか？活動のねらいやあるべき姿の設定である。この理念はこれからの活動の中で迷ったときの判断基準となり、活動のアイデアの源泉となる。活動はきっと10年以上の長期にわたることになるであろうから、人が替わったり、新しいことを始めるときには、常にこの理念に立ち戻ることが必要になる。ちなみに、筆者がこのとき掲げた理念は「事故・労災の撲滅を可能にする安全に関する組織文化・風土の醸成」であり、今もその理念は変わっていない。

　理念の次は、理念を実現するための活動計画の策定である。行動計画は活動の柱と差し当たり3年くらいの取り組むテーマについて定める。第1章で述べたように、ノンテクニカル

スキルは、ノンテクニカルスキルの向上のための意識教育と行動特性診断と日常の業務の中での実践の３つの活動を継続的に繰り返すことによって、スパイラル的に向上していく。その３つの活動を柱としながら、毎年テーマを変えて取り組むとよい。前年度の実績を振り返りつつ、テーマの内容に沿ったプログラムを作成していく。行動計画は３年毎のローリングが必要となる。

　仲間ができ、理念が定まり、行動計画が整ったら準備ができた、いよいよ実行であるが、その前にもう１つやっておくことがある。それが管理職たちへの意識教育である。所長の号令の下、事業所の方針として取り組むことが示されたものの、現場の最前線を担う管理職たちの理解は不足しているかもしれないし、もちろん納得もしていないかもしれない。管理職たちのふるまいが部下に与える影響は大きく、管理職たちの理解が不足した状況で、事業所内で活動を始めると必ずどこかで活動の障害となって、活動が停滞する。例えば、一生懸命にノンテクニカルスキルの向上に取り組もうという意思を持った部下が現れたとしても、「どうしてそんなことしてるの？」「何の役に立つの？」「業務が優先でしょ」などの否定的な言葉が浴びせられると、活動への動機づけが萎んでしまう。このようなことが無いように、管理職たちも同じ方向を向く仲間にしておくことが必要である。これは活動の土壌を整えるステップである。このステップに筆者が採用した

のが、管理職合宿と呼ばれる管理職だけを集めた、ノンテクニカルスキルに関する検討会である。管理職合宿では、筆者が講師となり、まず管理職たちがノンテクニカルスキルの基礎知識を学び、ノンテクニカルスキルの重要性を理解し、活動に取り組む必要性に腹落ちし、活動を事業所で展開していくにはどのようにしていくのがよいか？をグループ討議や対話型の演習を通じて話し合う。もちろん、この管理職合宿を経ても、管理職の全員が完全に納得するものではないが、少なくとも同じような方向を見て、同じような価値観を共有できることに意義がある。

仲間ができ、理念が定まり、行動計画が整い、管理職との意思疎通が済んだ。いよいよ実行である。ノンテクニカルスキル向上のための意識教育と行動特性診断と日常の業務の中での実践の3つの活動の事業所展開の開始である。最初は、事業所内の対象者への意識教育から始めるとよい。この意識教育で、ノンテクニカルスキルの基礎知識と重要性と必要性を学び、ノンテクニカルスキルへの意識づけを行い、行動特性診断で仲間と自分の行動特性を認識し、日常の業務の中で学んだことを試したり、業務の進め方を工夫してみたり、ノンテクニカルスキルの要素を意識した業務を行ってみたり、実践したりする。このような活動の状況、成功談や失敗談、小さな成果を次回の意識教育の中で取り上げ、更に身近なものにしていく。この3つの活動を毎年、繰り返すことによっ

てスパイラル的にノンテクニカルスキルへの意識が高まり、向上していくこととなる。

4-4 ボトムアップ型の初動の進め方

2つ目のパターンはボトムアップ型の初動の進め方である。これは、日ごろから仕事をする身近な仲間をノンテクニカルスキルの仲間にすることから始める。ノンテクニカルスキルの魅力と期待される効果について身近な仲間を説得し、実際に仲間と共に現場で試してみて、小さな成果を挙げることから始める進め方である。この進め方の利点は、現場

での小さな成功実績からスタートするため、活動を展開していくのに説得力があり、仲間の納得感があるということにある。兎に角、初めての取り組みをしようとすると、例えどんなに事業所に役に立つ活動でも、少なからず反対の意見は出るものである。そのような環境下においても、成功実績に裏付けられているため自信をもって活動を推し進めることができるようになる。このことは、活動を推し進める者にとっては、初動の活動において、何よりも心強いものとなる。一方で、欠点は活動を事業所の活動へと広げていくには兎に角時間と労力がかかることである。もちろん、事業所の全体の意識改革には時間がかかるものであるという理解はしているものの、1つの小集団の活動から始め、それを隣の小集団にも広め、それを課内全体に広め、更には隣の課の小集団に広めるといった具合に、同じ仲間の小集団を増やしていき、事業所全体まで広めていくといった具合である。いくら説得力ある説明が可能だと言っても、事業所全体の意識改革までには時間と労力がかかり、途中で力尽きてしまう。

　ノンテクニカルスキルの活動がトラブルや労災の削減という成果となって現れてくるには、10年単位で時間のかかるものであることは以前にも述べたがこの進め方であれば、小さな成果からスタートしているので、すでに1つの小集団では定量的な成果として現れている。ノンテクニカルスキルの活動は、安全安心の組織文化の醸成や人間形成であり、1つ

の小集団の成果が事業所全体の成果として現れるまでには10年間くらいの活動の継続が必要である。小さな成功体験が自信と納得感になり、ワークエンゲージメントが向上し、事業所全体の大きな成功体験へと広げていくようなフォローアップが大切となる。

4-5 理想的な初動の進め方

2つの初動の進め方について触れてきたが、では理想的な初動の進め方とは何であろうか？結論から先に言うと、両方の進め方の良い点を併せた中庸の進め方が理想的である。思いを同じくする少人数の仲間の実行部隊を結成したら、まずは事業所のトップクラスを説得し、仲間にし、事業所として取り組むテーマの中に入れてもらうことがよい。次には、管理職を対象とした合宿により管理職に理解を深めてもらう。事業所全体への活動を開始はするものの、並行してノンテクニカルスキルに意欲と理解を示す現場のいくつかの小集団を見定め、モデルケースとして実際にノンテクニカルスキルの活動に取り組んでもらう。その小集団には集中的にノンテクニカルスキルに関する基礎知識やノウハウを伝授すると共に、小集団を舞台に様々なノンテクニカルスキル向上への取り組みを展開してみることである。きっと、その小集団では割と短い時間で変化が現れ、小さな成果が現れてくるであろ

う。そのようなモデルケースとしての小集団で小さな成果が現れてくればしめたものである。事業所全体がノンテクニカルスキルに取り組もうとする環境はすでに事業所のテーマとして取り組むことが決まっているから、すでに整っている。この小さな成果を皆さんに見せてあげれば、ノンテクニカルスキルの活動をやってみようと手を上げる小集団が出てくることであろう。このタイミングで、社外の成功事例や失敗事例などを紹介することや社外の仲間との交流も有効である。自分たちだけでなく、世の中でもいろいろノンテクニカルスキル活動に取り組んで人たちがいるなあという意識が活動を加速させる。筆者は、このタイミングで自分たちの活動を公の場で発表したり、他社とのノンテクニカルスキルに関する意見交換会を企画することで、小集団の活動に刺激を与え続けた。このような社外からの目線も時として有効な手段であり、社外から一定の良い評価を受けたり、評判になったりすると、もはや前に進むしかなくなる。外堀が埋まったようなものだ。

　ノンテクニカルスキルの活動は強制した瞬間に活動が進まなくなる。ノンテクニカルスキルも向上しなくなる。自らノンテクニカルスキルの重要性と必要性を理解し、やってみようという主体的な動機づけが必要不可欠である。モデルケースでの成功例は、他の小集団の気持ちを刺激し、主体的な動機づけにつながる。モデルケースに追従する小集団がいくつ

かでも出てくれば、きっと多くの小集団が皆追従することであろう。このようになれば、もう活動は事業所全体に広がり、ひとりでに転がり始める。我々は様々な企画の実施、斬新なアイデアの提案、活動の悩み相談をすることでその転がりをサポートしていけばよい。トップダウンの強い意思表示とボトムアップの小さな成功体験が我々のノンテクニカルスキル活動の理想的な初動の進め方のポイントであろう。

　しかしながら、このように主張する筆者もまだ理想的な進め方が実践できているわけではない。トップに理解を得て、ボトムアップの小さな成功体験の積み上げを目指しているところである。やはり、「事故・労災の撲滅を可能にする安全に関する組織文化・風土の醸成」には時間がかかるものであると実感しながら、日々の活動に取り組んでいるところである。

第2部

ノンテクニカルスキル2.0向け新コンテンツ

第5章

新危険敢行性・危険感受性の評価手法

5-1 開発の背景

　従来型の危険敢行性・危険感受性（ＫＫと呼ぶ）の自己評価の手法は、危険敢行性評価のための21の設問及び危険感受性評価のための21の設問に「はい」か「いいえ」で答える手法で、実施すれば本人の自覚が促進され、行動変容に結び付いていくはずであった。本人の意識が変革され、労働災害（労災）が減少するなどの組織全体としての成果はノンテクニカルスキル 2.0 が謳う良いフォローアップと育成面談が実施されるとなお、効果を上げると予想した。

　新しい評価方法には、危険敢行性の原因が楽観バイアスや規律順守性不足など複数で構成されており、危険感受性の原

因も若年層ゆえの理性不足、自己正当化など複数で構成されていると想像し、原因別に設問を用意し、更に評価尺度を「はい」か「いいえ」の2択でなく、**表5−1**に示す6択として木目の細かい評価ができることを目指した。

ノンテクニカルスキル2.0の考えを入れれば、従来型のKK評価でも発展したと予想できたが、今回は最初から原因別に設問を用意しようと考えた。

従来から本人の評価後には個人目標を決意して、育成面談を実施していくと、成果が現れると思われていたが、どのような目標を考えつけばよいのか？どのように面談していけばいいのか？の悩みが各所から聞こえてきた。

そこで、2020年から2年間活動したノンテクニカルスキル枠組みワーキンググループ（WG）で考案されたノンテクニカルスキル2.0のスモーラーリーダーシップ及びワークエ

【表5−1】新KKの評価尺度

	選択肢
6	大いに当てはまる
5	まあ当てはまる
4	少し当てはまる
3	それほど当てはまらない
2	まあ当てはまらない
1	全く当てはまらない

ンゲージメントを取り入れようと思った。

今回の開発においては、特に本人が目標を考え出しやすいように行動ガイドラインを用意し、更に評価後の上位者によるフォローアップが具体的なイメージとして湧くように、当事者（本人）以外の人たちによるフォローアップができるようにしようと考えた。評価後における本人の自覚促進がその後の行動変容につながると思った。

そのように新ＫＫ評価手法を考案しようと思っていた。

5－1－1　危険敢行性とは

それぞれの職場には、様々な危険が潜んでおり、経験の浅い人や入社して間もない人は、取り扱う設備の構造・特徴や作業に伴う危険について十分知らない可能性がある。ベテランであってもよく考えないと見えてこない危険もある。

災害につかまらないためには、まず「危険」を「危険」として認識でき、その「危険」を回避する行動をとることが大切である。この「設備・作業の安全に関する知識」と「危険かもしれないと思う力」を複合したものが「危険感受性」である。

一方、「危険感受性」と関係なく、実際の行動において不安全なことを意識的に、あるいは無意識にやってしまうことがある。設備を止めなくても作業できるだろう、朝の危険予知ミーティングでその危険作業を取り上げたが、まあそこま

でしなくていいだろうと考えたなどなど。よく考えれば危険とわかっていても「やってしまう」ことは作業現場以外の日常生活でもしばしばある。「駆け込み乗車はおやめください」と駅構内（ホーム）放送があっても出発間際の電車に乗るため階段を駆け下りる。

この危険なことでも「やってしまう」傾向を「危険敢行性」と言う。「効率の良さを求める本能」とでも言えるものである。

しかし、我々の職場でエネルギーの高い可燃物や、毒劇物などを扱っており、「やってしまう」ことが大きな災害に結び付いたことがあった。作業の要所要所で用心深く行動することが災害防止には不可欠である。

安全力評価において社会的側面から判定する3番目の特性である安全志向は危険敢行性の反対語であり、安全志向性の評価が低いということは危険敢行性が高いことを意味する。本来ならば、危険を避けて、安全を志向するのが一般的傾向であるが、危険敢行性が高い人は危険を承知でそれを敢行する。多少の危険を冒しても、自分の欲求を求めたり、積極的にハイリスクハイリターン志向の人もいる。

5-1-2　従来型KKマッピングとは

心理学の調査に使われる質問紙法という手法が応用されており、危険感受性の判定質問21問に「はい」か「いいえ」で答え、危険敢行性の判定質問21問にも「はい」か「いいえ」

で答えるものである。

　ＫＫマッピングは、一人ひとりの特徴を確認して、実際の作業での危険な行動を思いとどまってもらうために行動の特徴を再確認して、ＫＫマップに各人の特徴のポジションを記入するものである。その頭文字を取ってＫＫマップと名付けられた。

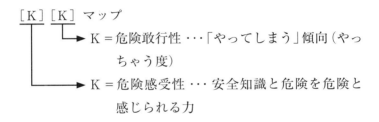

[K] [K] マップ
　┃　┗━▶ K＝危険敢行性 … 「やってしまう」傾向（やっちゃう度）
　┗━━━▶ K＝危険感受性 … 安全知識と危険を危険と感じられる力

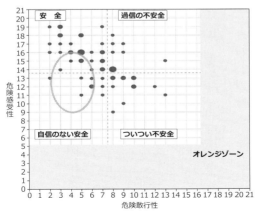

【図５-１】従来型のＫＫマップの例

5-1　開発の背景

安全な作業を行うためには「危険感受性」を高め、「危険敢行性」(「やってしまう」気持ち)を抑制することが大切である。いくら危険に対する感受性が高くても「やってしまって」は災害につかまってしまう。この「危険感受性」と「危険敢行性」と行動面の安全の確保の関係を4象限で図示したのがKKマップである。

5-1-3　従来型KKマッピングの4類型

　危険敢行性を横軸に危険感受性を縦軸にそれぞれの強弱で4象限にその類型が分類される。右上の象限から順に時計回りにそのタイプを解説する。

①「過信の不安全」タイプ

　危険感受性が高く危険敢行性も高いタイプで、このゾーンには「オレがやらなければ誰がやる」といった仕事に対して責任感が非常に強い人がいるかもしれない。また思い込みの強い人もいるかもしれない。危険とわかっていても無理してやってしまう人もこのタイプに属する。

　でも、仕事は「安全に仕事をすること」が「仕事をすること」であり、言い換えれば「安全に生産することが第一」ということである。決してケガをしてまで生産最優先にして欲しいとは思っていない。

　自分には「やってしまう」という特性があるという気持ちをいつも持って安全な作業に徹する。日頃の生活でも「やっ

てしまう」という傾向をコントロールする訓練を自分自身で行うことも大切である。

②「ついつい不安全」タイプ

危険感受性が低く危険敢行性が高いタイプで、勢いのある人がこのゾーンに入っている。失敗したときに、失敗を自分の力で取り戻そうとして無理をしてしまう傾向の人もいるかもしれない。

「急がば回れ」という言葉の通り、知らないことは先輩・同僚に聞いてよく理解してから行動することが大切である。また、トラブルがあったときには、監督者・リーダーに正確に事態を伝えて、その指示を受けて慎重に対処することも必要である。

③「自信のない安全」タイプ

危険感受性が低く危険敢行性は高くないタイプで、まだ仕事のことがまだよくわかっていない人がこのゾーンには多い。

しっかり勉強して、安全で効率的に仕事ができるよう努力する必要がある。先輩・同僚もしっかりサポートしよう。

④「特性を活かして安全」タイプ

危険感受性が高く危険敢行性が低いタイプで、このゾーンに入っている人は安全？

安全感度は高く、危険な行動はしないという傾向の人がこのゾーン、それも左の上の隅に近づけば理想的‥‥であるが、実際の作業での安全は、その特性を活かさなければ確保

できない。

常に理想的な心身の状態にある、環境や条件が整っているというわけではない。常に自分の特性を活かして安全な作業を行うことが大事である。

また、このゾーンの人は、理想的な姿を知っていて、少し背伸びをしてマッピングをしていないか、実際の行動でその特性が活かせているかを自分自身で振り返ってみることも大切である。

KKマッピングという手法が開発されていた
（KKはKikenKanjuseiとKikenKankouseiの頭文字）
（引用；南川忠男、「産業現場のノンテクニカルスキルを学ぶ」、P.250、化学工業日報社、2017）

5−1−4　開発の背景

2022年11月、ノンテクニカルスキル2.0のコンテンツ制作ワーキンググループ（WG）が発足したときに、ノンテクニカルスキル2.0の考えを入れた新KKができないかと考え始めた。

上述のような従来型のKK手法も危険敢行性を抑制して労災などを抑制する効果があった。

しかしながら、KKを自己評価した後の上位者の関与あるいは上位者による育成面談などが実施されていけば、従業員はもっと自己管理の強化が促進され、行動変容への動機づけが大きくなるのではないかと予測した。自己評価の結果はそ

の場ですぐ判明するので、自分のタイプが危険敢行性が強いのか弱いのかが分かるが、その後の行動変容に結びつけるには個人目標管理シートやそれを元にした半年に1回くらいの頻度での育成面談（メンタリングとなる）が不可欠であろうと考え、個人目標を記述する上で参考になる当事者への「危険敢行性」行動特性ガイドライン及び「危険感受性」行動特性ガイドラインを後述する原因別に約300〜400字で記した。更に追加したことで重要なことは、当事者以外の周囲の人々へのアドバイスという内容で、当事者の上位者あるいは育成面談する人が当事者へのその原因における育成面談におけるいいアドバイスやヒントを約300〜400字で記した。

　例えば、危険敢行性の「楽観バイアスの発現」原因について、当事者には、

　「手間のかかること、複雑な作業・面倒なことなどが発生したときになんとかなるだろうと考える傾向があります。今までそのような思考パターンで生きてきて定着しているので、是正は難しいですが、このことが起因でトラブルが発生しないようにするためにはまず、ご自分が「楽観バイアス」がやや強いと自覚することです。即効的な効果のある方策は、行動する前に安易な方に流されないように、一旦着手前に立ち止まり今までだったらどうするだろうか？慎重な行動とは何か？を一度考えてから行動・言動する習慣をつけることが良いです。更には、自分自身や他人の主張を時々批判的に考

【図5-2】新KK開発の打ち合わせ後のスクリーンショット

え、適切な情報を収集してから判断する習慣をつけることも大切です。」と記されている。

育成面談者へのアドバイスは以下である。

「本人が楽観バイアスが強いことを自覚したと思えれば、一緒に改善していこうとする姿勢を上位者が見せることが大切です。なんとかなるだろうと考えたり、そのようなことを発言したり、楽観バイアスの兆候を目撃したら、その気にさせる会話術(コーチング)の手法を使って誘導していくことが必要になります。具体的には「今なんとかうまくいくだろう」と考えませんでしたかと尋ねることなどです。楽観主義的な見方は、良いこともありますが、現実的な見方をすることが大切です。現実的な見方をすることで、問題を適切に認識し、適切な対策を講じることができます。他人の意見を聞

くことで、自分自身の判断を客観的に見直すことができます。楽観バイアスを防止するためには、当事者が周りの意見を求め、自分自身の判断を客観的に見直すことができるように、周りの方々が仕向ける環境つくりが必要です。それは、ノンテクニカルスキル 2.0 の活動の 1 つでもあります。」

5-2 開発のねらい（ノンテクニカルスキル 2.0での位置づけ）

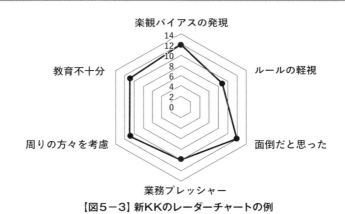

【図5-3】新KKのレーダーチャートの例

　新ＫＫはノンテクニカルスキル 2.0 のスモーラーリーダーシップの行動要素である「働き掛け」及びワークエンゲージメントの行動要素である「やりがいの創出」を基礎に行動特性評価後の行動目標の設定そしてその後の育成面談が実施できるように工夫した。レーダーチャートが示すように自分の

特性の中で高く出たものに対して用意された行動ガイドラインを読んで個人目標を設定し、育成面談のアドバイスも記述されているので、より実践的な行動特性評価ができると思われる。

5-3 内　　容

5-3-1　危険敢行性の6原因と設問

危険敢行性起因の行動に至る原因を6個特定した。

【表5-2】危険敢行性の6原因と18の設問

	危険敢行性の評価		通し番号	得点
	構成原因	設問		
1	楽観バイアスの発現	いちかばちかの判断をしがちである	1	3
		初めての出来事になった時でも、あまり慎重に作業しない方である	2	3
		大地震に備え、水や食料を備蓄していない	3	2
2	ルールの軽視	このくらいだったらいいだろうと思って手順を守らなかったこと	4	4
		見通しのよい踏切で一旦停止せず、車で超えたことがある	5	4
		若い頃「ルールに縛られないで」と思ったことがある	6	4
3	面倒だと思った	手間のかかることは粘り強くやれない方である	7	2
		疲れてきた時、近道行為をしたことがある	8	4
		繰り返しの作業は15分くらいで集中力が落ちてくる。	9	3
4	業務プレッシャー	忘れ物をしても、家に取りに帰らない方である	10	4
		時間が迫っている時に作業手順書をスキップしたことがある	11	3
		仕事の成果を優先して、会話がおろそかになったことがある。	12	2
5	周りの方々を考慮	横断歩道の信号が赤だったが、4、5人が渡り始めたので渡った	13	5
		おかしいと思ったが、聞き返すことができない	14	4
		自分と考えが違う上司の考えに合わせたことがある	15	4
6	教育不十分	知らないことを尋ねられたら素直に「知りません」とは答えられ	16	4
		初めてのことでもなんとかできると思う	17	2
		相手が危険敢行性の強い方だと知って指示の伝え方を考慮したこ	18	3

日常生活の場面での実際に発生したことやその考えをもとにメンバーが考案した。

　設問は原因別にそれぞれ3問、**表5-3**「質問紙法設計の要件」の内容的妥当性及び内的整合性を特に考慮して考案した。原因別に評点が計算されるが、設問への回答度合の強弱が原因間で大きな差が出ないように工夫した。例えば、原因の1つである「業務プレッシャー」の6択の上から2番目の「まあ当てはまる」の強さは、原因の1つである「教育不十分」の6択の上から2番目の「まあ当てはまる」の強さと同じくらいになるように設問文に副詞や「＊＊の方である」などの表現を入れるなど調整した。そして関係者間で試してその妥当性を検証していって完成させた。

【表5-3】質問紙法設計の要件

	種　類	意　味
妥当性	内容的妥当性	測定したい内容を偏りなく反映しているか
	基準関連性	併存的妥当性
	構成概念妥当性	尺度による測定結果と理論的予測との整合性
信頼性	再検査信頼性	時間を経た安定性
	内的整合性	項目内容の等質性

5-3-2　危険敢行性の6原因別の行動ガイドラインの一部抜粋

　自己評価者がこのガイドラインの該当部分を読んで行動目

標を考える際に参考にしてもらいたい。

楽観バイアスの発現が原因の場合：

手間のかかること、複雑な作業・面倒なことなどが発生したときになんとかなるだろうと考える傾向がある。今までそのような思考パターンで生きてきて定着しているので、是正は難しいが、このことが起因でトラブルが発生しないようにするためには、まず自分が「楽観バイアス」がやや強いと自覚することである。即効的な効果のある方策は、行動する前に安易な方に流されないように、一旦着手前に立ち止まり、今までだったらどうするだろうか？慎重な行動とは何か？を一度考えてから行動・言動する習慣をつけることが良い。更には、自分自身や他人の主張を時々批判的に考え、適切な情報を収集してから判断する習慣をつけることも大切である。

ルールの軽視が原因の場合：

あなたはルール軽視すなわち規律順守性が他と比較して低いと言わざるを得ない。このまま放置するとルールの軽視が、事故やトラブルの原因になることが予想される。ルールの軽視の悪い癖は、日々の業務においての行動の判断の際にしばしば顔を出そうとする。ちょっと迷ったときは「ルールを守る」方の選択をするように心掛ける。毎日の業務記録に「迷ったときのこと」を２，３行書き留めておく。週に１回程度その記録を振り返り、判断が正しかったこと、改善してきたことを喜ぶ。このような小さな記録と振り返りで過去の判断を

見える化することにより、ルール軽視の悪い癖は正されていく。元々、ルールを軽視することは悪いことだという認識はあるはずなので、それを見える化することが大切である。

面倒だと思ったが原因の場合：

思考を停止して、手間のかかることを嫌う傾向がある。空腹時や1日の仕事の終わりの頃は、人間の特性では理性の働きが弱くなる傾向にある。これでは、考えない方向に行くことになる。ノンテクニカルスキル2.0での疲労への対処が必要になる。そのような場面になったときは、その状況に陥った自分を自覚する工夫をするのが一番良い方策と言える。というのも、当事者のメンタルも含めた疲労が溜まっているかどうかは、周囲の人々では判断できず、当事者が一番理解しているはずだからである。判断に影響を及ぼす疲労を当事者が自覚することがその抑制になる。

5-3-3　危険感受性の6原因別の行動ガイドラインの一部抜粋

自己評価者がこのガイドラインの該当部分を読んで行動目標を考える際に参考にしてもらいたい。一部の原因は危険敢行性の原因と同一のものがある。

若年層ゆえの理性不足が原因の場合：

理性を司る前頭葉前野の完成は早い人で25歳、遅くて30歳と言われている。したがって、若年層は理性がまだ発達途

上にある。それゆえに本能的・直観的な行動・言動を取りやすい傾向がある。若年層の労災が全体の約 1/3 を占め、その多くの労災の原因が「若年層の特性」に関係するということを知っておくだけでも、トラブル抑止につながる。また、若年層が自分自身で、本能的・直感的な行動・言動を抑えるのは、かなり難しいことである。それでも、一呼吸おく、自問自答、指差し呼称、復唱など、様々な工夫をすることで、行動のかなりの部分を抑制することが可能になる。行動のセルフコントロールである。このようなセルフコントロールもノンテクニカルスキルの要素の 1 つである。

自己正当化・過度の一般化が原因の場合：

自分がやってきたことあるいはやろうとすることは正しいと人間は思いがちだ。これに該当する当事者は、自己を正当化する特性が強い傾向にある。一旦、相手の話を聞いて、コールドアイレビューをしてもらい、少し時間をおいて自分の主張をするなり、自己正当に向かわないように間を作ることが、自己正当性の抑制に効果がある。

不安・心理的安定性不足が原因の場合：

あなたは標準に比べて不安・心理的安定性が弱い傾向にある。それには、職場の雰囲気が影響しているかもしれない。もしくは、個人の帰属意識あるいは仲間意識が少し熟成していないのかもしれない。一番良い方法は仕事のことでの対話を増やし、相互理解を周りの人たちと深めていくと自己肯定

感が深まることになる。

5-4 コンテンツの活用法と期待される効果

この新KKを活用する望ましい業務フローはそのステップの特徴を表5-4に示した。

【表5-4】新KKの実施フロー

1. 評価時、自分の危険敢行性のタイプを把握
危険敢行性の6要素別の設問に6択で回答することにより、危険敢行性を構成する特性に特化して対策が講じられるメリットがある。今までの自己評価と違うところはすべての設問に「はい」か「いいえ」の回答だったので構成特性が平準化されたが、今回はその行動特性を形成する要素にめぐり合う。

2. 原因別危険敢行性抑制の行動のガイドラインを理解
評価によって危険敢行性の度合がどの特性で強弱があるのかがわかった後、そのタイプ別にその行動を抑制するガイドラインが用意されている。

3. 行動目標を作成
その中に記述されている自分に適した「行動目標」を本人が自己管理シート(育成面談シート)などに記述し、管理者に提出する。

4. 危険敢行性抑制の行動の確実な実行
本人は行動目標を達成できるように日々作業時に実施していく。

5. 育成面談
3.で作成されたシートは半年に1回くらいの頻度で管理者(メンター)が面談の場を持ち、本人と1対1で対話して実施状況を報告してもらい、管理職は更に行動変容・強化に向かうよう動機づける。

1,2,3,4のステップを実行する場合でも自己評価者の自覚は促進され、行動目標が作成され、行動が強化されれば

すなわち行動目標を意識して日々活動していけば、その原因が発現してくるのが抑制されるだろう。望ましいのは5.育成面談の実施である。育成面談がされるとわかっていると、自己評価者は行動目標を意識せざるを得なくなり、実施状況が自己管理シートに記録として残るので、行動目標を実行する方向に動く。育成面談で実施したことが褒められたり、肯定されると更にいい方向に向かう。育成面談する人も、日頃から従業員たちをよく見ているのが求められる。育成面談で実際に自己評価者が現場で大きな声で指差し呼称していた場面を見ていたら、思い出してそのことを伝える。これにより行動抑制のPDCAが回り、より行動変容に向かう。

5-5　受講者の反応（振り返りシートの抜粋）

5-5-1　新KK提供体験教室のオンライン（Web）開催

2023年4月に化学工学会安全部会主催で本コンテンツの体験教室を2回開催した。7社が新KKのコンテンツ提供教室を受講し、コンテンツを受領した。

＊＊＊＊＊＊＊＊＊＊＊＊＊＊＊＊＊＊＊＊＊＊＊＊＊＊＊

ノンテクニカルスキル2.0の考えに基づき、制作された最初のコンテンツとして新KK（新しい危険感受性と危険敢行

性の自己評価手法）をリリースする。従来の「はい」か「いいえ」の２択からそれぞれの行動特性の原因構造（６原因に分類）を明らかにした。その原因別に設問が考案され、６択で自己評価し、自動で描画されたレーダーチャートで判断できる。個人目標を設定するのに参考になる原因別のガイドラインも作成した。評価点の高い原因に対して方策の行動を継続すればそれ起因のトラブルは減少するものと思われる。

　今回からノンテクニカルスキル2.0の概念に基づく教材（コンテンツ）の提供も完成の都度発表していく計画である。皆様の支援に感謝申し上げる。

開催日：（１）2023年４月20日（木）　13時30分～15時
　　　　（２）2023年４月27日（木）　13時30分～15時
　２回共同一内容で開催するため、どちらか都合の良い回に参加してください。申し込み時、備考欄に上記のどちらかの日を記入してください。

開催方法：Webによるオンライン配信（Microsoft Teams）
講習・発表内容：質疑応答時間含む
　１）ノンテクニカルスキル2.0に基づく新ＫＫの開発経緯
　　　とねらい（15分）
　　　南川忠男 氏（南川行動特性研究所）
　２）新ＫＫの内容と実際のやり方の体験と提供（40分）
　　　南川忠男 氏（南川行動特性研究所）

※休憩（10分）
3）新ＫＫを入れた教育プログラムの実際（15分）
　あなたならどうする演習や事故事例研究との組み合わせ
4）実際の評価事例（15分）

参加費：44,000円（税込）［団体割引：1社10名まで、1名追加毎に4,400円（税込）］
　下記「使用の範囲」に記されている他の拠点で視聴する場合はそのメールアドレスを明記の上、合計人数を備考欄に記入する。
　33,000円（税込）［労働衛生コンサルタントなど1名での申し込みの場合］

募集人数：少人数で質疑応答を充実したいため、各回先着5社まで。1名での申し込みの場合は各回5名まで。

申込締切：2023年4月10日（月）17時

※締切以降は下記案内（「今後の展開」参照）の企業特設講座での開催となる（参加費は上記と同じ）。

参加費に含まれるもの：新ＫＫ評価のコンテンツ及び実施要領書を4月11日にクラウドストレージ「Box」へ格納（アップロード）する、その後期限までにダウンロード可能。

使用の範囲：購入されたコンテンツは、その会社の日本国内のすべての拠点（関係会社などは除く）で使用できる。海外拠点で使用する場合は、その言語に翻訳した版を有料で提供する。

使用制限：購入されたコンテンツの著作権は化学工学会安全部会と制作者にある。使用は申し込みの法人のみでの使用に限る。同じ敷地内の常駐協力会社や上記関係会社なども使用希望の場合は別途申し込みが必要。

振り返りシート：電子振り返りシートが受講者に受講後すぐに発信されるので、実際に自己評価してからでも構わないので、2週間以内くらいの間に提出する。

今後の展開：今回の発表体験会に参加できない場合は「ノンテクニカルスキル 2.0 コンテンツ提供教室」に申し込みすると企業単位での企業特設講座として実施する。従来のコンテンツ提供教室と同様の申し込みとなる。

体験教室あるいは特設講座、コンサルティング事業を実施中のため、興味を持っている場合は、お問い合わせフォームに問い合わせる。すでに多くの事業者が利用している。

5-5-2 企業特設講座での新KK提供体験教室の開催

2023年4月に7社がオンライン上に集まり参加した体験教室以降は、2024年6月までに9社が企業特設講座で体験提供教室を実施してきている。

その中にはすでに管理職や入社半年の従業員に対して新KKを実施しているところもあれば、2024年の教育プログラムに取り入れた事業所もある。効果的なプログラムとしてこ

の新KKの評価を入れた3科目構成プログラムを採用している事業所もあった。

新KKの発表体験会や企業特設講座では説明用に使用したPowerPoint教材が受講者に提供されており、その中の3科目構成プログラムの代表として下記を紹介した。

これは危険敢行性の原因の1つである「ルールの軽視」をテーマにプログラム（100分）を組んだもので、3科目目に今回の新KKの評価を入れている。

［内容］
1）危険敢行性の6原因の1原因の話（30分）
　　きまりを守る大切さ
2）あなたならどうする演習　3問（50分）
　①夜間パトロール時配管をまたぐ
　②硫酸ポンプ吐出プラグのにじみ漏れ
　③フォークリフトの急ぎ運転
3）行動特性評価（20分）

「若年層ゆえの理性不足」をテーマにする場合は、コンテンツ提供教室「とっさの行動防止」の教材を参考に下記3科目構成のプログラムが作成できる。
1）危険感受性の6原因の1原因の話（30分）
　　若年層ゆえの理性不足

2）あなたならどうする演習　3問（50分）

3）行動特性評価（20分）

「不安・心理的安定性不足」や「周りの人たちを考慮」の原因に対応するコンテンツ提供教室はまだ作成されていないが、上記2プログラムの実施も効果が出るだろう。

3科目構成で教育を実施するのがよく、単独での新KKの評価でも上述の5－4節で述べたステップどおり実行されると効果が出るだろう。しかしながら、3科目構成にしてノンテクニカルスキル教育の3カ年計画を立てて、その中の100分教育であるという体系だった実施が望まれる。

企業特設講座後の受講者の振り返りシートの抜粋は第16章に記述されているが3件転記する。

・教育の目的（対象）、原因、評価および進め方が具体的に説明され、大変分かりやすく且つ有意義な内容であり、社内教育へ取り込みたい。
・自分が一番悩んでいた今後の教育方法に関しても、講座内で例として挙げられていたので、参考にさせて頂きます。
・旧教育システム（KKマップ）を更に進化させ、より成果達成ができるものであり、人材育成（行動変容）へ役に立つと感じました。

5－5－3　定期的意見交換会での各社の活動報告

2020年9月にノンテクニカルスキルの体験教室を開始

し、同年12月にはコンテンツ提供教室を開始した。その後、2021年から毎年2回（5月と11月）、意見交換の場として、コンテンツを体験したり、社内教育に使用された会社の方々の実践報告や、関心のある参加者（申し込みを検討している会社など）と意見交換会を開催している。

　新ＫＫコンテンツの発表からそれほど時間が経過していなかったが、半年経った2023年11月の意見交換会では2社が発表し、2024年5月の意見交換会では1社が発表した。

　この意見交換会は、2015年から開始をした行動特性研究会が下記の目的で実施してきたことを参考にした。

1．行動特性の自己評価の良好事例の発表の場
2．行動特性評価に関する参加者の意見交換の場
3．新規開発された行動特性の体験の場
4．演習の体験談の発表の場
5．新規開発された演習の体験の場
6．他業界の進んだノンテクニカルスキル教育の実践を聞く場
7．進んだノンテクニカルスキル教育の実際を見学する場

　この意見交換会は上記の1．行動特性の自己評価の良好事例の発表の場、2．行動特性評価に関する参加者の意見交換の場及び4．演習の体験談の発表の場に焦点を当てて約2時

間としている。ノンテクニカルスキル2.0のコンテンツ提供教室が開始されてからは時々、3．新規開発された行動特性の体験の場にもなっている。

購入して新ＫＫを実施した事業所の実施報告は情報共有の場として新規に購入を検討している事業所には参考になっている。

5−6　今後の展望

5−6−1　クラウド評価システム

クラウド上で評価ができるシステムを外部委託で開発し、2024年1月から過去に新ＫＫのコンテンツ提供教室の受講会社に使用できるようにした。

事業所の中の若年層など、年代別、経験年数別、職場別、役職別などの属性でその集団の平均値を算出することができるし、事業所全体の平均値と本人の評点を比較したレーダーチャートが簡単に作成できるようにした。また、工場平均値と部署毎の平均値などのグラフも作成できる。利用する人たちの平均値との比較もできるようにしてある。自分の会社以外のデータは見られないが、その平均値（全国平均値）との差が認識できる。

図５−４はある事業所の危険感受性に関する平均値（内側）

【表5−5】クラウド上で入力例

No.	氏名 No.	性別	年齢	勤務形態	経験年数	会社コード	事業所	業種	職場	職種	職位	1	2	3	4	5
14	NOPQ0014	1	47	2	14	EE0101	KY0010	8	11	1	7	2	3	3	3	4
15	OPQR0015	1	42	2	9	EE0101	KY0010	8	11	1	7	4	4	2	4	4
16	PQRS0016	1	35	2	7	EE0101	KY0010	8	11	1	7	4	3	3	3	4
17	QRST0017	1	30	2	2	EE0101	KY0010	8	11	1	7	4	4	5	4	4
18	RSTU0018	1	40	2	22	EE0101	KY0010	8	11	1	7	5	5	5	5	5

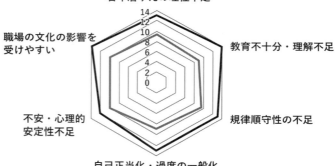

【図5−4】事業所平均値とある個人の危険感受性比較レーダーチャート

と所属のある個人との比較したレーダーチャートで、平均値の9点台の1.5倍が各要素で自己評価された。

平均の約1.5倍評点が大きかった。

別の人との危険敢行性の比較は**図5−5**となり、楽観バイアスの発現、ルールの軽視。

ある講座で「行動特性評価を通じた人材育成　副題：ノンテクニカルスキルの向上で事故防止」の題名で講義（90分）した受講者のレポートについての講師の総括コメントを記す。

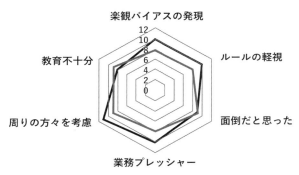

【図5−5】事業所平均値とある個人の危険敢行性レーダーチャート

「行動特性評価とそれに続く自己認識の強化が事故を減らすことについてご理解と必要性について認識していただき、どうもありがとうございます。OJTで教える側も人財育成を通じて成長すればその組織の安全文化も向上します。ノンテクニカルスキル教育の中で行動特性評価をするのが有効で、実施し始めるときに「成功への道」を歩めるかどうか十分な話し合いが必要だと思います。実施中の事業所はその成果が「行動変容」の形で現れることを期待します。」

今後のノンテクニカルスキルに関するイベントは、2015年から毎年開催しているノンテクニカルスキル講座（9月の定期開催）と、こちらも2015年から毎年開催している行動特性研究会（6月の定期開催）及び年に2回開催（5月と11月）しているノンテクニカルスキル体験教室の意見交換会を

有機的・包括的に組み合わせて、それぞれのイベントが掲げる活動目標を更に進化させてシナジー効果が出るように工夫し、産業界のノンテクニカルスキル教育の促進に貢献したいと考える。

第6章

その気にさせる会話術

6-1　ノンテクニカルスキル2.0から見たコンテンツの位置づけ

　ノンテクニカルスキル2.0が作られた経緯として、従来言われているノンテクニカルスキルの普及を進めていく中で、このスキルを展開するにあたり基盤となるものは何なのか、試行錯誤を続けていたときに1つの仮説が浮かび上がってきた。それは、企業文化（風土）の問題である。日本の企業文化は「決まったことをしっかりやり遂げること」を評価する傾向がある。筆者（井上）が以前勤めていた企業でも「仕事のA・B・C」という言葉が業務の基本であるかのように言われていた。（A）当たり前のことを、（B）ぼんやりしない

で、(C) ちゃんとやれ、という社内の格言は如何にももっともらしく聞こえる。

ところが、決められたことをやって当たり前の文化を創り出しているこの格言は、働く者が仕事の義務に追われる気持ちにさせ、新しいことに挑戦するよりも、従来のやり方で確実にやっていった方が無難だ、という気持ちを起こさせる。それと同時に挑戦よりも確実性が求められることで、労働者は仕事の「やらされ感」が高まり、疲労やストレスを溜めていくことになる。

我々が、製造業、建設業に従事する労働者に対して行った質問紙法によるアンケートの結果によると、災害が多い職場と少ない職場に対するアンケートの回答に対して多変量解析を行った結果、①仕事のやらされ感が強い職場、②リーダーへの不満が多い職場で災害が多く発生していた。また、災害の少ない職場では、①自分から率先して仕事に取り組んでいる、②リーダーを信頼しているという結果となった。この結果は、直感的にも受け入れやすいものである。

これらの違いを生み出す原因の1つにコミュニケーションの問題がある。

仕事をしていく中で、責任を問われる状況に陥ったときには、どうしてもリスクである部下やチーム・グループの仲間のマイナス面が目につき、良い面は「やって当たり前」の考え方から見逃しがちになる。

「言っておいたことが、何でできないのか。」「それは指示したやり方と違うだろう。」そのような言葉は部下や仲間が仕事の義務に追われる気持ちを強くして、自分の可能性に挑戦する気持ちを失わせる。このような状況が続くことにより、チーム・グループ内でその気持ちを更に募らせて、やりがいを感じない状況を作り出す。このような状況が続くことにより、チーム・グループのメンバーは組織内での閉塞感を強くし、その雰囲気の中で仕事を続ければ、ミスも増え、事故、災害が発生しやすい負のスパイラルの中にチーム・グループ全体が陥っていく。

　災害の多い職場での分析結果の2つ目であるリーダーへの不満は、リーダーひとりの問題だろうか。ヒギンズ博士の制御焦点理論によれば人の心理状態は、防御焦点と促進焦点の2面性を持っている。防御焦点とは、ネガティブな結果の有無に着目する行動パターンである。安心や安全への欲求が強く、全体的に「0 → − 1」を防ぐ傾向である。促進焦点とは、ポジティブな結果の有無に着目するもので、目標達成や進歩への欲求が強く、全体的に「0 → ＋ 1」を促す傾向で自分の可能性にチャレンジする気持ちにさせるものである。

　日本の企業風土は、労働者を前述した「仕事のA・B・C」で代表されるような防御焦点に心をフォーカスさせる傾向がある。チーム・グループにとってこの企業風土は自分にだけ関心が集中して、チーム・グループへの関心が弱くなってし

まい、チーム・グループ全体としてのパフォーマンスを低くしてしまう結果を生み出すことになる。

チーム・グループのメンバーが互いに不足を補いチーム・グループ全体のパフォーマンスを上げることが、個人の能力を最大限に上げていく鍵となる。これをリーダーひとりの仕事とすることなく、メンバーの一人ひとりが互いにメンバーの仕事に関心を持ち、知識や技術を持っている者が持たない者へ指導し、協力すること、これが制御焦点理論でいう促進焦点と関連してくる。このときグループ内で「余計な口出しするな」等と批判する者がいたら、それをメンバーやリーダーが守る姿勢を持つことこそ、組織の心理的安全を作り出すことになる。これが我々の提唱する「スモーラーリーダーシップ」である。

しかし、そのときのコミュニケーションの取り方は注意が必要である。このコミュニケーションの鍵となるのが「その気にさせる会話術」である。

6-2 その気にさせる会話術とは

皆さんは部下や仲間に注意するとき、どのような方法を取るだろうか。多くの場合は教えるという上から目線で、相手に接していないだろうか。筆者自身は昔、上司から言われた言葉で今でも自分の教訓にしているものがある。それは「人

に指示したときは、半分もやってくれれば上等だと考えなくてはならない。ただし、相手が自分から言い出したことは8割がたやってくれる。」というものであった。人に情報を伝えた場合、相手の意識の中で共有、共感できる情報は記憶に留まりやすい。しかし、共有できないものは留まりにくい。コミュニケーションでいうメンタルモデルのことである。最近、筆者が某研修所で講師をやっていると、つくづく実感することである。さて、それではどのように注意を与えればよいのだろうか。こんな例で検証してみることにしよう。

ある町のIさんは地域の小学生の登下校のときに見守りをする交通指導員をしていた。ある朝、学校の始業時間直前に一人の小学生が横断歩道の無い車道を横切ろうとして、自動車にひかれそうになったところを見かけて声を掛けた。

交通指導員Iさん

 こら、横断歩道を渡りなさい。

 もう少しで、自動車に跳ねられるところだったじゃないか。跳ねられたら死んでいるところだったぞ

違反した小学生

 ・・・・・・

 ・・・・・・

6－2 その気にさせる会話術とは

朝寝坊して学校に遅れそうなんだろう。夜遅くまで起きているから寝坊してこんな時間になるんだ。毎日夜8時には寝たらどうだ。

車道に飛び出したら、車は急に止まれないこと学校で教わっただろう。ちゃんと先生の話聞いていないから、こんな目に合うんだ。

通学のときは、決められた横断歩道でを手を上げて、車が止まったのを確認してから渡らなきゃいけないんだ。

君のような子供が学校や家族の人に迷惑かけるんだ。

　これは極端な例ではあるが、筆者の若い頃は、これに近い教育をしていた上司は多くいた。こういう教育で育った我々は、どうもこの傾向があるのではないか。このような威圧的な指導を受けてきまりは守らなきゃ、なんて子供は改心するだろうか。うるさ

い親爺だななんて思い、早く学校に行かなきゃということで頭の中はいっぱいになっているのではないだろうか。

　では、この場合はどのような指導をしたらよいのだろうか。

　注意するときにこんな話から始めたらどうだろうか。

交通指導員Ｉさん

 ① ぼく、危なかったね。びっくりしただろう。怪我はなかった？　　　　　　　　　**違反した小学生**

② 大丈夫です。

 ③ それは良かった。ところでどうして登校がこんな時間になったの。

④ 朝寝坊しちゃって家出るのが遅くなっちゃったんです。

 ⑤ 朝寝坊しちゃったのか。昨日の夜は何時に寝たんだい。

⑥ ゲームやっていたら遅くなっちゃって、寝たのが夜11時近くになっちゃったんだ。

 ⑦ ゲームが面白くて、つい時間が経つの忘れちゃったんだね。

⑧ もうちょっとでクリアできるところだったので、つい遅くなっちゃいました。

 ⑨ そうだよね。ゲームはいろいろルールがあってクリアするの大変だよね。学校へ通学するのにも、同じようにルールがあったと思うけど思い出せる。

⑩ はい、車道を渡るときは、横断歩道のある所で、手を上げて左右の車が止まったのを確認して渡るとかですよね。

 ⑪ 車道の渡り方よくわかっているね。ゲームは面白いけど、遅くまでやっていると、朝、起きられずに学校の始業時間に間に合わせるためにルール違反しちゃったんだね。こんな事にならないためにはどうしたら良いと思う。

⑫ ゲームは夜9時までに必ず終わらせて、学校に慌てなくても間に合う時間に家を出ます。

6－2　その気にさせる会話術とは

さて、この２つの指導法を比較してどこが違うであろうか。まず大きく違うところは、前者は教育するべきこと、すなわち余裕を持って家を出て、決められた横断歩道を渡るために夜更かしをしないということを、指導する側が伝えているが、後者は指導される側の小学生が気づいて本人の口から言っているかというところである。人に言われたことは半分やれば上等、自分が言ったことは８割がたやる。本人が指導事項に腹落ちしているかどうかというところである。

　どうしても、現場にいると結論を伝えればやってくれるだろうと考えがちになる。ところがこれは、教える側が教えるべきことを教えたという既成事実を作ったというだけのことである。教育とは、教育対象者が理解して現場で教育した内容を確実に行うようにすることが重要である。コミュニケーションの責任は発信側にある。この原則に則って教育は行いたいものである。

　ではどのような手順で教育を行えば、後者の例のようになるかということであるが、『上司・リーダーのためのついついやっちゃう不安全行動改善の手引き』（産業医科大学・柴田喜幸 著, 中央労働災害防止協会, 2022）に記載されている、４つの手順と４つのスキルということをまず意識してもらいたい。**図６－１**にあるように第１の手順は「相手に関わる」ということである。相手の非を責めるのでなく、相手の苦労をねぎらう、良いところを見つけるところから対話を始める

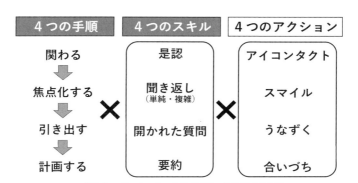

【図6−1】4×4×4その気にさせる会話術

参考文献：柴田喜幸『上司・リーダーのためのついついやっちゃう不安全行動改善の手引き』

のである。これは相手の警戒心を解して、聞く耳を持たせることから始めるということである。

　第2の手順は「焦点化する」である。対話の話題を伝えたい話題にもっていくというステップである。

　先ほどの交通指導員の例で言えば、「朝寝坊しちゃったのか。昨日の夜は何時に寝たんだい。」の質問である。ここで対話を問題点に切り込んでいくのである。次（第3）の手順が「引き出す」ということになるのだが、この例では夜更かしをして朝寝坊してしまったという事実を小学生から引き出し、更にその原因であるゲームを夢中でしていて、時間が経つのを忘れてしまったということを小学生の口から引き出している。

　ここまで対話が進めば第4の手順は簡単である。「それな

ら君はどうしたら良いと思う」という質問で、相手に「計画させる」という方法で、相手から自分が行うべきことに気づかせることができるのである。

　この4つの手順を進める上で柴田教授は必要なスキルが4つあると述べている。1つ目のスキルは相手の発言や行動を否定しないということである。否定されれば、対立関係が生じて、指導側の話を否定的にしか受け入れられなくなる。2つ目のスキルは聞き返しという方法である。単純な聞き返しは相手の言葉をそのままオウム返しする方法である。これは指導側のアンガーマネージメントの効果もある。指導を受ける側はどうしても言い訳が多くなり、指導する側は、つい腹をたて売り言葉に買い言葉の対話になりがちである。怒りを抑えるための「6秒ルール」があるが、6秒じっと黙っているよりオウム返ししてみてもいいのではないか。もう1つの効果は人の発言は発言したとたんに言葉は消えてしまい、あまり意識に残らないが繰り返されることにより発言者に自分の発言した言葉を再認識させる効果もある。複雑な聞き返しは単にオウム返しをするだけでなく、聞き返しの中に相手の発言趣旨から推測できることや問題点などを含めて聞き返す方法である。

　3つ目のスキルはオープンクエスチョンである。質問にはYES、NOで答えられるクローズドクエスチョンとYES、NOで答えられないオープンクエスチョンがある。オープン

クエスチョンをする重要性は、教育対象者に意見を言わせ、指導側が教育対象者の考え方の問題点に気が付くチャンスが生まれるということである。

　4つ目のスキルは要約する力である。教育対象者がいろいろ言い訳（自分の正当性の主張）をする中で「それを要約するとこういうことですよね。」と言うことで相手自身に自分の誤りに気づかせることができる。その対話の中で指導者側の態度は、指導を受ける側に与える影響は大きいと考えられる。怒りの表情で接すれば、怒られていると対立関係になったり、相手を委縮させ対話が成立しなくなったりする。逆にソフトな表情で接すれば心を開いてこちらの話も受け入れてもらえる可能性が高くなる。しかし大抵の場合は、仕事をしているときの表情は厳しい表情であることが多く、意識していなければソフトな表情にはなりにくいのである。

　ここで提案するのは4つのアクションである。1つ目はアイコンタクトをとる、まずは相手をしっかりと見て話しをすることである。「あなたの話に耳を傾けていますよ。」「あなたに話しかけているんですよ。」というメッセージがしっかり伝わる。そして2つ目は、ソフトな表情（スマイル）は対話しやすい雰囲気を作り出すのである。更に、3つ目、4つ目として、相手の発言を肯定するために「うなずく」、「合いの手を入れる」のアクションは重要である。

　教育におけるコミュニケーション手段には2通りの方法が

ある。1つはティーチングという方法で、知識や技能を教えるコミュニケーション技術である。講師が受講生に対して講義を行う場合、このスタイルになることが多い。メリットとしては一度に多数の受講生に情報を伝えることができ、短時間で効率的に講義が行える。デメリットはコミュニケーションが講師から受講生への一方通行となり、受講生の理解度には、ばらつきができることである。ティーチングを行った後で受講生に理解度テストを行うと、講師は全員へ同じ話をしているにもかかわらず、40点の受講生もいれば、80点の受講生もいる。企業などで教育する場合、40点のまま現場へ出られたのでは、現場からは何のために貴重な戦力を割いて部下を講習会に参加させたのか、というクレームの原因にもなる。

一方コーチングは基本1対1でのコミュニケーションになるので職場でのOJT(On the Job Training)に向いている。相手の話を聞いたり問い掛けたりすることで気づきを与える技術を指していて、教育した内容は受講生側が受け入れやすく、職場での実効性が高くなる。「その気にさせる会話術」はコーチング手法を用いた会話術である。

部下を指導するときや、知識とか、技能に問題のある同僚に教えるとき、指導された部下や教えられた同僚の行動変容を起こさせるのが目的であり、仕事にモチベーションを持って向かうことが目標となる。ティーチングと言われる教育の

仕方はどうしても一方的な教え方になり、先ほど例示した最初の交通指導員の話し方では相手方の共感は得られない。教えた側は、教えたという既成事実に満足するが、その結果教育された側が、十分に理解できずに行動変容が起こらないことに不満を抱くことになる。それでは、2例目の交通指導員のような接し方をしたらどうだろうか。このような接し方をコーチングというが、この場合自分が腹落ちしているだけに行動変容は起こりやすい。このような指導を受けた者の仕事ぶりは明らかに良くなった部分が目立つ、もし、不足している部分があるならば、成長を認めた上で、更にコーチングしていくことで目的に向かってスパイラルアップを図ることができる。

6-3 「その気にさせる会話術」のインストラクターの養成

このような「その気にさせる会話術」というものは、説明を受ければわかったような気がするが、現場で実践してみようとすると、すぐにはできるものではない。筆者も後輩から質問されると、つい、結論を話しておしまいにしてしまい、後でしまったと思うことがよくある。「その気にさせる会話術」は仕事をしているとき、常に意識して繰り返しチャレンジすることで、だんだん身についていくスキルである。

職場にこのスキルを展開していくには、安全スタッフと職場で「その気にさせる会話術」を理解しているメンターが協力して進めていく必要がある。そのためにも安全スタッフと職場のメンターが、まずは「その気にさせる会話術」のインストラクターとしての技量を習得することから始まる。インストラクターをどのように養成していくかは次の手順例を提示する。

図6-2のように最初に会話術推進チームを安全スタッフと職場のメンターで作る（**手順1**）。

チームができたらチームメンバー全員でティーチング映像

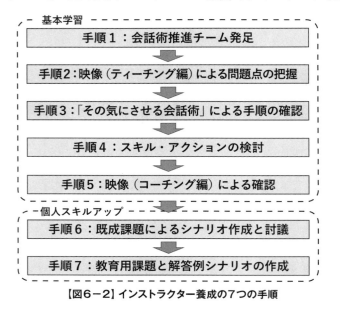

【図6-2】インストラクター養成の7つの手順

を観て問題点を討議する（**手順2**）。

次に問題点を把握したら、その気にさせる会話術の「関わる」→「焦点化する」→「引き出す」→「計画する」の手順を確認していく（**手順3**）。

手順ができたら、そのときに使うスキル（認める、聞き返す、質問する（オープンクエスチョン）、要約する）やそのときのアクション（アイコンタクト、スマイル、うなずく、合いづち）をどのように入れていくか討議する（**手順4**）。

そして、「その気にさせる会話術」のシナリオを完成させる。

完成したシナリオをコーチング編の映像を観て自分たちで作成したシナリオと比較、検証してまとめる（**手順5**）。

ここまでがインストラクターの基本学習のステップである。基本学習が終了したら、次は個人スキルの向上のステップに入る。

ここで課題として、化学工学会安全部会から提供しているノンテクニカルスキル2.0のコンテンツ発表提供教室12での課題、「手順を変えてしまう運転員」「配属先に不満を持つ新入社員」へのシナリオ等解答例がある教材を利用して「その気にさせる会話術」の手法により個人ワークで作成、成果物をグループ討議で検証していくことで個人スキルの向上を図る（**手順6**）。

個人の「その気にさせる会話術」のスキルが一定レベルまで上がったところで、職場での問題点を数件挙げてグループ

討議で解答例を作成する（**手順7**）。

これで職場へその気にさせる会話術を展開する準備が整うわけである。この準備期間は3カ月から半年で行うことが望ましい。この期間はできればコーチングの専門家等のアドバイザーを交えてワーキングを行っていくと、より効果的な学習ができる。

6−4 「その気にさせる会話術」の職場への展開

いよいよ職場への教育を展開していくわけであるが、このような教育を行っていくにあたって6つの手順が重要になっ

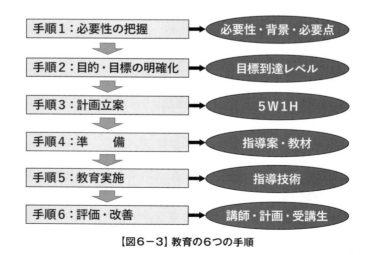

【図6−3】教育の6つの手順

てくる（**図6－3参照**）。

　最初に教育のニーズを再確認しておく必要がある。職場で生じている事故、災害等で、コミュニケーションがとれていれば防げていたもの等を拾い出す。コミュニケーションの中でも、個人の問題というよりもチーム・グループ内の問題があったものを取り上げておくと上職者への教育を行う必要性の動機づけの材料として有効に活用できる。とかく、教育には金がかかる。コスト面での説得を上職者にしない限りは教育を進めていくのは困難である。事故、災害等でのコストロスと教育を行うために生じる職場から社員がいなくなるために生じる、生産性低下によるコストロスを天秤にかけるということである。

　次（第2）の手順は目的・目標の明確化である。この教育は何を目指しているのか、具体的な方向性を示さなくては何をしたいのかという問いに答えられない。更に目標の表明である。受講した者をどのレベルまで引き上げるのか、この2番目の目的・目標の表明の2つがはっきりしていないと、現場から受講生を出す側の理解が得られず、なんだかんだ理由をつけては受講生を研修に送り込むのを渋られるのである。

　第3の手順は教育計画の検討、立案である。教育の全貌が一目でわかるような計画書が上職者への説明には絶対に必要であり、この計画書で上職者の承認を得ない限り、教育は社内、部署ではオーソライズ（許可）されない。また、この計

画書に基づいた案内文の作成も、職場への展開の鍵となる書類となる。

　職場で部下を研修へ送り出す上司は、この案内文が誰から発信されたものか、この講習に部下を送り出すと自分の職場にどんなメリットがあるのかで、部下を講習会へ参加させるかどうかを判断する。当然この案内文は部下を送り出す上司にとって魅力的なものでなくてはならない。部下をこの講習会へ参加させれば、こんなスキルを得て戻ってくるのか。それならば、職場は少し苦しくなるが参加させてもいいなと思わせるような文面を作成することが重要になってくる。そのためには目的、目標を明確に記載されていなければならない。

　第4の手順は準備となる。どのように講座を進めていくか、指導案という計画書を作成する。指導案には講義項目を進めていく順番、項目毎のねらいは何か、伝えなくてはならないポイントや、どのような教材を使いどのくらいの時間で、どんな風に講師のスキルを使って教育していくかを計画する。

　第5の手順は教育の実施であるが、そのときのインストラクターの講師スキルは、この教育の成否にかかわってくる。パソコンの前に座り込み、ただひたすらPowerPointファイルを用いて説明するようなインストラクターでは、受講生には何も伝わらない。アイコンタクト、ボディーランゲージ、声のコントロールが十分に行えるような人材を起用することが重要である。

第6の手順としては、教育終了後の評価を行わなくてはならない。教育の内容をどの程度理解したのか、職場へ戻って行動変容はあったのか、更には教育時間や内容はどうだったのか、受講生へのアンケート、メンターからの報告を受けて改善していくポイントを見つけ出して是正していくべきである。

6-5　その気にさせる会話術の指導案の作成

　教育を行っていく上でインストラクターが講義を進めていく計画書（手順書・シナリオ）を指導案という。行動変容をねらいとする安全教育を行うときは4段階法という手法を用いる。4段階法は「導入」-「提示」-「適用」-「確認」という4つのプロセスからなる。

　最初（第1段階）の「導入」では、受講生に興味を持たせ、この教育はしっかりと勉強していこうという気にさせる部分である。そのためこの教育を行う背景や意義についてアイスブレーク（気を楽にさせて緊張をほぐす）を織り込みながら行うのである。

たとえて言えば、落語の本題に入る前の小話の枕のようなものである。

続く第2段階の「提示」は講義の本体である。項目毎にねらいを決めて、どのような順番でどのような内容を、どんな教材、資料を使って、どんな方法（講師スキル）を使ってどのくらいの時間で説明していくかを計画するのである。

「その気にさせる会話術」の講習では、最初に悪い指導例、良い指導例を比較してそのイメージを導入でアイスブレークを交えて話をしていく。「提示」では4つの手順、4つのスキル、4つのアクションの説明をした後に、導入で話した悪い例の問題点、良い例の対話の組み立て方を説明していく。それを理解させた後、映像を使って、ティーチング、コーチングの例を観てもらい、小グループでのミニ討議を（20分程度）で受講者主体の参加型講義を進めていく。「提示」の部分を講義だけで進めると、一方通行のコミュニケーションとなってしまう。その場合、受講生は、完全な受け身となるため、自分で考えるのをやめてしまう傾向があるため、このような方法を取るのである。

第3段階の「適用」では、この講義の一番のねらいを達成するために、グループ討議やグループ演習をやってもらい、各グループの意思統一を図る。この段階で、受講生は聞き漏らしたこと、気づかなかったこと等を役割演技や討議を通して再認識することで、受講生一人ひとりが職場へ戻ってやる

べきことを理解してもらう一番重要な部分となる。

　この講座では会話術推進チームが事前に作成した課題を用いて、受講生たちに指導役と第三者の立場である観察役に分かれてもらい、実際に役割演技を行ってもらう。指導役と観察役は順次交代して、全員が両方を経験できるように進める。違反者役（教育対象者役）は会話術推進チームのインストラクターが行う。違反者役を受講生に割り当てると暴走して収拾がつかなくなる可能性があるからである。観察役がチェックするチェックシート（**図６－４参照**）は事前に作成して、☑（レチェック）をするだけで採点ができるものにしておくとスムーズに演習を進めることができる。この演習を行うと

コメント	手順	スキル	態度	禁じ手の使用	
1	□関わる □焦点化する □引き出す □計画する	□是認 □聞き返し □開かれた質問 □要約	□アイコンタクト □スマイル □うなずく □合いづち	□命令 □脅迫 □一方的な提案	□論理的な説教 □説教 □侮辱
2	□関わる □焦点化する □引き出す □計画する	□是認 □聞き返し □開かれた質問 □要約	□アイコンタクト □スマイル □うなずく □合いづち	□命令 □脅迫 □一方的な提案	□論理的な説教 □説教 □侮辱
3	□関わる □焦点化する □引き出す □計画する	□是認 □聞き返し □開かれた質問 □要約	□アイコンタクト □スマイル □うなずく □合いづち	□命令 □脅迫 □一方的な提案	□論理的な説教 □説教 □侮辱
4	□関わる □焦点化する □引き出す □計画する	□是認 □聞き返し □開かれた質問 □要約	□アイコンタクト □スマイル □うなずく □合いづち	□命令 □脅迫 □一方的な提案	□論理的な説教 □説教 □侮辱
5	□関わる □焦点化する □引き出す □計画する	□是認 □聞き返し □開かれた質問 □要約	□アイコンタクト □スマイル □うなずく □合いづち	□命令 □脅迫 □一方的な提案	□論理的な説教 □説教 □侮辱
6	□関わる □焦点化する □引き出す	□是認 □聞き返し □開かれた質問	□アイコンタクト □スマイル □うなずく	□命令 □脅迫 □一方的な提案	□論理的な説教 □説教 □侮辱

【図６－４】チェックリストの例

きに録画撮影をしておくとフィードバックが行なえ、より効果的な教育が行える。

最後の第4段階の「確認」では、インストラクターは受講生の指導ぶりや観察者のコメントなどを総括して不十分な部分は説明を加え、受講生に職場に戻ったら何をするかを確認することで、受講生一人ひとりがこの講習のねらいを腹落ちさせて職場へ戻り、行動変容を起こすことを期待する。

6-6 まとめ

人の意識を変えることは簡単ではない。一回教育したから職場が変わるなどということはあり得ない。建設現場でも、全員が当たり前のように安全帽（ヘルメット）をかぶるまでに10年、墜落制止用器具（安全帯）のフックを掛けるようにさせるのにも10年掛かった。

この教育も繰り返し、繰り返し行っていく必要があり、講習と講習の間の部署のメンターのフォロー（OJT）が重要なのである。この教育を根気強く継続して、働く者にとって安全で快適な職場が形成されることを強く願う。

第7章

スモーラーリーダーシップ

7-1 コンテンツ開発の背景

　スモーラーリーダーシップのコンテンツ開発の背景を単独で説明しようとしたのだが、どうも上手くいかない。これは、次章以降で紹介する「第8章ワークエンゲージメント」と「第9章上位者育成面談手法」を含めた3コンテンツが、お互いに密接に関係し合っているからである。このため、3コンテンツの位置づけ関係を説明しながら、書き進めることにした。やや理解への負担を掛けることになるが、より3章（第7～9章）の内容をバランスよく合わせて実践することが効果的であること、更には、自分たちの安全活動の停滞原因が3つのバランスが崩れているからかもしれないと感じていただけ

るのではないかと思っている。

　ノンテクニカルスキル教育を導入された企業（事業所、職場）担当者の多くから次なるステップとしての実践活用が望まれてきた。すなわち、ノンテクニカルスキルで学んだことを業務に活用していくためのコンテンツの重要性が増してきている。そこで、業務に活用していく行動に至るには、どんな力が必要かを考えた結果、行動3要素が必要であり、それぞれに対応するコンテンツを開発することとなった。こういった背景から、3コンテンツの開発にあたっては、ノンテクニカルスキルの社内実践展開ハードルを低くすることをより意識した。まずは、3コンテンツと一般的に言われている行動（実践）3要素との関連のイメージ図を示した（**図7－1参照**）。

　人が行動するかしないかは大きく3つの要素に支配されているとする考え方で、その3つとは、**図7－1**の円で示された、個人の中に無意識に宿ってしまう「動機・感情」（中央下の円）、その個人と直接関係するチーム内に偶発的に醸成される「正義・文化」（右上の円）、係、課、部といった会社としての組織で意図的に制御される「機会・機能」（左上の円）である。

　この3要素が揃った状態（①行動）になれば、行動し、その状態から1要素が欠けている状態（②③④行動予備群）であれば、行動となりにくく、更に2要素が欠けていれば、行

動は起こらないと考えられる。

　スモーラーリーダーシップは、この3要素の内、「正義・文化」の領域に属し、この効力を左右する構成要因の代表的な1つであると考えられる。例えば、個人の感情から省略行為の動機を持ち、組織制御力の不備で機会・機能（能力）的に実施可能である危険行為があったとしても、直接関係している人たちからこれを許さない雰囲気や声掛けがあるとその行為には至らない。また、組織機能的に望まれ、しかも個人的にもやりたいある改善行為であっても、チーム内に意義や

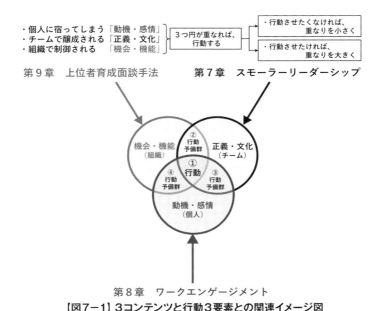

【図7-1】3コンテンツと行動3要素との関連イメージ図

7-1　コンテンツ開発の背景

価値を認めない雰囲気があれば、その行為は発現しない。こうしたちょっとした身近な人の働き掛けでトラブルを抑止できるケース、または、やるべきことの推進力を失ってしまうケースは意外に多いと感じているのではないだろうか。

ノンテクニカルスキル教育手法は、仲間で同じ体感をしながら意見交換をする内に、それぞれの考えや特徴をお互いに感覚としても理解できる点で優れており、このような個人とチーム、組織が心理的にも混在する分野への教育に有効な手法として期待できたので、本コンテンツを開発することとなった。

7-2 コンテンツのねらいと効果

スモーラーリーダーシップが発揮された場合の最大効果は、作業行為の直前、あるいは途中であっても、その時、その場にいる身近な仲間で、それぞれが持っている力を活用し、より安全確保ができる点にある。その当該作業工程に至るまでの前工程での不備は必ずしも解消されているとは限らない。その不備を克服する最後の砦としての力を職務上のリーダーに限らず、または、そのリーダーが不在であっても個々が発揮しようとする動機がコンテンツを通じて、受講者同士に同時に芽生えることがねらいである。

このため、受講効果として、受講者が以下の2点を強く腹

落ちすることが重要となってくる。

(効果①)

身近な仲間に対して、自ら声掛け／声出しをすることは、危険を回避する一助となる。(逆に、しなければ、トラブルとなったとき、実は「あのとき、言っていれば」と後悔している。)

こういった経験は誰もがあるが、その後悔をした時期がそれぞれ異なるため、1つのチーム力としての結集を難しくさせている。これをコンテンツで同時に感じることでチーム力としてのよりスムーズな定着を図ることになる。

(効果②)

仲間へ関与し、お互いにできることを提供し合えば、より良い行動を選択することができる。(自分のできることだけで対応していると、いつかは通じない事態が訪れる。)

仕事の担当が決まれば、誰もが効率良く処理したいと思うのは当然である。なので、他人と相談したりすることは時間が掛かり面倒に感じてしまう。声の掛け方ひとつをとっても、自分で思い浮かぶ声掛けは誤解を招く恐れもあるが、他人の声の掛け方の中には、自分でも躊躇せずにできると思えるものがあったりするのではないだろうか。これに出会い、自分のモノ、チームのモノとすることでそれぞれの力を提供、発揮し合うの相乗効果を促すことになる。

本コンテンツの内容を企業のノンテクニカルスキル導入部

署の代表者が受講し、その企業内で展開するときには、日頃から作業を共にするメンバーを集めて実施することが望ましい。が、この時点で、コンテンツを受講した代表者のハードルとして、スライド教材作成、実施の進行方法、振り返りの要点（ファシリテーション）等が挙げられるのではないだろうか。これらの作成、進行能力のすべてをバランスよく備えている個人はそうはいないので社内講師による展開はハードルの高いモノとなっている。このハードルを低くできれば、ノンテクニカルスキル導入推進部署による企業内展開は容易となるはずである。

　本コンテンツのもう1つのねらいとして、このハードルを低くし、より多くの企業に社内展開をよりスムーズに進めていただくための一助となることも目指した。このため、スモーラーリーダーシップについては、企業内でより実践力を育成できる以下の3つを提供している。

①そのまま使えるコンテンツ実施用のスライド教材
　→各職場の実情に合わせてアレンジ可能な状態で提供している。
②そのまま実施にも使える実演映像（パート毎なのでカットや順番入替が可能）
　→各職場で実施する場合の参考や講師育成にも活用できる。
③コンテンツ実演経験豊富な講師が皆様の職場へ出前で実

践（実演映像と同等内容）

→実演だけでなく、その他関連する相談も承る。

有償での提供ではあるが、特にノンテクニカルスキル教育は講師の力量（情熱）により、大きく受講側の印象（伝わり方）が異なるので、実演映像は大いに参考にして欲しい。

7-3 実施用スライドの構成とその効果的な活用方法

実施用のスライドは8枚で標準的な実施時間は、50分程度の内容ではあるが、この時間に捉われず、受講生同士あるいは講師とのやり取り、関係する講師からのエピソードを追加して、より対象受講者にマッチしたモノを目指して欲しい。

8枚のスライドの内容を（1）〜（4）の4段階に分けて説明する。

（1）第1段階

第1段階は、「①位置づけ」でこれから取り上げるイベントが仕事の流れの中でどの段階であるかを、これから議論する具体的な状況を「②扱う事例説明」で示す段階であり、起承転結の「起」にあたる。

1枚目「①位置づけ」では、スモーラーリーダーシップを発揮できる場所は、なにも直接の作業に関わるときだけではなくて、その準備段階にもあることを言い示すことが重要で

①位置づけ

森本＆野田班のコンテンツ案（2022年12月23日）
スモーラーリーダーシップ理解のために

定修工事におけるスモーラーリーダーシップ①
～定修工事監視編～

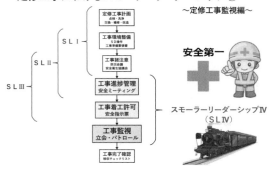

コンテンツへの導入　30秒

---

②扱う事例説明

スモーラーリーダーシップとは何か？

三井化学岩国大竹工場　森本　聡、野田誠司

定修作業中の火災発生の事例です。

タンク内に落下した溶接による火花が
洗浄液の可燃性蒸気に接触し、
着火したものです。
（タンク内試験作業者負傷）

皆さんは、どう思いますか？
どうすれば、回避できたと思いますか？

本事例の出典には、教訓・対策として
以下が挙げられています。

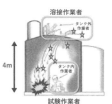

（1）現場を監督する者が、当該作業リスクを評価し、作業指示をしなければならない。
（2）火気使用を伴う作業を行う場合、各作業員が相互に把握しておく必要がある。
（3）火気使用する場合、周辺可燃物の除去や適切な火気養生をしなければならない。

皆さんは、上記3つの内、ひとつだけ選ぶとしたら、どれを選びますか？

人的要素で防げる事例　3分30秒
【図7－2】実施用スライド　①位置づけ、②扱う事例説明

ある。組織化が洗練されるに従い、その担当の職務範囲も厳密化されてきた。こういった流れの中で組織間の業務の受け渡し時に特にスモーラーリーダーシップを発揮すること、すなわち、少しだけ前後工程へのリーチアウトがポイントとなる。講義後に、準備段階の不具合を感じた点はどんなことがあったかを聞き、そこから準備段階ではどんなスモーラーリーダーシップが必要になるかを質問するのもいいだろうし、あるいは、講師、自らの経験からこれを例示してみるのも効果的な活用方法である。

安全については、ついトラブルのあった作業者に焦点が当たりがちだが、その作業の不安全環境を準備段階で作ってしまっていることも意識させることがより前向きな当事者意識づけにもなる。当事者意識はよく使われる便利な言葉ではあるが、最大の悪影響は、そのトラブル事例の当事者範囲を各自が勝手に狭めてしまうことである。防げた可能性は技術的なことや、担当職務の完成度だけではなく、その直前だけでもないのである。

今回は、多くの化学工場に共通し、コミュニケーションの多様性（社員と協力会社）、及び即応性（スケジュール変更）が要求される「定修工事の立会・パトロール」段階を取り上げた。

２枚目「②扱う事例説明」では、具体的議論（意見交換）のための事例選定が重要なポイントで、事例中に人の行為で

防げる要素が含まれていることである。すぐ設備対応やマニュアル改訂といったことに走りがちであるが、これは事後にしか改善され、効果を発揮しないモノであり、すべてをカバーできるモノでもないので必ず、対応後もヌケがあるモノである。こういったハード＆ソフト対応に至る前に防げる手立てはあり、この力の強化を検討すべきである。今回は、より一般的な例として挙げるため、「危険物保安講習会テキスト」から選定しているが、実際のその企業、部署で起きた事例を取り扱うことがより効果的と言える。とは言え、実際の事例が心情的に扱いにくい場合もあると思われるので、このような事例が書かれている書籍情報等から、実際に起きた事例の類似事例を選定しても良いだろう。類似事例を採用した場合は、口頭でいいので、実際に起きた事例を付け加えると良い。こうすることで事例の水平展開力への向上にもつながる。

　今回は、定修中の塔槽類上部溶接作業と下部検査作業が上下同時作業となった事例を取り上げた。混在作業の中で火気作業と上下作業は、計画時には最も留意したはずの作業ではあるが、計画はズレてしまうモノで、そのズレは焦りを生み、それぞれの担当する作業進捗を重視するあまり、結果的に混在することも多い。そして、多くの場合、無事で済んでいるが、いつか必ずどこかでトラブルにつながることを忘れないようにしたい。

（2）第2段階

　第2段階は、「③意見交換内容」で受講生に具体的な意見を出してもらう内容を提示し、「④意見交換シート」で意見の活性化と整理を促す段階であり、起承転結の「承」にあたる。

　3枚目「③意見交換内容」におけるポイントは、立場の異なる設定を与えることである。今回の場合、上司から部下への設定（社内の上下関係）と部下から作業者への設定（協力会社との関係）の2つを設定した。更に上司からの声掛けに対して部下はどう答えると良いか、協力会社の社員からどんなことを言われたらスムーズと思うか、をオプションとして行うと更に気づきが深まる展開になる。いずれにしても、各企業でコミュニケーションに課題を感じる関係・立場を設定すると意味あるモノになると思われる。

　設問設定としては、以下とした。
　　・着工許可をする部下にどんな声を掛けますか？
　　・立会に行く部下にどんな声を掛けますか？
　　・溶接作業員にどんな声を掛けますか？
　　・浸透深傷試験作業員にどんな声を掛けますか？

　実際に設問を説明するときには、よりスモーラーリーダーシップ色になるように以下を心掛けると良い。
　　・最初の2問について、上司と部下の設定例
　　　　類似工事の着工許可及び立会経験者と未経験者、
　　　　同じ職位ではあるが先輩と後輩、ベテランと新人

③意見交換内容

スモーラーリーダーシップとは？

身近な（そこにいる）人の声掛けと声出し
～その場で人と人の連携のきっかけとなる言動～

着工許可をする部下にどんな声を掛けますか？

立会に行く部下にどんな声を掛けますか？

溶接作業員にどんな声を掛けますか？

浸透探傷試験作業員にどんな声を掛けますか？

次のシートを使って、グループで意見交換してみましょう。

立場の異なる設定　1分30秒

---

④意見交換シート

意見交換用シート　メンバー（　　）、（　　）、（　　）、（　　）

先程の事例で以下をグループで意見交換してみてください。（その理由も）

問１．あなたは、着工許可及び工事立会担当者の上司です。

	着工許可をする部下に どんな声を掛けますか？	立会に行く部下に どんな声を掛けますか？	あなたがグループ内で 最も共感できる意見は？
あなた			
メンバー の意見			効果がありそうで 自分も出来そうで 足りてなかったこと 等が目安。

問２．あなたは、着工許可及び工事立会担当者です。

	溶接作業員に どんな声を掛けますか？	浸透探傷試験作業員に どんな声を掛けますか？	あなたがグループ内で 最も共感できる意見は？
あなた			
メンバー の意見			効果がありそうで 自分も出来そうで 足りてなかったこと 等が目安。

ファシリテーション要素　15分（発表除く）

【図7−3】実施用スライド　③意見交換内容、④意見交換シート

・最後の2問について、部下と作業員の設定例
　　　若い社員とベテラン作業員、
　　気後れがちな社員と怖い作業員
このように、一般的により声の掛けにくいと思われる設定にすると良い。

4枚目「④意見交換シート」において1つ目のポイントは、意見交換メンバー全員の意見やその理由を発言し、メンバー内で共有することである。このため、発言者には、発言を後で補足できるのでなるべく要点をまとめて発言するように要請しておくことである。そして、よりスムーズに進行するようにおおよその意見交換の時間配分を提示しておくと良い。5人程度のメンバーであれば、最初の各自の意見とその理由を考える時間としては2分程度、次にそれをグループ内で発表していく時間は一人当たり1分程度の5分で、グループのまとめは3分程度の合計10分とするのが目安である。あくまでも目安なので、意見交換が活性化しているようであれば、時間を延ばし、不活性であれば、早目に切り上げて発表時の講師とのファシリテーションの時間を増やせば良い。

2つ目のポイントは、出された意見をグループとしてまとめる基準を提示することである。今回の場合は、共感できる点、効果がありそうで、自分もできそうで、今までの自分が足りてなかったこと等を目安として提示している。言われた方も言う方も嫌にならない言い方、言い回しがどのような感

情（思いやり）から生まれたことを知ることにより、声を掛ける行為の後押しをそれぞれが得れるのではないかと考えている。グループ発表後に、講師とのファシリテーションとして、前段の「③意見交換内容」で述べたオプションを展開すること、また、受講者の類似の経験談の発表を促すことも効果的な展開と言える。

講師のファシリテーションは、事例に対する経験や力量に応じて様々なレベルが存在するが、あるレベルを維持するための基本的なパターンが存在すると経験から言えることを紹介（KT法のアレンジ活用）するので、講師を目指しファシリテーションで悩んでいる人は参考にして欲しい。

STEP1：何が起きていて何をすべきか？
STEP2：なぜ起きたのか？
STEP3：何が起きそうか？
STEP4：どのように対応すべきか？

がベースのガイドワードとなり、ここから意見交換や発表内容に応じて、呼応する言葉に変えて発言すれば、意見交換の連続性が生まれてくる。今回のスモーラーリーダーシップの意見交換では、一例として以下が考えられる。

STEP1：現状は声を掛けているか　あるいは　いないか？　どちらが良いと思うか？
STEP2：なぜ声を掛けたのか　あるいは　掛けなかったのか？

STEP3：声を掛けたら　あるいは　掛けなかったら、どんなことになりそうと考えたか？
STEP4：どんな声掛けだといいと　あるいは　できると思うか？

　STEPの順番や意味にこだわり過ぎずに、話の展開に変化を与え、流れを整えるきっかけとして活用することで、より多くのその企業にマッチした自発的な意見が出てくる。これを講師と受講生でキャッチアップ（それってどういうこと　あるいは　こういうことと聞く行為）していくことで、活性化できるので、試してみて欲しい。

(3) 第3段階

　第3段階は、「⑤講師対話」で発表後の総括的なまとめを行い、「⑥ルールとの関係」で規則との関連性について整理してみる。起承転結の「転」にあたる。

　5枚目「⑤講師対話」においては、具体的な内容で意見交換した後に、これを一般化することで、スモーラーリーダーシップは、限定的なシーンの対応だけではなく発揮、活用する機会が溢れていることに気づいてもらうことが重要なポイントである。今回は、「より注意を引く」、「気掛かりを言う」、「問題点を言う」、「対策を言う」、「同意をもらう」という言葉で一般化を試みた。スモーラーリーダーシップを発揮するための誘発効果のある言葉を受講者の記憶に留めやすいこれ

⑤講師対話

スモーラーリーダーシップとは？

身近な（そこにいる）人の声掛けと声出し　だけなのか？

スモーラーリーダーシップとは、
以下のようなことをチーム内に持ち込む言動とも言えます。

より注意を引く

気掛かりを言う

問題点を言う

対策を言う

同意（あるいは許可）をもらう

確かに声の効果は大きいのですが、視覚的要素（イラスト）も加わると
伝える手段、そして納得するには、有効的で声も出やすくなります。

意見交換からの展開　1分30秒

---

⑥ルールとの関係

もう1つのスモーラーリーダーシップの実践例
火気使用工事に関する要領を分かりやすくイラスト化してみよう

規則の理解と伝え方　1分

【図7-4】実施用スライド　⑤講師対話、⑥ルールとの関係

らの言葉にすることが、実践行動につながりやすい1つの工夫でもある。

　6枚目「⑥ルールとの関係」には、2つのポイントがある。1つ目はスモーラーリーダーシップが言動の伴った行動力に溢れた姿としかとらえられない場合、スモーラーリーダーシップのある人、ない人との判別のみになってしまう恐れがある。こういった目立った言動以外にもスモーラーリーダーシップに該当する行動があることを知ってもらう必要がある。その一例として、イラストを活用した要領(火気工事実施要領)の分かりやすい説明の作成を例として挙げた。イラストで表現する能力はある特殊な能力と言ってよく、その能力を発揮する機会を見つけて登用することも重要である。このように解釈の範囲を広げて、巻き込むことも貴重な推進力となる。

　2つ目は、1つ目の副次的効果についてである。例えば、工事着工許可する場合の確認にこれらのイラストを使えば、伝える側としては、ヌケや間違いに対する恐れが緩和され、言いやすくなるであろうし、伝えられた側も何となく分かった感じで返事をすることなく、発信者へ確認をしやすくなる。こういったことは、ちょっとしたことだが効果は大きい。こんな些細な確認不足は偶然トラブルにならないケースもあるが、いつかは一因となったトラブルを生んでいると感じているのではないだろうか。このスモーラーリーダーシップ教室

の副産物でもあり、実施する価値はあると思うので検討してみて欲しい。

スモーラーリーダーシップとは、一言で言えば、「動き出す（発言する）起点となろう」である。そして、ルールや規則に関連付けた展開を入れることで「ルール順守教育」の一面を持たすことも可能となる。各企業において懸念されるルールと規則順守から扱う事例を選定することも有意義である。

（4）第4段階

第4段階は、「⑦理屈補足」で、一般的な理屈にも該当することを示し、「⑧動機づけ」で事実としても当てはまることを示すことで妥当性を感じて、締める。起承転結の「結」にあたる。

7枚目「⑦理屈補足」では、マネジメントとリーダーシップというイメージが似通う言葉の違いから入り、なぜスモーラーが付くのかを行動の3要素に絡めて説明し、石垣に例えた。特に意識して説明をする点としては、マネジメントが「あるべき姿を追求」するトップダウン型であることに対して、リーダーシップは「できることの最善を追求」するボトムアップ型であることである。そしてそのリーダーシップを発揮する状況が、作業に直面する期間的に短く、人数的に少ないことにも関係してスモーラーを付けていること。このスモーラー環境下において、一人ひとりが判断し、行動しがち

⑦理屈補足

スモーラーリーダーシップ理解のための補足

リーダーシップについて

マネジメント	リーダーシップ
物事を正しく行う	正しい物事を行う
手法（効率性）	達成（効果性）
責任・権限の所在	協働・動機の所在
あるべき姿を追及	できる事の最善を追求
トップダウン：言う	ボトムアップ：聞く

行動3要素について

なぜ、スモールなのか？

小さい（スモール）範囲程、そのメンバーは近くなる

この当事者間では共通の動機から動きやすくなる

ちょっと（スモール）したその場の人の一言で行動につながる

やがて、これがチーム、組織間を連鎖し始める

大から小（スモール）へは、現場に穴ができやすいが小から大へは、現場に穴ができ難い

一般的な理論との関係　6分30秒

---

⑧動機づけ

今回の類似事例紹介（山口県内特防協事例より）

2005年02月	T社	近接配管が腐食漏洩、ラック塗装サンダー火花で着火
2005年12月	N社	火気養生の隙間から溶接火花が飛び出し着火
2006年05月	T社	ストレーナーガスパージ不足でインパクトレンチ火花で着火
2007年07月	S社	外壁の隙間から溶接火花が可燃物へ着火
2008年01月	K社	撤去作業を急ぎ、溶断作業を実施、機械油に着火
2008年04月	U社	機器接続不良から可燃性ガス漏洩、上部溶接火花で着火
2010年04月	T社	溶接作業時の高温鉄粉が汚れたろ布に着火
2011年01月	U社	ライターから漏れたガスに溶接火花が着火
2011年06月	N社	ストレーナー開放で側溝へ可燃物がグラインダー火花で着火

皆さんにも思い当たることあるのではないでしょうか？

スモーラーリーダーシップ発揮してみませんか？

三井化学岩国大竹工場　森本　聡　ダンディーなテニスプレーヤー

三井化学岩国大竹工場　野田誠司　酒に飲まれる広島弁

思い当たることから動機へ　30秒

【図7-5】実施用スライド　⑦理屈補足、⑧動機づけ

であるが、お互いに他の言動に関与することでより望ましい行動ができることである。石垣では、マネジメントを大きな石に例え、スモーラーリーダーシップを大きな石の隙間を埋める小さい石に例え、更にその石垣全体の強さに例えまとめた。個人的に興味があり、調べた人であれば、スモーラーリーダーシップの意味することが石垣以外の理屈例を見つけることができるだろう。講師自身がアレンジしたものが加われば、より伝える力が増すので、アレンジを検討してみて欲しい。

　8枚目「⑧動機づけ」は、今回、取り上げた事例が特別ではないことを示すために、類似の事例を山口県の事例から列記した。その発生数の多さから、自分たちにも起こりえることであること、そしてその設備的対応やマニュアル的対応が先取りして確実に実施することが困難であることも容易に想像できるであろう。したがって、その時点での環境下でトラブルを回避する有効手段として、スモーラーリーダーシップの重要性が理解できるのではないだろうか。そして、今回のコンテンツでは山口県の事例であるが、自身が立地する県の事例、同業者の事例、自社の事例に変えていくことで、より重要性を認識できるアレンジに変更し実施するとより効果的と思われる。

　以上の説明してきた本実施用スライド8枚は、アニメーション処理され、ノートの部分にアニメーションアクションと標準的なセリフを記載しているので、各企業の状況(スモー

ラーリーダーシップを発揮させたいシーン）に合わせてアレンジすること、また、社内講師の実施練習にも大きな効力を発揮できると考える。是非、ご覧いただきたい。

7-4 実演映像の紹介とその効果的な活用方法

　ノンテクニカルスキル教育を各企業内で展開していく上での大きな課題の1つとして講師の育成が挙げられている。講師の数が少なければ、ノンテクニカルスキル教育の開催は、講師のスケジュール基準となり、受講生にとってタイムリー性、多人数同時受講による密度の低下を招く。特に、ゲーム等を体感し、それによる意見交換から気づき・動機への展開を行うスタイルにとって発言機会が低下することや、講師との物理的な距離が広がる多人数開催が増加すること、同じ課題を有し、それを全員で取り組むチーム参加機会が減少することは、受講効果が低減するため好ましくないと言える。

　全くの外部からの講師登用は、十分な打ち合わせが事前に実施されない場合、内容的には伝わるが、よりその現場が重視している課題に対する刺さり込みが弱く、活用実践するための腹落ちが十分とは言えない受講となるケースもつながる。

　今回のコンテンツは、内容もさることながら講師育成の観

点を重視したモノになるよう心掛けた。講師の育成にとってもっと効果的な方法は、他の講師の実演を多く見ることである。これに応えるため、このスモーラーリーダーシップ作成者自らが先に説明したスライドを使用した実演映像を作成し、これを提供している。ご覧になり、スモーラーリーダーシップの企業内での効果的な活用の参考にしていただきたい。

また、本実演映像は、そのまま流すことによって映像講師にもなるように、スライド同様の8分割として提供している。不要部のカットや順番の入れ替えも容易である。

実演映像はMP4形式で、各スライドに対応する時間と容量は以下の通りである。

スライド	時間	容量
スライド「①位置づけ」	35秒	(43.0MB)
スライド「②扱う事例説明」	3分22秒	(102.0MB)
スライド「③意見交換内容」	1分38秒	(43.6MB)
スライド「④意見交換シート」	14分38秒	(212.0MB)
スライド「⑤講師対話」	1分20秒	(42.3MB)
スライド「⑥ルールとの関係」	1分03秒	(44.8MB)
スライド「⑦理屈補足」	6分40秒	(261.0MB)
スライド「⑧動機づけ」	37秒	(115.0MB)

以下にスモーラーリーダーシップ実演映像の一部カットを掲載した。先にノンテクニカルスキル教育は講師の力量（情

熱）により、大きく受講側の印象（伝わり方）が異なると述べたが、この映像における講師の抑揚、アクションを見ていただければ、先に述べた意味が伝わるのではないかと思う。もちろん講師には、様々なタイプがある。同様に受講生にも様々なタイプがあるため、どんなに優秀な講師であってもすべての受講生に受け入れられるとは限らない。経験から言うと、複数のタイプの異なる講師でそれぞれが適したパートを担当した教育が全体としては、好評であった。自分にあったタイプの講師像で十分である。

それぞれの対策が100％の完成度ではない。
複数の対策で補完し合っている。
他の対策がある事で安心してはならない。

皆さんだったら、どんな声を掛けますか？
スモーラーリーダーシップに繋がりますよ。
次のシートを使って、意見交換してみましょう。

2分で自分の声掛けとその理由、
5分でメンバーの意見発表、
3分でグループのまとめをお願いします。

マネジメントとリーダーシップを比較してみました。
トップダウンで「あるべき姿を追求」。
ボトムアップで「できる事の最善を追求」。

【図7-6】実演映像の抜粋カット

7-5 皆様の職場へ講師出前教育の紹介とその効果的な活用方法

　2015年度より、社内外でノンテクニカルスキル教育を実践してきた。時間的には、短いコースで90分、標準的なコースで3時間、長いコースで7時間×2日。受講者対象としては、新入社員から中堅オペレーター、ライン管理者といった階層別開催、「言い出す勇気」に対してより現実的で効果を発揮できる各階層が混合された職場単位、業務性質が異なり、相手の要求に対する理解が心情的に困難である関係の改善をねらった現場部門と間接部門や社員と協力会社の混合、文化的に異なる海外関係会社といった様々な開催形態で実施。また、テーマも訪問先の課題に応じたアレンジでより意義深い内容に心掛けてきた。

　ノンテクニカルスキルの導入を検討している企業、また、導入後、社内展開を図っている企業の苦労をよく耳にする。展開しようとする相手部署の理解や、社内上層部のコンセンサスに苦労しているようである。いずれもその承認部署に対して、ノンテクニカルスキルの効果やその良さが言葉や文字では伝わりにくいこと、また、承認部署の方々が受講生として体感するのも気が引け、消極的となること等が挙げられる。こういった状況を打破する最も効果的な方法は、実際のノン

テクニカルスキル講座を承認部署の方々がオブザーバーとして参加し、受講生の反応、発言内容に触れていただくことである。

このオブザーバー参加型開催の講師として、化学工学会安全部会ノンテクニカルスキルワーキンググループ（WG）の講師や他社で同様の取り組みをしている講師を活用してみるのも有効な手段と感じる。まず、社内の人間より、社外の人間の方に興味があり、聞いてみようという気になり、参加率が上がること。そして、同じ内容のことを社内の人間が語るよりは、社外の人間が語る方が、受け入れている光景を目にしたことは多いのではないだろうか。

7-6 コンテンツのあとがき

スモーラーリーダーシップは、個人と組織、すなわち、ボトムアップとトップダウンが交差するプラットフォームである。このプラットフォームから安全に向かうか、危険に向かうかを委ねる安全文化をなす中核要素である。安全文化は、2000年代前半から、存在として認識され、醸成が求められ続けているが、状態を表す言葉として用いることから脱却できておらず、その行動として向上策は、暗中模索状態であると言える。

それぞれの事象に対しての「正義・文化」がそれぞれのチー

ムで異なることも要因の1つであろう。したがって、多種多様な事例と方向性からのアプローチが必要となる。提供しているコンテンツも、1つのアプローチに過ぎないが、実演ノウハウとしては、40分程度の時間内にできる限り盛り込んでみた。

　今回の提供内容に留まることなく、量、質共にブラッシュアップしていく予定である。このため、本コンテンツの受講者から社内展開した後の意見を聞かせて欲しい。

第8章

ワークエンゲージメント

8-1 コンテンツ開発の背景

　第7章スモーラーリーダーシップから本章ワークエンゲージメントのコンテンツ開発に向かうことは、両者が安全文化の醸成への両輪関係にあるため、自然で当然の流れであった。スモーラーリーダーシップの章（第7章）では、行動3要素の視点で3コンテンツ（残りの1つは第9章上位者育成面談手法）の関連性を説明したが、ここでは、先の行動3要素にグループダイナミックス研究等で導かれた要素も加味し、展開させて、ワークエンゲージメントについて、より関連付けてみる。

　これを「心理学を加味した安全活動活性化への動機づけ」

と題して、関連図を**図8-1**に示した。

第7章の説明に用いた行動3要素は、①動機・感情、②正義・文化、③機会・機能に分解された。この3要素が揃えば行動につながるが、揃わなければ、行動につながらないわけであるが、多くの組織は、行動者に望ましくないことを行わせないために③機会・機能を調整し、提供している。このため、3要素において、個人及び、チーム内で普段感じ、会話されるのが③機会・機能についての不完全性（不備や例外を指摘し、完全でないことを理由に都合の良い解釈で正当化する）についてである。この領域からの脱却を目指しての行動

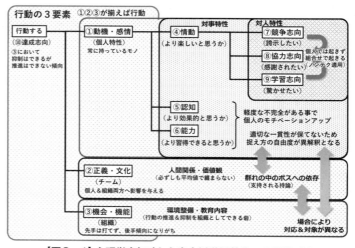

【図8-1】心理学を加味した安全活動活性化への動機づけ
　　　　アプローチとしてどこが最も有効か？

の1つが、スモーラーリーダーシップで、チーム内への働き掛けである。そして、この行動に至るには、その行動への①動機・感情を持つ必要がある。

そこで、①動機・感情のメカニズムを理解するために、更に要素分解して説明を加えたのが**図8－1**である。①動機・感情といった個人特性とも表現できる要素は、物事（仕事内容）への対事性と更に他人（仕事関係者）への対人特性の2階層に要素分解することができる。

まず、第1階層である対事特性は、④情動、⑤認知、⑥能力に分解でき、それぞれ行動への動機・感情へ至るには、その事柄に対して、「より楽しいと思うか」、「より効果的と思うか」、「よりそのために必要な新たな知識や技能を自分のモノにできると思うか」の3つの要素が必要であると考えられる。自分がやる気になったときの状況を思い出すと当てはまることも多いのではないだろうか。

そして、対事特性の④情動は、第2階層の対人特性で更に3つの要素に分解される。この3要素は、「自分能力を他人に対して認めさせたい、誇示したい」といった⑦競争志向、「他人からいい人と思われたい、感謝されたい」といった⑧協力志向、「知識という明確な尺度で尊敬されたい、驚かせたい」といった⑨学習志向である。この内、⑦競争志向と⑨学習志向は両者がそれぞれの目的と手段となることが多く、密接に関係し、表面化する。両志向に比べ、⑧協力志向は、相手の

捉え方も気になり、認知されるものの弱い志向状態に留まることが多い。コミュニケーション向上による解決したい到達目標はこの協力志向の実現ともいえ、その1つの起点が第7章スモーラーリーダーシップである。自分の他人に対するスタンスを振り返ってみると当てはまることも多いのではないだろうか。

　ここで取り扱うワークエンゲージメントは、これらバラバラの個人に宿る動機・感情を企業のベクトルに合わせていく⑧協力志向の源となるモノである。すなわち、個人やチームの考え方を企業の仕事としての考え方へと醸成させる行為を個人の内面から見出す羅針盤（後押しする理屈⇒前向きな捉え方）と言える。

　羅針盤としてのワークエンゲージメントは、その個人への提供の仕方（レベル）によってその影響効果が大きく異なるので重要である。④情動、⑤認知、⑥能力の内、より具体的な目標である⑤認知と⑥能力への提示方法がより重要となる。

　まず、⑤の認知においては、「より効果的と思えるか」、すなわち、その意義と価値を自ら感じ取ることが望ましいため、提供側が理詰めで、その期待できる効果を当然できることとせず、共にありそうな効果を感じる相談ベースが基本でありたい。そして、この達成のために必要な⑥の能力に展開していくときも同様に、能力の到達レベルといった「できるべき

論」ではなく、「できそう論」で目標を定める方がプレッシャーの緩和となりスムーズである。これは、目標は明確で高いが全く進まないことと、目標は曖昧で低いけれど、方向性はあっていて少しでも前進が見込めることのどちらを選ぶのかの選択と考えると良い。こういった形で提供できれば、多くの社会で求められ続けている自発的な行為につながりやすいと考えられる。振り返ってみるとこのステップを踏んでいないことや配慮していなかったことに気づくのではないだろうか。ワークエンゲージメントに関わる個人の理解が、組織からは伝えたい人すべてに該当するように、一般的で解釈がいかようにでもできる文章で伝わること、あるいは、チーム内の力を持った人の解釈に左右されていることも感じてきたのではないだろうか。

　ワークエンゲージメントは、各個人がこういったチームや組織からの影響を受けつつも自分自身の中に見出すモノである。個人を中心に考えてみると、スモーラーリーダーシップはチームの行動制御に働き掛けるモノであるが、その構成員は、各個人であり、個人の考え方にも左右される。そして、組織の一因である以上、その組織の考え方とこの個人の考え方を修正調整し、個人が納得し、その行動がチーム、組織と調和するように働きかける機能が、上位者との面談に任されている。（上位者面談については、第9章で述べる）

8-2 コンテンツのねらいと効果

　ワークエンゲージメントの向上効果は、ルール綻びの抑制と合意形成の基準確認であると言える。

　ある5つのきまりからなる作業ルールがあるとする。そのルールの内の3つをしていれば、その作業自体はでき、残り2つは、過去のレアケースである失敗に再び陥らないために付加されたケースが多い。レアケースとは、いくつかの条件がたまたま重なった場合であり、その状況発生確率は極めて低い。そして、その重なりに気づくことは容易ではない。が、その作業が無限に繰り返されれば、必ずその状況下にはなっている。そしてその状況下になったとしても必ず、トラブルが発生するわけではない。このため、この残り2つは経験的に面倒と感じても仕方がないと思われる。そして、この作業完結自体には直接影響しなかった成功経験から面倒と思う気持ちがやがては、「近道行為」、「省略行為」といった自己効率化行為へ進んでいく。このルールの綻びを抑制する「やっぱり、やっておこう」とその状況下で思えるようにすることがねらいの1つである。

　現場での行為は、後で整理して考えてみると、更に良い方法が必ず存在する。決してベストでなくても、よりベターな方法を作業仲間で選択し続けていくことが現実的で重要であ

る。仲間内で出された複数案があり、その案のどれを採用しても作業目的は達成されるとき、その選択基準として、つい効率的かどうかのみで選択してしまうのではないだろうか。このときの選択基準として、個人とチームの基準のほかに、組織から求められている基準をチームの合意形成の一助として、前向きに組み込めるようになることがもう1つのねらいである。

これらから個人のワークエンゲージメント程度次第で仕事の出来が大きく変わるのである。

ワークエンゲージメントに関するコンテンツも、両輪関係にある第7章スモーラーリーダーシップと同様の意味合いで以下の3つを提供している。

・そのまま使えるコンテンツ実施用のスライド教材
・そのまま実施にも使える実演映像（ビデオ）（パート毎なのでカットや順番入替が可能）
・コンテンツ実演経験豊富な講師が皆様の職場へ出前で実践（実演映像と同等内容）

そして、ワークエンゲージメントについて考えるために選んだ事例は、「漏洩」である。本来、2人作業である作業を1人で実施したために発生した事例を取り上げた。スモーラーリーダーシップでは、定修工事中に上下作業になってしまったことからの「火災、負傷者発生」であった。「漏洩」と「火災」は、化学プラントの特徴的で重視すべき事例である。ワー

クエンゲージメントを考える事例としても有用であるが、両事例共「漏洩」、「火災」の事例として、様々な展開に活用可能であるので、是非、展開してみて欲しい。取り上げた事例は、社員の多くが外部講習で触れている「危険物保安講習会テキスト」からなので、こちらを見ていただくことでその他の事例と共に安全活動の教材として取り入れることをお勧めしたい。

8-3 実施用スライドの構成とその効果的な活用方法

　実施用のスライドは12枚で構成され、実施時間としては70分弱が標準的な時間である。推奨時間ですべての実施を目指すのではなく、実施前に目的に応じて濃淡をつけた計画にすること。実施においては、受講者の反応をキャッチアップすることに重点を置くことがより効果的となる。

　以下に、スモーラーリーダーシップと同様に段階毎にスライドとその効果的な活用方法について、紹介していく。

(1) 第1段階

　第1段階は、「①位置づけ」で、これから取り上げるイベントが仕事の流れの中でどの段階であるかと、これから議論する具体的な状況を「②扱う事例説明」で示す段階であり、起承転結の「起」にあたり、スライドとしては以下の2枚を

①位置づけ

森本＆野田班のコンテンツ案（2023.1.27）
ワークエンゲージメント理解のために

運転操作におけるワークエンゲージメント①

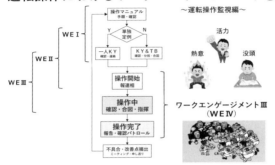

〜運転操作監視編〜

コンテンツへの導入　1分

---

②扱う事例説明

ワークエンゲージメントとは何か？

三井化学岩国大竹工場　森本　聡、野田誠司

送液作業中の漏洩発生の事例です。

監視者と操作者の2名作業であったが、
1名で作業し、しかもその作業者は
作業中に別の作業の応援に行ったため、
オーバーフローさせてしまった。

皆さんは、どう思いますか？
どうすれば、回避できたと思いますか？

本事例の出典には、教訓・対策として
以下が挙げられています。

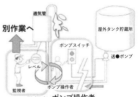

（1）タンク満了時に作動する自動開閉弁などの安全装置を設置する。
（2）作業マニュアルを改訂し、かつ、マニュアルの周知徹底を図る。

大まかに（1）はハード対策、（2）はソフト対策と言えそうです。
その後これらの対策は、皆さんの職場ではどのように進んで行くでしょうか？

人的要素で防げる事例　5分

【図8-2】実施用スライド　①位置づけ、②扱う事例説明

使用する。

　1枚目の「①位置づけ」で今回は、現場操作開始から操作完了までの話であることを示す。これと同時に、ワークエンゲージメント程度により仕事の出来に差ができるので、当然、操作前のマニュアル確認や、ＫＹの実施程度、そして実施した操作の不具合をマニュアルに反映させることもワークエンゲージメントに関わることを述べておくことも重要である。講義後に、自分や仲間を振り返って、これらの今回取り上げた前後の段階について、仕事の不出来を感じた点はどんなことがあったかを聞き、そこから本来要求されているワークエンゲージメントはどの程度まで必要とされていると思っているかを質問するのもいいだろうし、あるいは、講師が自らの経験からそれを例示してみるのも効果的な活用方法である。

　受講生自らが皆と共に発言することにより、如何に自分に都合のよい仕事の完成レベルを設定していることに気づくのではないだろうか。そして、この気づきは、仕事の完成レベルを向上させる起点であることは間違いない。

　2枚目の「②扱う事例説明」では、具体的議論（意見交換）のための事例選定が重要なポイントで、事例中に人の行為で防げる要素が含まれていることは、スモーラーリーダーシップと同様である。今回取り上げた事例は、２人作業を１人でできるのでやったときに、予期せぬことに対応したために起こった漏洩事例である。通常の進め方としては、その後のハー

③意見交換方法

Yes/No 討議で意見交換

①グループを作り（5～6人）、
　リーダーを決める（最初は年長者）

④リーダーの合図で
　一斉に全員がカードを前に置く
（全員がYesならリーダーは自分がYesでもNoに、
全員がNoならリーダーはYesに変えてカードを置く）

②Yes/Noカードを配り、
　課題を出す

⑤リーダーが司会し、
　自分も含めた全員に
　その選択理由を
　発言させる

③自分ならどうするかを考え、
　Yes/Noを決めておく

⑥事務局が討議を打ち切り、
　各グループリーダーより
　どんな討議内容だったか
　発表していただく

Yes/Noシート　　メンバー（　）（　）（　）（　）（　）（　）

	理由	グループまとめ
Yes （　）人 まず人数を記入	リーダーはYes/Noの多い人数の方から一人づつ理由を聞いて書き留める 「なるほど」「こういう事?」等 リーダーから、周りから「同調」「補足」等 肯定的な引き出しを試みる	最初はYes/Noの意見を戦わせ、どちらかへの集約を試みる 集約できなければ、 皆が納得する第3案もOK
No （　）人	同じ選択でも理由は様々なハズ そのいろんな理由を書き出す事が大事 （こんな理由の人もいると思うもOK）	最終的は、 「私たちは○○する。」 「その理由は△△です。」 といった形で文章化してみる

発表は、リーダーから以下のひな型を参考に発表する。
「Yes（　）人でNoは（　）人でした。」
「Yesの理由は・・・・・。Noの理由は・・・・・。特に盛り上がった理由に・・・・・。」
「グループのまとめとして、私たちは・・・・・する。その理由は・・・・です。」

全員発話機会提供方法　7分

【図8-3】実施用スライド　③意見交換方法

8-3　実施用スライドの構成とその効果的な活用方法

ド&ソフト対策を説明し、自分たちの職場では、どちらがどのように同様に進むかを頭の中でイメージしてもらう時間を少しだけ設ける。ここで更なる効果的な活用方法は、なぜこの人は2人作業を1人でやったと思うか。皆さんの作業の中でこれに該当するような作業はあるか。なぜこの人は作業中にも関わらず別の作業をしたと思うか。皆さんだったらそんなとき、どうするか。こんな質問を投げかけ、グループ討議に展開していく方法がある。職場の状況によっては、ワークエンゲージメントとしてこの事例を取り上げるよりも効果的である。実施する前の検討として取り組んで欲しい。

(※) 踊り場

すでに Yes/No 討議手法をマスターしている企業にとっては、改めてではあるが、意見交換に移る前にこの手法についての説明を以下の2枚で加えた。

通常使用においては、すでに手法をマスターしている企業は割愛し、初めての企業はこのスライドに沿って、より分かりやすく、説明しやすくアレンジして使用すると良いであろう。

更なる効果的な使用方法としては、講師育成としての活用である。これにも対応できるように今回、Yes/No シートの中に普段、言葉で補っている説明を文字として記入しているので参考にして欲しい。同時に Yes/No 討議手法は、ノンテクニカルスキル教育における最も適応範囲が広いベーススキルであるので、以下の有効性を改めて整理確認しておくと良

いだろう。

- まず、全員がカードを提示し、自分の考え（立場）を示している。（初期段階で参加できる）
- 次に、カードを選定した理由を必ず聞かれる。（自分の理屈を公表する機会がある）
- その中に反対の立場の意見がある。（特にリーダーはアウェイになることも）
- その結果、意見や発言者が固定化される、勝ち馬に乗ろうとする等を排除できる。
- 更に本音を言う「勇気」と「聞く」ハードルを下げることが期待できる。
- 討議の工夫次第でノンテクのほぼ全域をカバーできる。
- 職場に密着できる課題を作成可能で、仲間の思考を知れる。

（2）第2段階

第2段階は、「④意見交換実施」で受講生に具体的な意見を出してもらう内容を提示し、付属のシートで意見の活性化と整理を促す段階であり、円滑に進めるため、意見交換中にファシリテートを行う。起承転結の「承」にあたり、今回は2題を用意し、以下の4枚のスライドで構成した。

まず、1題目は、先の漏洩事例の対応担当者だった場合、「ハード対策」（設備と装置対応）と「ソフト対策」（マニュアル対応）のどちらから取り掛かるか、あるいは、どちらが

④意見交換実施　26分

Yes/Noの課題①　　メンバー（　）（　）（　）（　）（　）（　）

問1　あなたは対応の担当者です。次のどちらから取り掛かりますか？

Yes：設備＆装置対応　　No：マニュアル対応

	理由	グループまとめ
Yes （　）人		
No （　）人		

- -

Yes/Noの課題②　　メンバー（　）（　）（　）（　）（　）（　）

問1　あなたはまとめた業務について、次のどちらのレベルで仕上げますか？

Yes：自分が納得するレベル　　No：求められているレベル

	理由	グループまとめ
Yes （　）人		
No （　）人		

【図8－4】実施用スライド　④意見交換実施

④意見交換実施　26分

課題①討議中のファシリテーション⇒発表

いろんな選択理由を
出し、知る事がポイント

同じようでも
少し違うところ少し補足

意見を戦わせ、
相手を引き込みましょう

妥協、第3案、
グループとしてまとめましょう

2分経過です。
そろそろグループまとめへ

7分経過です。リーダーさんそろそろまとめに入ってください。
「Yes（　）人でNoは（　）人でした。」
「Yesの理由は・・・・・。Noの理由は・・・・・。特に盛り上がった理由に・・・・・。」
「グループのまとめとして、私たちは・・・・・する。その理由は・・・・です。」

10分経過です。途中でも終了してください。それではこちらのリーダーから。

課題②討議中のファシリテーション⇒発表

問1は仕事の方針
仕事の達成レベルとは

高い、低いはどこから
できる、できないの範囲

絶対＆理想的、相対＆現実的
選択理由の特徴は？

妥協、第3案、将来への影響
グループとしてまとめましょう

2分経過です。
そろそろグループまとめへ

7分経過です。リーダーさんそろそろまとめに入ってください。
「Yes（　）人でNoは（　）人でした。」
「Yesの理由は・・・・・。Noの理由は・・・・・。特に盛り上がった理由に・・・・・。」
「グループのまとめとして、私たちは・・・・・する。その理由は・・・・です。」

10分経過です。途中でも終了してください。それではこちらのリーダーから。

【図8－4】実施用スライド　④意見交換実施

取り組みやすいか、とした。ここで通常の進め方では、レベル計と受け入れラインに自動弁を設置し、オーバーフローを抑制する対応とマニュアルに2人作業であることや完了まで他の作業しないこと等を明記し、周知教育を行うといったようにそれぞれの対策の具体例を説明して、討議に向かうと良い。より効果的な方法としては、各班からの発表後、講師から以下のような問い掛けをして、全員で考えてみる展開がお薦めである。

・本当に自分がやることとして考えてみました。選んだことは、実は自分以外の誰かがやることになっていない？
・どうして、Yes/Noどちらかに偏ったのだろうか？（偏った場合）
・自分の職場では、ハード対策とソフト対策の得意な人はそれぞれいる？

このような問い掛けの背景には、運転管理サイドと設備管理サイドの分業化が進み、設備を理解している運転員、運転を理解している設備員が非常に少なくなってきている状況がある。コミュニケーション不足箇所として、運転管理サイドと設備管理サイドの関係を挙げるところが多いが、そもそもお互いの仕事に対する理解と知識が希薄になっているため、仕事上のコミュニケーションが不十分なのは当然とも言える。それぞれの業務内容をお互いに知るための勉強をするこ

ともワークエンゲージメントの範囲であることを意識づける機会に活用できる。

　ちなみに、ある調査結果によると、2000年代中盤以降、トラブルが減少した企業の特徴として、設備と装置対応に重きをおき、設備に強い運転員の育成を目指していることが挙げられている。逆にトラブルが増加している企業の特徴は、設備と装置対応よりもマニュアル等のソフト対応がメインとなっていることが挙げられている。このYes/Noの選択結果と合わせて、考えてみると今までと違った「気づき」を得られるかもしれない。

　そして、2題目は、1題目で取り掛かることを選定したら、それをどこまでのレベルで仕上げるかの問いにつなげる。選択肢としては、「自分が納得するレベル」と「求められているレベル」の2択とした。1題目の議論が活発で講師とのやり取りも充実していれば、1題目で2題目の意図するところには自然と到達するので、割愛しても構わない。通常のやり方としては、そのまま選択肢を読み上げてスタートで良いが、講師自体が選択肢に対して疑念な点がある場合や、受講生から回答しにくい雰囲気があれば、「自分で決めた仕上げレベル」と「決められた仕上げレベル」といったような選択肢の言い換えをしても良いだろう。より効果的な方法としては、各班からの発表後、講師から以下のような問い掛けをして、全員で考えてみる展開がお薦めである。

・自分の納得とは？どんなことに、何に対して納得していると思う？
・求められるとは？誰から、何から求められていると感じている？

　このような問い掛けを通じて、どちらであるべきかというよりは、仕事に仕上げレベルに対して、皆がどのように考えているかを知ることが大事である。個人においても、その仕事内容によって、自分の能力レベルが優先だったり、求められているレベルをこれに合わせて解釈したり、といった効率的で打算的に考えるときもあれば、仕事を進めるうちに、無意識に没頭し、自分が想定していたレベルよりも高くなり、自身の成長を感じたときもあるだろう。これを深めていくこと（この境目はどこにあるのか？）により、その仕事の意義と価値に新たな気づき、確認し合えると一段高いレベル（ワークエンゲージメントの向上）となるであろう。本章のワークエンゲージメントのレベルは、この第2段階がメインであり、ここが丁寧にできれば、次段階以降は割愛しても良い。

（3）第3段階

　第3段階は、「⑤講師対話」でワークエンゲージメントされている状態を説明し、「⑥落とし穴確認」でその状態での注意点を感じさせる。起承転結の「転」にあたり、今回は以下の1枚のスライドと1つの映像で構成した。

⑤講師対話

ワークエンゲージメントとは？

業務に対する「やりがい」のある状態
～「活力」、「熱意」、「没頭」の３つが揃う～

活力		仕事中の高い水準のエネルギーや心理的な回復力
		仕事に費やす努力をいとわない気持ち
		困難な状況に直面したときの粘り強さ
熱意		仕事に強く関与し、意味を見出そうとする
		仕事に熱中し、誇りを持つ
		挑戦しようという意欲
没頭		仕事にのめり込んでいるときの幸福感
		時間が早く経つ感覚
		仕事から頭を切り離すので難しい感覚

スモーラーリーダーシップは外向行動、ワークエンゲージメントは内なる戦いと言える。

意見交換からの展開　3分

---

⑥落とし穴確認

要素の落とし穴　15分

【図8-5】実施用スライド　⑤講師対話、⑥落とし穴確認

ワークエンゲージメントについて、議論する場合、言われたこと、決められたことについて、如何に忠実に行うかといったイメージに固定されやすい。その中においても、「やりがい」を感じ、見つけることで、ワークエンゲージメントの向上につなげて欲しいわけであるが、「⑤講師対話」では、この「やりがい」とは何かについて、受講生と話をするために、1枚のスライドを用意した。通常の使用方法としては、ゆっくりとアニメーションに合わせて、受講生の頭の中に過去の該当する自分の出来事が思い浮かぶような語り掛けをすると良い。そして、最後にスモーラーリーダーシップが個人の仲間に対する外向きの発信であることに対して、ワークエンゲージメントは、仕事に対する個人の向き合い方で、内なる戦いであることで締めると良いであろう。より効果的な方法としては、説明の際に、「活力」とは、「熱意」とは、「没頭」とは、どんなこと？といった受講生に対する問い掛けによる発言を誘発しながら、スライドのアニメーションを進めると良いであろう。

　この映像は全くのオプションと考えて欲しい。映像の内容自体は、2人のテニスプレーヤーがボレーをしているときに周りに異変が起こる。ボレー数を数えているときには、その異変に気づかないことを受講者に体感してもらう展開である。何かに集中「没頭」しているときには、周りに気づかないことがあるといった落とし穴の存在に気づこうというテー

マである。ワークエンゲージメントと関係付けずに単独での使用も可能である。ここで使用する場合は、ある個人が没頭して完成した仕事に対して、周りは安心して確認を怠らないようにしようと結びつけて欲しい。

(4) 第4段階

　第4段階は、「⑦理屈補足」で、一般的な理屈にも該当することを示し、「⑧動機づけ」で関連する事実としても当てはまることを示すことで妥当性を感じて、締める。起承転結の「結」にあたり、今回は以下の2枚のスライドで構成した。

　「⑦理屈補足」では、まずは、第2段階の2題目の「自分が納得するレベル」と「求められているレベル」の位置関係について確認することを目的とし、同時に関連する第9章上位者育成面談手法へのつなぎ込みや本章の冒頭で記述した「心理学を加味した安全活動活性化への動機づけ」の補足説明の役割を果たすように考えた。通常の使い方としては、「自分が納得するレベル」と「求められているレベル」の上下関係について、受講生自身が考えるきっかけをこの図で与えられれば、十分である。そのときに、「自分が納得するレベル」を「求められているレベル」に対して上回ろうとするときに、テクニカルな部分に焦点を当てがちになり、難題に感じ挫折してしまうケースが多いので、組織間や担当者間の報連相の充実もこれにあたることを伝えることが重要となる。ここで更に、近年、組織の各役割が細分化、明確化されてきた結果

⑦理屈補足

業務目標とワークエンゲージメント

ワークエンゲージメントは個人の業務への情動の程度
この向上は、業務目標の共有の仕方が最大のポイント

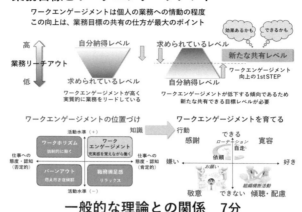

一般的な理論との関係　7分

---

⑧動機づけ

今回の類似事例紹介（山口県内特防協事例より）

2005年03月	E社	受入ラインバルブ閉め忘れ、タンクからオーバーフロー漏洩
2005年06月	N社	作業員同士の連絡不足、意図しない送液で被液
2007年06月	C社	通常より大容量操作、容量オーバーで漏洩
2007年06月	E社	送液量を誤入力、オーバーフローし環境汚染
2008年07月	N社	機器交換後のバルブ閉め忘れ、レベル計アラーム作動せず漏洩
2009年08月	T社	レベル計スパン調整ミス、オーバーフロー漏洩
2010年06月	M社	バルブ閉め忘れ、漏洩
2010年07月	T社	バルブ操作ミス、圧力上昇しOリング破損し漏洩
2011年01月	C社	レベル検知作動不良、オーバーフロー漏洩

皆さんにも思い当たることあるのではないでしょうか？

ワークエンゲージメントによる確認で防げたのでは

プロは給料以上の仕事はしない！
それは奴隷意識？

プロ	アマチュア
成長を求め続ける	現状に甘える
自信と誇りを持つ	愚痴っぽい
常に明確な目標を指向する	目標が漠然としている
可能性に挑戦する	経験だけに生きる
自己訓練を習慣化している	気まぐれである
使命感を持つ	途中で投げだす
やれる方法を考える	できない言い訳を探す

思い当たることから動機へ　2分

【図8−6】実施用スライド　⑦理屈補足、⑧動機づけ

の課題として、仕事が組織間を移動するときの不備が指摘され、このコミュニケーションの重要性も叫ばれている、この点を特に意識して説明を加えることにより、受講者の思い当たることが広がり、より効果的になると思われる。

　付属として、「ワークエンゲージメントの位置づけ」と「ワークエンゲージメントを育てる」の図を付けてはいるが、これは管理者レベルが受講生のときのみに活用すると良い。過度に心理学的に知識を導入しすぎると言葉の定義に捉れ、講義としてのリズムを失いかねないので注意しよう。管理者レベルにおいても、「ワークエンゲージメントを育てる」の方に力点を置いて、軽く説明しよう。例えは、部下が４象限の内どの領域の業務をしているかにより、コミュニケーションのスタートとしての声掛けの参考にしていただければと思う。

　第７章と同様に「⑧動機づけ」は、今回、取り上げた事例が特別ではないことを示すために、類似の事例を山口県の事例から列記した。その発生数の多さから、自分たちにも起こりえることであること。そして、ワークエンゲージメントの向上により、防げたケースも多いと思えるだろう。付属として、ワークエンゲージメントを考える上で、より分かりやすく議論できる提示方法として、「プロ」と「アマチュア」の違いについて意見交換するとより効果的なので、その例を示した。これについては、いろいろと表現の仕方があると思う

ので、講師がやりやすい表現を見つけておくと良いだろう。

8-4 実演映像の紹介とその効果的な活用方法

　実演映像は、スモーラーリーダーシップと同様にMP4形式で、各スライドに対応する時間と容量は以下の通りである。

　　スライド「①位置づけ」　　　　56秒　　（69.7MB）
　　スライド「②扱う事例説明」　4分52秒　（131.0MB）
　　スライド「③意見交換方法」　6分41秒　（173.0MB）
　　スライド「④意見交換実施」　25分10秒　（588.0MB）
　　スライド「⑤講師対話」　　　2分41秒　（96.2MB）
　　スライド「⑥落とし穴確認」　2分41秒　（63.3MB）
　　スライド「⑦理屈補足」　　　6分51秒　（231.0MB）
　　スライド「⑧動機づけ」　　　2分01秒　（92.6MB）

以下にワークエンゲージメント実演映像の一部カットを掲載した。第7章と同様の意味合いなので参考にして欲しい。

2人作業であっても、1人でやることが
みんなに実力を示せるようで
ついついやってしまうことはなりませんか?

ごめんなさい。リーダーは全員がYesだったら、
自分がYesであってもNoにしてください。
そして、Noの理由を考えてみてください。

スモーラーリーダーシップは、周りへに働き掛け
ワークエンゲージメントは、自分への内なる戦い
自分からも進歩しようとしよう!

ワークエンゲージメントは個人の業務への情動。
最大のポイントは、
業務目標に対する共有の仕方にある。

【図8-7】実演映像の抜粋カット

8-5 皆様の職場へ講師出前教育の紹介とその効果的な活用方法

　講師出前教育の効果的な活用方法については、第7章スモーラーリーダーシップで記述したが、今回のワークエンゲージメントについては、更に以下のような効果的な活用方法があるのではないかと感じている。

　ワークエンゲージメントについては、様々な研究機関からアンケート式による評価方法が提示されており、これを採用している企業も多いと思われる。そして、これらの評価結果

を解説と共に受け取り、このアンケートを指標として、ワークエンゲージメント向上を目標に方策を立案していくのであるが、言葉としての意味合いはつながっていて理解できるまとまりにはなっているが、具体的な行動に進める力を持った方策には、なかなか辿り着けていないところが多いのではないだろうか。また、こういった背景もあるので、他社で効果的な方策事例があれば、参考にしたいと思っている企業は多いのではないだろうか。

我々化学工学会の講師も正直、この域を脱してはいない。しかし、今回、LEマップ(スモーラーリーダーシップ vs ワークエンゲージメントを両軸として評価)の開発、スモーラーリーダーシップとワークエンゲージメントのコンテンツの開発を行う過程の中で、少しばかり、ヒントを掴めた感じがしている。

LEマップ、または、スモーラーリーダーシップ、ワークエンゲージメントのどれか1つを出前教育で実施すると共に、ワークエンゲージメント向上方策について意見交換するのも効果的だと思われる。時間としては、90分〜120分程度必要と思われる。

時代背景もあり、ワークエンゲージメントのあり方も「働き方」、「価値観」共に多様となってきている。前向きな仕事へのモチベーションは、もはや企業間競争以前の全企業共通で取り組むべき課題となってきている。より多くの人と意見

交換することは、最も今できる活動とも言えるのではないだろうか。

8-6　コンテンツのあとがき

　ワークエンゲージメントに対して周りが褒める行動に出ることは、あまり見られない。

　安全文化とは、誰も見ていないときにその組織がどう動くかであると耳にする。このどう動くか、個人レベルの行動であれば、ワークエンゲージメント、その行動を直前で支え合うのがスモーラーリーダーシップと言える。個人のワークエンゲージメントされた行動は見えにくいが、上司であれば、注意深く観察し、これに気づき、褒めることが「褒める文化の心髄」であるような気がする。

　「近道行為」、「省略行為」は経験のあるベテランの課題ともいえる。若手の場合は、知識と経験が伴わないことが原因となる場合が多いが、ベテランの場合は、自身の裏付けされた経験があるために、ある種「確信犯」的であり、また、その効率性が仲間内での称賛（憧れ）を帯びていることも多い。若手が地道にやっている姿に、ベテランは実はハッとしているのではないだろうか。この若手の行為を組織の長として持ち上げることも、有益な行動姿勢ではなかろうか。

第9章

上位者育成面談手法

9-1 コンテンツ開発の背景

　上位者業務の中で時間的には短いが、重要なのが部下との面談である。短いがゆえ、各個人対象の業務評価フィードバックが、育成に対しても、該当年度に行った業務に関しての内容が中心であろう。多くの上司が担っている使命は、個人とその属するチームを組織が求める機能に沿って育成することである。その1つの育成の方向性として、第7章スモーラーリーダーシップと第8章ワークエンゲージメントがあり、これを直接的、間接的に安全文化への醸成へとリードすることが望ましい面談行動であると言える。しかし、近年の世代間ギャップに各種ハラスメントが加わり、日常の指導でさえ、

戸惑うケースも多くなっていていると聞くこともある。そこで、この方向性に対して、一助となる面談手法が必要となった。

この上位者育成面談手法は、第7章及び第8章で位置づけ説明として用いた行動3要素においては、会社としての組織で意図的に制御される「機会・機能」にあたり、その実行者が上位者となる。今回は、第7章、第8章の続章ということもあり、前章までの概要と本章の内容を併記することで、その関係性を示しながら、補足説明とした。**図9－1**がその図で「3コンテンツの概要とつながり」と題した。

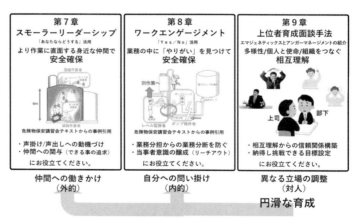

【図9－1】3コンテンツの概要とつながり

第7章では、より作業に直面する身近な仲間で安全確保することをテーマとした。そのためには仲間への働き掛けが重

要ので、「あなたならどうする」を用いた。これにより声掛け／声出しへの動機を持ち、仲間に関与し、その仲間でできることの追及をする意欲を持てる内容を目指した。第8章では、業務の中に「やりがい」を見つけて、仕事のレベルを上げて安全確保することをテーマとした。そのためには、どれだけ当事者としての認識を持てるかにある。この認識への障壁には、無意識に業務分担が業務分断となる恐れがあること、自分の都合よい業務範囲を決めている恐れがあることがあるので、「Yes/No討議」を進めるうちにこれに気づける内容を目指した。こういったノンテクニカルスキル教育活動を通して、個人が気づき、意志を持ったとしても、いざ、自分の職場に戻って実践することは、周りに温度差が生じているため、なかなかハードルが高いと言える。この温度差を調整するためには、根本的なところからスタートしなければ、本論に進めないことも多い。そこで今回は、個人の感情＆思考特性、特に怒り特性について簡便に理解する手法を提供し、活用した。これにより面談が望む方向性で進めるようにすること、安全活動に対する本音が言え、相互理解に至るコンテンツの作成を目指した。面談自体に対しては導入的要素が強いがそれだけベースであるとも言えるので、是非活用してみて欲しい。

9-2 コンテンツのねらいと効果

　育成を目指した面談には、一般的な会話の部分と具体的な業務部分の両面が必要であるが、両者の融合を意識した手法は多くはないように思う。一般的な会話に終始すると、人としての双方向コミュニケーションは深まるが、本題に入れず、業務改善への展開が不足し、上位者としての充実感は低くなる。また、具体的な業務を中心とすると、立場や理屈による一方的な説き伏せ感があり、上位者としては本音が聞けず、やり過ぎた感に苛まれる。上位者のこういった感覚を回避するためには、上位者が「聞きやすく」、面談者が「答えやすい」展開であることが望まれる。「あ、そうだね」「これなら」「こうしよう」との納得感が聞けた、言えたの双方の満足感を持って、業務への取り組み修正力を生み出すねらいである。そして、効果としては、立場だけの理解ではなく、同じ課題を異なった角度から共に取り組んでいるという信頼関係が両者に生まれ、義務的で無機質な報告・連絡・相談（報連相）から、「言いたい」、「聞きたい」、「分かりたい」といった感情の伴った有機的な報連相に変わるところにある。

　これを誰もがサブ業務として位置づけがちな安全活動に展開することで、各企業において難題となっている「安全活動の活性化」の起点になることが期待できる。

本教室の特性上、受講対象としては、ライン管理職が適正となる。

9-3 実施用スライドの構成とその効果的な活用方法

実施用のスライドは17枚で構成され、実施時間としては80分弱が標準的な時間である。少し長目の時間設定なので、演習を中心とする6枚目までと7枚目以降の2分割で行っても良い。何よりも今までの面談経験を思い浮かべながら取り組むことが重要である。以下に各段階で使用するスライドを示しながら説明していく。

(1) 第1段階

第1段階は、「①位置づけ」と「②意見交換方法」について、それぞれ1枚の計2枚のスライドで説明する段階である、

最初の「①位置づけ」では、「面談と言ってどんなシーンを思い浮かべますか？」との問い掛けから始める。面談にはいろいろあることを思い出していただく。第7章や第8章を代表とするトラブル等で失敗をした個人に個別で内容を確認し、注意と励ましを行う場合、第6章のような普段の行動あるいは行動中で望ましくない点があり、これを注意したい場合、1年間の業務を振り返り、その評価結果を伝える場合や年間の業務目標を設定する場合、こんなことを思い出してい

①位置づけ

三井化学岩国大竹工場　森本 聡、野田誠司

上位者育成面談手法
面談と言ってどんなシーンを思い浮かべますか？

トラブル原因	気掛かりな行動	業務評価
スモーラーリーダーシップ（コンテンツ有）	ワークエンゲージメント（コンテンツ有）	その気にさせる会話術（コンテンツ有）
失敗したとき	望ましくないとき	全体を振り返るとき

事実結果に基づく面談（下位者が受け入れる改善育成）

今後の取り組みに向けての面談（両者が共に作り上げる改善育成）

安全活動を例に考えてみましょう

コンテンツの関連性　2分30秒

---

②意見交換方法

仮想安全活動面談の説明

①二人１組になって、上司役と部下役を決めてください。
　　　　　　　　　　　　　　　　　　　　　　1分
②上司役と部下役のシートにそれぞれ記入してください。
　　　　　　　　　　　　　　　　　　　　　　4分
③部下役は作成したシートを上司役に提出してください。
　　　　　　　　　　　　　　　　　　　　　　1分
④上司役は、自分と部下役シートから面談テーマを決めてください。
　　　　　　　　　　　　　　　　　　　　　　2分

⑤上司役は、テーマを部下役に告げて、面談を開始してください。
　　上司役は、選んだテーマの活性化を部下に納得して
　　　　　　　担当してもらえるように進めてみてください。
　　部下役は、上司が言われたら困るような言動を返してみましょう。
　　　　（あなたが部下から言われたら困る内容）
　　　　　　　　　　　　　　　　　　　　　　15分
⑥面談終了後、二人で良かった点、悪かった点を挙げ、
　　改善の方向性をまとめてください。　7分

事前準備が望ましい

上司＆部下の本音　2分30秒

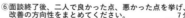

【図９-２】実施用スライド　①位置づけ、②意見交換方法

ただく。そして思い出した内容には、事実や結果があり、これに対して上位者側がすでに言いたいこと、伝えたいことをもっている。受け取る側としては、アドバイスすら注意のように聞こえる状態である。これに対して、今回は、両者で言いたいことをいい、結論を共に作り上げていく展開の面談スタイルになることを意識してスタートする。この時点での更なる効果的な進め方としては、講師から以下のような問い掛けを受講生に対して実施し、これに応えてもらうと良い。

・どんな面談が一番気を遣う？　やりたくない？　それはどうして？
・嫌だったけど、良い面談となったのは、どんなことが原因？

これに時間を掛けて行うことにより、受講者同士のアイスブレイクとなり、以下の仮想面談（演習）が活発になるメリットが生まれるので、本章を2回に分けて行う場合は、是非トライしてみて欲しい。

第6章その気にさせる会話術が、相手の言葉から受ける感情を考慮した言葉や言い回しの選定であるのに対して、この手法は人の志向タイプを考慮した論点へのアプローチになっている点も補足すると良いだろう。

次に「②意見交換方法」で、このコンテンツのメインプログラムである仮想安全活動面談の実施方法を説明する。通常の使用方法としては、スライドのアニメーションに従い説明

するだけで十分である。手順としては、以下となる。

①二人1組になって、上司役と部下役を決める　（1分）
②上司役、部下役のシートにそれぞれ記入する　（4分）
③部下役は作成したシートを上司役に提出する　（1分）
④上司役は、自分と部下役シートから面談テーマを決める　（2分）
⑤上司役は、テーマを部下役に告げて、面談を開始する　（15分）
⑥面談終了後、二人で良かった点、悪かった点を挙げ、改善の方向性をまとめる　（7分）

時間は、あくまでも推奨なので、重きをおきたければ長く、何回か行い実績ができれば、その感度で変更しても良い。また、①〜④を事前に書いておく、またはそれを事務局に提出し、事務局側でペアリングしておくのも効率的な進行方法である。大事なポイントは、以下である。

・上司役は、選んだテーマの活性化を部下に納得して担当してもらえるように進めること
・部下役は、上司が言われたら（あなたが部下から言われたら）困るような言動を返すこと

こうすることで、上司役、部下役共に自分が面倒で言い切って面談を打ち切ったシーンに対して、ヒントを得ることがで

きる。

（2）第2段階

段階として分けてはいるが、仮想安全活動面談の補足説明の位置づけと考えて良い。

「③上司＆部下＆テーマ」で上司役と部下役それぞれのシートの記載説明とそのシートを使った面談テーマ設定についての説明をスライド3枚で行う。ついで「④面談意見交換＆まとめ」で面談をスムーズに行うためのシートの説明を行う。

上司役及び部下役のシートは縦横2軸で4象限を表す形となっている。その2軸は、上司役シートの場合の横軸は、組織優先度の高低、すなわち、自分から見て自分たちの組織は、高：強化しなければならないか、低：十分できているか、と思うかとなっている。縦軸は、自分にその対応策があるか、すなわち、リードして進める自信が、高：あるか、低：ないか、になっている。これが部下役のシートでは、横軸が感情の高低、すなわち、高：好きか、低：嫌いかで、縦軸は能力の高低、すなわち、高い：できる、低い：できない、になっている。

今回は安全活動の例として以下の16活動を挙げた。①現場パトロール、②ＤＣＳパトロール、③申し送り、④運転・作業指示書、⑤マニュアル＆要領、⑥法令点検、⑦監査対応、⑧工事着工・立会・検収、⑨ＫＹ活動、⑩協力会社指導、⑪小集団活動、⑫工事計画書、⑬ヒヤリハット、⑭改善提案、⑮基礎技能教育、⑯トラブル対応・対策・水平展開。これら

③上司&部下&テーマ

上司役シート
下記の16アイテムについて、現状のあなたで下図の4象限に分類してください。
①現場パトロール　②DCSパトロール　③申し送り　④運転・作業指示書　⑤マニュアル&要領
⑥法令点検　⑦監査対応　⑧工事着工・立会・検収　⑨KY活動　⑩協力会社指導　⑪小集団活動
⑫工事計画書　⑬ヒヤリハット　⑭改善提案　⑮基礎技能教育　⑯トラブル対応・対策・水平展開

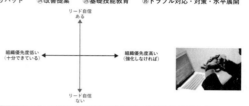

組織優先度低い（十分できている）　←→　組織優先度高い（強化しなければ）
リード自信ある／リード自信ない

部下役シート
下記の16アイテムについて、現状のあなたで下図の4象限に分類してください。
①現場パトロール　②DCSパトロール　③申し送り　④運転・作業指示書　⑤マニュアル&要領
⑥法令点検　⑦監査対応　⑧工事着工・立会・検収　⑨KY活動　⑩協力会社指導　⑪小集団活動
⑫工事計画書　⑬ヒヤリハット　⑭改善提案　⑮基礎技能教育　⑯トラブル対応・対策・水平展開

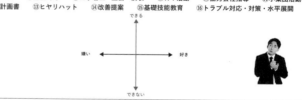

嫌い　←→　好き／できる／できない

面談テーマ決定シート

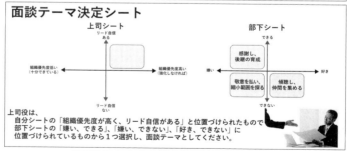

上司シート　部下シート
感謝し、後継の育成
敬意を払い、縮小範囲を探る　傾聴し、仲間を集める

上司役は、
自分シートの「組織優先度が高く、リード自信がある」と位置づけられたもので
部下シートの「好き、できる」、「嫌い、できない」、「好き、できない」に
位置づけられているものから1つ選択し、面談テーマとしてください。

面談テーマの位置づけ　4分30秒
【図9－3A】実施用スライド　③上司&部下&テーマ

の16活動の番号を、上司、部下がそれぞれのシートの4象限にマッピングしていくのである。今回の面談手法としてだけでなく、この両者のマッピング自体が非常に重要なデータあることに気づくはずである。それぞれの象限の意味合いを考えれば、自然と担当者の組み合わせ、上司が取り組んで効果が発揮できる活動、更に上司の上司、より上位の立場から見れば、どの上司をどの職場に登用すれば、企業全体として安全活動を活性化させる期待が持てるかの目安になる。今回は安全活動であったが、別の活動や業務をマッピングすることもできるので、簡単で有用な戦略ツールにもなり得る。

　上司役、部下役のシートから面談のテーマを上司役が選定していくわけだが、次の基準で選定することが自然と思われる。上司役は、自分シートの「組織優先度が高く、リード自信がある」と位置づけられたもので、部下役シートの「嫌い、できる」、「嫌い、できない」、「好き、できない」に位置づけられているものから1つ選択し、面談テーマとする。

　面談テーマが決まったら、「④面談意見交換＆まとめ」の段階になり、面談シートを使用して面談に取り掛かる。ここでのポイントは、まず、両者の言い分を聞いたうえで、活動活性化の到達目標を設定、これが納得できるモノとなるかである。このため、両者の言い分においては、部下に対して上司は、好き・嫌い・できる・できない　とは？を、上司に対して部下は、優先順位が高いのは？　強化したいと思うの

は？　どういったリードに自信がある？　を聞くようにすると到達目標の設定が納得できるモノになる。また、到達目標は、現状より高くなければ進歩がないが、その程度に気を配り、部下が習得できるかも効果がありそうと思えるレベルにお互いが相談しながら向かうことが重要である。ここまで進んだところで面談を通して、お互いに良かった点や悪かった点を記入すると面談そのものの改善につながる。まずはここまでしっかり実施してみることが最初の目標となる。

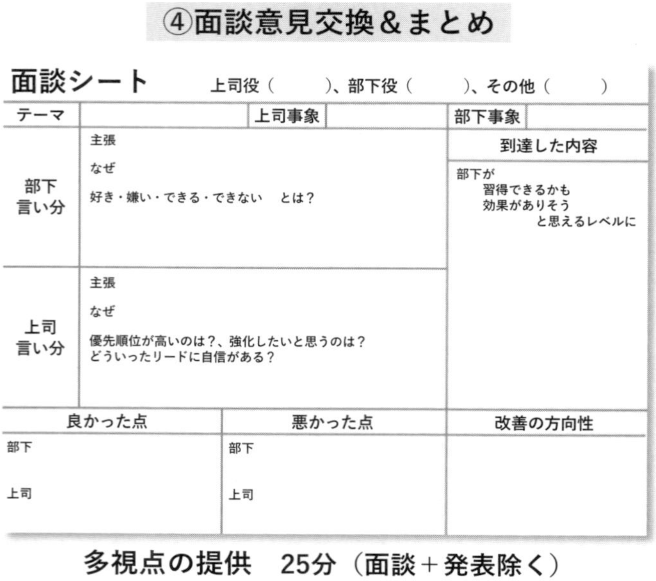

④面談意見交換＆まとめ

面談シート　　上司役（　　　）、部下役（　　　）、その他（　　　）

テーマ		上司事象	部下事象
部下言い分	主張 なぜ 好き・嫌い・できる・できない　とは？		到達した内容 部下が 　習得できるかも 　効果がありそう 　　　　と思えるレベルに
上司言い分	主張 なぜ 優先順位が高いのは？、強化したいと思うのは？ どういったリードに自信がある？		
良かった点		悪かった点	改善の方向性
部下 上司		部下 上司	

多視点の提供　25分（面談＋発表除く）
【図9－3B】実施用スライド　④面談意見交換＆まとめ

（3）第3段階

　第3段階としているが、第2段階までが少し、硬く、楽しさに欠けているので、楽しく、そして、面談の糸口となるツールを2つ紹介するパートを敢えて設けた。

　ある種、占い的な要素で人間特性を判別するモノで、最近の言葉で言えば「人間あるある」である。楽しみながらもコミュニケーションを円滑に行うためのヒントが多く含んでいるので、それぞれ、単独アイテムとして職場懇談会などのアイスブレイクとしても有用である。エマジェネティックスは、

⑤ツール紹介

相互理解のための面談ツール
多様性の対応（相互理解）するために職場懇談会等でやってみよう

エマジェネティックス

オランウータン　チンパンジー　ゴリラ　ボノボ

4タイプの受け入れやすさの違いを理解し、きっかけを掴む

アンガーマネージメント

熱血柴犬　白黒パンダ　俺様ライオン　頑固ヒツジ　慎重ウサギ　自由ネコ

6タイプの拒絶の違いを理解し、怒りを避ける

対話のきっかけ　5分

【図9-4】実施用スライド　⑤ツール紹介

簡単な２つの質問で、４つのタイプに分類できるツールで、他人とどういった関わりを持ち、どんなことに適性があり、それをどういう言われ方をされると力を発揮するかをタイプ別に言い当てているツールである。また、対象者のタイプが分かれば、話を通しやすくするアプローチが分かるツールである。もう１つのアンガーマネージメントは12の質問により、どんなことが許せない（どんなことに怒り、拒否する）タイプかが判明するツールである。対人関係において、「怒り」は最大のネックであるのでこれを避けなければ台無しになる。怒りを誘発させるＮＧワードが分かるツールである。

エマジェネティックス

実施用のスライド４枚で構成されている。

面談シートの良かった点と悪かった点、特に納得した過程等をこのタイプと照らし合わせてみれば、妙に納得性も出てくる。今回は、受講対象が上位者なので、特に部下のタイプによる働き掛けのポイントを自分のコミュニケーションの引き出しにすると良いだろう。きっと自分がやりにくく、できなかった働き掛けを見つけることができるのではないだろうか。

- こだわっている事への理解を示す　タイプ
- あなたにしかで最後にまとめる　タイプ
- 具体的にハッキリと事を伝える　タイプ
- すごい、一緒に、を最初につける　タイプ

の4タイプである。

アンガーマネージメント

これについてもエマジェネティックス同様に実施用のスライドを4枚で構成した。

アンガーマネージメントについては、もちろん、上司の引き出しとしても有用であるが、どちらかと言えば、上司から部下に提供し、部下自身が自分を見失う怒りの傾向を客観的に知るように活用する方がより効果的な使い方になると思われる。

・マナーや規則違反に怒りが湧く　タイプ
・優柔不断で適当は許せない　タイプ
・思い通りにならない事に怒り　タイプ
・自分のルールに反すると怒る　タイプ
・「ひがみ」や「ねたみ」が怒りに　タイプ
・自由に行動できないと怒る　タイプ

の6つのタイプである。

このように設問に答えてタイプを特定しなくでも、4タイプ、6タイプのどれに該当するかを自分で考えてみたり、他人に自分はどのタイプに当てはまるか聞いてみるのも良い。スモーラーリーダーシップの発揮やワークエンゲージメントの向上に対して、なかなか進展がない場合のアプローチ変換にも役立つと思われるので、活用してみて欲しい。そして、それぞれのタイプがどのような不安全行為の源になっている

⑥エマジェネティックス(1)

あなた、部下はどんなタイプなんだろう？

問1）あなた、部下は感情を表に
A：出す
B：出さない

問2）あなた、部下が大切にしている事は？
a：物事を追究し、成果を挙げる事
b：安定・安全を維持する事

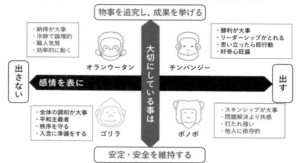

面談のタイプ

上位者（あなた）	部下（相手）	上位者（あなた）	部下（相手）
オランウータン	オランウータン / ゴリラ / チンパンジー / ボノボ	チンパンジー	オランウータン / ゴリラ / チンパンジー / ボノボ
ゴリラ	オランウータン / ゴリラ / チンパンジー / ボノボ	ボノボ	オランウータン / ゴリラ / チンパンジー / ボノボ

対話の方向性　8分

【図9－5A】実施用スライド　⑥エマジェネティックス(1)

⑥エマジェネティックス(2)
部下タイプによる働き掛けのポイント

こだわっている事への理解を示す オランウータン　　受ける	あなたにしか、で最後にまとめる 　　　　期待する　　チンパンジー
周囲からの声掛けを気にしないわけではありません。 的確な声掛けであれば、大いにやる気を出します。 褒めるポイントが分からなければ、 いっそのこと本人に「どこがポイントだったのか」を 聞いてみるのも有効です。 こだわっているポイントであれば、 喜んで教えてくれるでしょう。	ストレートに褒められることを好みます。 「その成果が挙がったのはあなたのおかげだ」と 認められることを、求めています。 仕事を頼むときには、 「あなたにしか頼めない」 「あなたならきっとすごい成果に結びつく」 ということを強調しましょう。

―――― 理屈 ――――　　　　　　　―――― 言葉 ――――

具体的にハッキリと事を伝える ゴリラ　　投げる	すごい、一緒に、を最初につける 　　　寄り添う　　ボノボ
求めているのはチームの調和。 何か成果が挙がったとしても、 それが自分の手柄のように盛り上げられることは 好みません。 本人だけでなく、 チーム全体を含めた評価をすることが重要です。 指示はできるだけ具体的にハッキリと示しましょう。 「自由にやっていいよ..」などの アバウトな指示は禁物です。	求めているのは「共感」です。 現実的に問題が解決するかどうかよりも、 「一緒にやってくれること」 「一緒に考えてくれること」が大切です。 声掛けをするときには 「すごい！」「良かったね」「うれしいね」と いった、感情に訴える言葉を使いましょう。

上司タイプによる抑えるポイント

相手レベルに合ったロジックに オランウータン　　試さない	相手がしゃべってからしゃべる 　　　我慢する　　チンパンジー
自分自身がしっかりと納得してからでないと ジャッジを行いません。 珍しさや奇抜さを前面に押し出した企画案では 説得することが困難です。 納得するようにロジックを組み立て、それを証明する ためのデータをしっかり集める必要があります。 プレゼン後に決裁を急かすようなことも厳禁です。	多少欠点があったとしても大きな可能性やビジョンを 熱く語ることで、良い評価を得ることが可能です。 企画のユニークさ、独創性を重視しますので、どこかで 聞いたような企画even "業界初の試み" といった フレーズを交えたプレゼンが効果的でしょう。 くどい説明にはマイナスになりますので、プレゼンは できるだけ簡潔に、要点のみにフォーカスして行うように しましょう。

―――― 理屈 ――――　　　　　　　―――― 言葉 ――――

質問攻めにならないように ゴリラ　　ヌケを許す	自分から脱線しない、目的キープ 　　　忘れない　　ボノボ
企画の現実性を判断の基準とします。 失敗した場合のリスク、 採択した場合の実行プランなど、 先の先までしっかりと考えられているか プレゼン後に細かく質問をしてくる可能性がある。 ユニークさをアピールするよりも 実現性の部分にスポットを当ててプレゼンすると いいでしょう。	相手が自分の意をきちんと汲んでいるかどうかを重視 します。 過去に本人が語っていた言葉を引用して、"以前〜と おっしゃっていましたので" というフレーズを用いる ことで、好印象を与えることが可能です。 普段からしっかりとコメントをメモしておくと 良いでしょう。 また、根回しが非常に効果的です。

対話の方向性　8分

【図9-5B】実施用スライド　⑥エマジェネティックス (2)

⑦アンガーマネージメント(1)

あなた、部下はどんなところで怒ってしまう？
コミュニケーションに余計な「怒り」を持ち込まないために

タイプ判定

次の足し算をして、一番高い点数となったところがあなたのタイプです。

足し算	最高点	タイプ	
No.1 + No.7 =		公明正大	正しさや自分の信念を大切にし、目標に突き進む人。マナーや規則違反に怒りが湧く。
No.2 + No.8 =		博学多才	向上心が強く、白黒はっきりさせる完全主義者。優柔不断で適当は許せない。
No.3 + No.9 =		威風堂々	自分に自信があり、プライドの高いリーダータイプ。思い通りにならない事に怒り。
No.4 + No.10 =		外柔内剛	温厚そうに見えるが、一度決めた事は譲れない頑固者。自分のルールに反すると怒る。
No.5 + No.11 =		用心賢固	慎重でじっくり考える事が好きで、テリトリー意識が強い人。「ひがみ」や「ねたみ」が怒りに。
No.6 + No.12 =		天真爛漫	好奇心旺盛で素直に主張し統率力のあるタイプ。自由に行動できないと怒る。

ＮＧワードの摘出　10分

【図9－6A】実施用スライド　⑦アンガーマネージメント(1)

⑦アンガーマネージメント(2)

自分・相手はどのタイプ？

以下の質問に答えてみよう！

全くそう思わない　　　　　　：1点
そう思わない　　　　　　　　：2点
どちらかというとそう思わない　：3点
どちらかというとそう思う　　　：4点
そう思う　　　　　　　　　　：5点
すごくそう思う　　　　　　　：6点

No	質問内容	点数
1	世の中には守るべきルールがあり、人はそれに従うべきだ。	
2	ものごとは納得いくまで突き詰めたいと思う。	
3	自分に自信があるほうだ。	
4	人の気持ちを間違って理解していたということがよくある。	
5	簡単には解決できないコンプレックスがある。	
6	リーダー的な役割が自分の性に合っていると思う。	
7	たとえ小さな不正でも見逃すべきではないと思う。	
8	好き嫌いがハッキリしている。	
9	自分はもっと評価されてもいいと思う。	
10	自分で決めたルールを大事にしている。	
11	人の言うことをそのまま素直に聞くのが苦手だ。	
12	言いたいことはハッキリ主張するべきだ。	

「怒り」への対応テクニック

たとえば、何らかの事故で電車が遅れると、〜を
イライラすることもあるでしょう。
しかし、これは自分で
コントロールできる問題ではありません。

3rd テクニック
自分でできる事に注力する

2nd テクニック
「〜するべき」の境界線を広げる

1st テクニック
イライラしたら6秒待つ

怒りを感じるときに感情面だけではなく、
自分の力でコントロールできない事柄に
怒りを感じても、無駄なエネルギーとなります。
このことをスムーズに理解できるようになれば、
怒る必要がない場面では怒らないということが
できるようになります。
怒りを覚えるものなのです。

NGワードの摘出　10分

【図9－6B】実施用スライド　⑦アンガーマネージメント(2)

かを意見交換の題材として、自分はどのような、相手はどのような不安全行為を起こしやすいを認識することで、自己研鑽や相互注意のポイントにつなげていくことが、より望ましい活用と言える。このような一般的な自己診断ツールは多くあるので、面白さと展開方法の仕方が思い浮かんだら、試行してみると良いだろう。

（4）第4段階

　最終段階として、第3段階のエマジェネティックスとアンガーマネージメントの実践活用を意識した。まずは、4タイプと6タイプの内、自分自身は？職場の中心的な人物は？どのタイプなのか表に記入してみる。そして、職場の改善のために関与する人物とその内容についても記入してみる。このように1枚のシートに併記することにより、取り掛かりや進め方が浮かびやすくなる。今までの自分の進め方には無い方向性が見えてくれば、突破口になるはずである。

　また、上司であれば、部下との信頼関係を築きたいし、この関係がなければ、何をやってもとの想いもあるであろう。信頼関係の作り方の方法論はさておき、結果的に仕事上の関係において信頼関係が構築されたケースを振り返ってみると、言葉よりも姿勢によるものが多いようである。言葉が上手くても姿勢が伴ってないこと（言っていることとやっていることが違う）が信頼できないきっかけになってきたことは、多くの人に思い当たることがあるのではないだろうか。なら

⑧面談テクニック

参考になった事（今後、取り入れたい事）

自分自身のタイプ	
エマジェネティックス	アンガーマネージメント

職場の中心的な人物のタイプ	
エマジェネティックス	アンガーマネージメント

職場の改善のため関与する人物とその内容

最後に

部下が上司に信頼を寄せるポイント（姿）

あがく　　　くやしい　　　がんばる

・ギリギリまでしようとあがいた姿
・できなかった結果に本気で悔しがる姿
・次の機会にはしようと努力する姿

面談は通常の業務と異なる部分も多い、こんな話もありではないだろうか？

具体的なヒントを掴む　4分

【図9-7】実施用スライド　⑧面談テクニック

ば、その裏返しが求めるモノとなるはずである。

・ギリギリまでしようとあがいた姿
・できなかった結果に本気で悔しがる姿
・次の機会にはしようと努力する姿

　時には、こんな姿を見せることも決して恥ずかしいことではないようである。面談の際に、自分のエピソードとして話してみるといいだろう。部下も上司が何でもできるとは思ってはいないので、成功例だけが尊敬や信頼につながるわけではなく、むしろ邪魔になることも多いように感じる。更に付け加えるならば、自分が間違ったときには、素直に謝ることができる上司は、信頼を得ていることが多い。

　これらに関するスライドは2枚で構成され、前頁に示した。

9-4　実演映像の紹介とその効果的な活用方法

　実演映像は、第7章スモーラーリーダーシップ、第8章ワークエンゲージメントと同様にMP4形式で、各スライドに対応する時間と容量は以下の通りである。

　　スライド「①位置づけ」　　　　　　2分33秒（104.0MB）
　　スライド「②意見交換方法」　　　　2分39秒（111.0MB）
　　スライド「③上司＆部下＆テーマ」　4分16秒（173.0MB）
　　スライド「④面談意見交換＆まとめ」2分49秒（121.0MB）

スライド「⑤ツール紹介」　　　　1分59秒（80.5MB）
スライド「⑥エマジェネティックス」　8分22秒（363.0MB）
スライド「⑦アンガーマネージメント」　9分23秒（350.0MB）
スライド「⑧面談テクニック」　　　3分43秒（179.0MB）

　以下に上位者育成面談手法の実演映像の抜粋カットを掲載した。第7章と同様の意味合いなので参考にして欲しい。

上司役は部下に納得してもらえるように
部下役は時には上司を困らせるように
進めてみてください

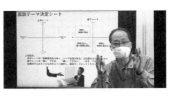

上司と部下のシートの位置づけから
話すテーマを選んでみよう
そして、話す方向性も考えておこう

お互いにシートについて話すこと、
質問することから部下が
習得できたかも、効果がありそうと
思える目標に辿り着いてみよう

4つのタイプ、6つのタイプから
話し方、捉え方、進め方の戦略を
事前に考えておこう

【図9－8】実演映像の抜粋カット

9−5 皆様の職場へ講師出前教育の紹介とその効果的な活用方法

　こういった面談関係の講座については、社員が講師を務め、進めることは、それぞれの過去からの人間関係もあり、なかなか難しい面も多いのではないだろうか。このため、社外講師を登用し、面談等のコミュニケーションスキルを学ぶケースが多い。しかし、これらの講師の多くは、コミュニケーションの専門家であるが、安全や化学装置、プラント作業に精通し、そこに起こる心情を体感しているわけではない。このため、受講した企業内でその企業の目的に合った展開に焼き直す必要がある。これは、当然のことであり、社外講師側もそこからは皆さんの仕事との認識である。一般的な話として、理解し、納得できたレベルと、これを企業内の目的に沿った例で理解を補った納得レベルでは、差が大きい。コミュニケーションの専門家の講義を受けた後に、「それはそうだけど、言うことは分かるのだけど、我々の場合は・・・・」といったような話をしてるのではないだろうか。

　化学工学会及び化学メーカーの講師は、化学プラントで働き、その安全や作業、そこに起こる心情について、経験し、対応してきたため、ある種の専門家であるとも言える。また、ノンテクニカルスキル教育自体が受講生同士、受講生と講師

の心情をテーマとしたコミュニケーション、キャッチアップを核として構成されているので、これに携わることでコミュニケーションの専門家とは言えないものの、その理論的な部分を参考にし、講義上で実践経験を積んできた。言い換えると安全や作業に関する議論が進むようなコミュニケーション手法を探してきた。こういった経緯から、本コンテンツを受講すると共に、講師と意見交換を行うことで、各企業で受講してきたコミュニケーション手法を活用する道が開けると期待できる。

　化学工学会の講師は、複数の企業出身者で構成されていることもさることながら、講演を通じて様々な安全活動や面談形式についての知識も身につけている。同様と思われる安全活動や面談形式の差からこれらの活性化に関する思わぬヒントを得る可能性も有している。意見交換の流れの中で、意図されていなくてもこれらを耳にできる可能性も高いので、出前教育を実施した際には、意見交換会をセットで計画すると良いであろう。講師にとっても間接的に有意義であり、共に成長できる機会と感じている。

9-6　コンテンツのあとがき

　このような手法を適応すれば、開発した自己診断ツールであるＫＫマップとＬＥマップも面談のツールとなり得る。前

者は危険感受性と危険敢行性、後者は、スモーラーリーダーシップとワークエンゲージメントのそれぞれ2軸で構成されている。30〜50問程度の設問に答える診断ツールであるが、設問項目で両者の答えが大きく異なる点について、話してみるのも良いだろう。こうすることで診断ツールからの安全文化の醸成にもなるであろう。

面談の最重要ポイントとしてコミュニケーション（信頼）を挙げる人が多い。だが、良好なコミュニケーション関係が築かれていないときに、相性の問題として、諦め片づけることも多い。

コミュニケーションについて考えてみると、話さない状態から話せる状態になれば、話が誤解なく伝わることを目指す。この過程において、言葉だけでは伝わらず、それがイライラや怒りとなり、話さない状態に戻っているのではないだろうか。これは確かに相性の問題であるかもしれない。

コミュニケーションを向上させるためには、言葉のみでは限界があり、時には図表、時にはホワイトボードといった視覚的な情報の的があれば格段に向上することが期待できる。が、意外にもその的を準備し、活用することは、ついつい言葉の便利さに負けて実施されてないケースをよく見る。ここの改善から始めるのが現実的だと思う。コミュニケーションスキルといって言葉で説明を繰り返しても、言葉で伝えるスキルをいくら磨いても、実際にはそのコミュニケーション関

係は上がらない点もこういったところにあるのではなかろうか。そればかりかかえって悪化することもあり、コミュニケーションを取らないことが最善策となってしまうところに言葉のみのコミュニケーションの限界があるように思える。

　意外なことに、要約メモを取るスキル、会議でホワイトボードにまとめながら進めるスキルを身につけることがコミュニケーション向上につながっているようである。会議中に進行役だけでなく、板書する人がいるとスムーズであったり、意見が活発化した経験は、多くの人が持っているのではないだろうか。言葉のスキルの重要性は否定するところではないが、これだけに頼るのではなく、こういった視覚に訴えるスキルの向上も忘れてはならないと考える。

　コンテンツとしては、期待に十分応えられていない面もあるとは思うが、面談へのアプローチ、特に情報の的を組み込むといった点が少しでも参考になればと願っている。

第10章

行動特性診断LEマップ（スモーラーリーダーシップ・ワークエンゲージメント）

10−1　開発の背景（行動特性診断の有効性）

　ノンテクニカルスキル向上のためのコンテンツの1つである行動特性診断は、自分の行動特性や仲間の行動特性をマップ上に見える化することで、自分の行動特性を理解し、仲間の行動特性を知り、その後の行動変容の動機づけやきっかけとするのに有効なコンテンツである。現在、化学工学会安全部会においては、KK（危険感受性・危険敢行性）マップ、新KKマップ、OO（思い込み・おっちょこちょい）マップ、IK（言い出す勇気・聞く力）マップ、注意力などの行動特性診断が用意されている。「自己を知れば事故は減る」で象徴されるように、自分の行動特性を理解すると、少なからず

その人の行動は変化する。例えば、おっちょこちょいな性格が強いと判定された人は、大抵少し気をつけるようになるし、言い出す勇気が少ないと判定された人は、大抵少し言い出そうとする。仲間同士においても同様である。仲間がおっちょこちょいな性格が強いと知れば、仲間の行動に少し気を配るようになり、声をかけるようになる。この小さな変化が行動特性診断のねらいであり、小さな変化を仲間との対話や関わり合いを通じて、確実な行動変容へとつなげていくことができる。そのような意味からも、自分と仲間の行動特性を見える化することが望ましい行動変容の第一歩と言える。今回は、行動特性診断シリーズの1つとして、スモーラーリーダーシップの度合いとワークエンゲージメントの度合いを2軸として診断できるLEマップを開発した。スモーラーリーダーシップとワークエンゲージメントは、他の行動特性とのつながりも深いため、他の行動特性診断と組み合わせて活用することも有効である。

10-2 開発のねらい（ノンテクニカルスキル2.0での位置づけ）

ノンテクニカルスキル2.0では、これまでの7つのノンテクニカルスキル（状況認識力／意思決定力／コミュニケーション力／チームワーク力／ストレスマネージメント力／リーダーシップ力／疲労への対処力）に2つの成功への要素

として、上位者のスモーラーリーダーシップの向上とメンバーのワークエンゲージメントの向上を掲げている。

　このスモーラーリーダーシップとワークエンゲージメントの2つのノンテクニカルスキルは、ノンテクニカルスキル自体の向上をトラブル・労災の撲滅という我々の成果に結びつける成功への要素として提案されたスキルである。これまでの7つのノンテクニカルスキル自体のスキルの向上に取り組んでいる事業所は多いと思う。しかしながら、長年取り組むが中々成果が出ないとか、結果が出ないとか、変化が出ないとかに悩んでいる事業所には、このスモーラーリーダーシップとワークエンゲージメントに着目してみると何かのヒントになるかもしれない。スモーラーリーダーシップが組織の中で日常的に発揮され、個人のワークエンゲージメント高い組織は、これまでの7つのノンテクニカルスキルが遺憾なく発揮され、トラブルや労災の少ないという成果に結びついているであろう。LEマップは、スモーラーリーダーシップとワークエンゲージメントの2つの度合いを見える化する。LEマップの結果によって、この要素が不足していることがわかれば、まず先にこの分野に取り組んでみるのもよいかもしれない。

10-3　スモーラーリーダーシップとワークエンゲージメントについて

　スモーラーリーダーシップとは、上位者と日々のメンバー

との関わり合いであり、具体的には、見せる、導く、褒める、認める、任せる、雰囲気作りなどの行動を意味する。我々の掲げるスモーラーリーダーシップは、上位者とメンバーとの関わり合いだけにとどまらない。例えば、1つのチームでの現場作業について考えると、その作業を経験したことがある人と経験したことない人においては、年齢に関係なく経験したことがある人がスモールリーダーである。スモーラーリーダーシップを発揮して、経験したことがない人を導き、作業を円滑にトラブル・労災ゼロで完遂する。また、その作業において潜在する危険やリスクに気がついている人と気がついていない人においては、年齢に関係なく気がついている人がスモールリーダーである。

メンバーのワークエンゲージメントとは、活力・熱意・没頭の3つが揃い、仕事に対してやりがいを感じ、充実している状態を意味する。活力とは仕事から活力を得て生き生きとしている状態であり、熱意とは仕事に誇りとやりがいを感じている状態であり、没頭とは仕事に熱心に取り組んでいる状態である。これまで、このような心理的な充実とトラブル・労災の撲滅とは全く別のものとしてのアプローチがなされてきた。ところが、このような心理的な充実が仕事の成否はもちろんのこと、我々の目指す事故・労災の撲滅という成果へも大きな影響を与えるようである。

10-4 LEマップ

10-4-1 全般

　行動特性診断は、自分の行動特性や仲間の行動特性をマップ上に見える化することで、自分の行動特性を理解し、仲間の行動特性を知り、その後の行動変容の動機づけとし、より適切なノンテクニカルスキルの向上によるトラブルの防止へとつなげるために有効なコンテンツであることはすでに前節にて述べた。LEマップは、スモーラーリーダーシップとワークエンゲージメントに焦点を当てた行動特性診断であり、それぞれの行動特性の度合いを2軸の4象限にて見える化し、診断する。上側に行くほど望ましいスモーラーリーダーシップの度合いが高まり、左側に行くほど望ましいワークエンゲージメントの度合いが高まる。マップは、行動特性を4つの分類に分けており左上に行くほど望ましいタイプであり、右下に行くほど改善が望まれるタイプとなる。

　診断者は、それぞれ28問、合計56問の設問に「はい」「いいえ」で回答し、模範回答と一致した数をカウントする。それぞれの数をLEマップへプロットし、診断者はプロットされた位置によって自分がどのような行動特性であるかを診断することができる。

行動特性診断は、ノンテクニカルスキル向上のための望ましい行動変容のきっかけであり、動機づけであるため、診断を受けてからの行動が重要である。診断だけで終わっていてはせっかく芽生えたわずかな意識や行動の変化もすぐに元に戻ってしまう。わずかな意識や行動の変化を大きな行動変容につなげるためには、診断後のアクションが必要である。例えば、診断結果を日頃一緒に仕事をする仲間と共有し、その

熱意ある関わり合い型	クールな関わり合い型
熱意ある自己完結型	クールな自己完結型

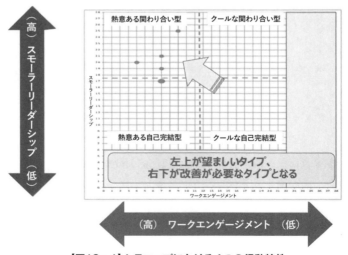

【図10−1】LEマップにおける4つの行動特性

結果について対話する場を持つようなことである。診断の結果によっては、仲間と共有したくないという場面もあるかもしれない。それは、それで構わない。強制するものではないため、共有できる範囲で共有し、ＬＥマップをテーマに対話し、意見を出し合う場を設けることそのものが大切である。もちろん、この対話の際にもよい対話を行おうと思えば、説明する能力や聞く・理解する能力やとりまとめる能力などのノンテクニカルスキルが皆さんに必要となる。逆に言うと対話すること自体がノンテクニカルスキル向上のための訓練の機会にもなる。他にも、個人で診断結果に基づく自己行動目標と行動計画を立て、それを仲間や上位者と共有するというアクションも有効である。自己行動目標と行動計画は定期的に振り返り、目標や計画を見直したり、成果を実感し達成感を得たり、失敗を反省したりすることで、確実な望ましい行動変容へとつなげることができる。

　行動特性診断を受けてからの望ましい姿は、一人ひとりが自らの行動特性を自覚して、日常業務において、行動特性を意識して行動する、班やチームの仲間の行動特性をお互いが理解し、コミュニケーションの向上につなげることとされており、診断後のアクションの重要性が理解できるであろう。

10-4-2　設問構造

　ＬＥマップの設問は、スモーラーリーダーシップ、ワーク

エンゲージメントそれぞれ28問の設問からなる。28問の設問は、第2章で述べたそれぞれのスキルの向上に必要な望ましい行動要素をもとに設定されている。スモーラーリーダーシップであれば、A：仲間の共感を引き出すあるべき姿と目標の設定、B：傾聴と共感のコミュニケーションによる動機づけ、C：職務遂行と成長を促すチームビルディングの3つの分野の14の行動要素についての設問であり、ワークエンゲージメントであれば、「組織へのコミットメント」や「自らが承認されることへの欲求」や「自らの裁量権の範囲」などの7つの行動要素についての設問となっている。それぞれの行動要素について、複数の設問が設定されており、いずれの設問にも「はい」「いいえ」にて答えることになる。以下の項に、スモーラーリーダーシップ、ワークエンゲージメントのそれぞれの設問及び設問に対する回答を示す。診断者は、それぞれの質問に「はい」「いいえ」で答え、自らの答えと回答が一致した数を使って診断する。

10-4-3　スモーラーリーダーシップの設問

1. 仲間と目指す、あるべき姿を常に考え、設定している方である
2. 仲間が目指す、目標を常に考え、設定していない方である
3. 過去に学び、先々を見据え、何をすべきかぶれずに仕

事をしている
4．メンバーが自分のこれからのキャリアを思い描けるようにコミュニケーションをしている
5．仲間が目指す、あるべき姿と目標を見える化し、分かり易く伝えることは苦手である
6．他部署の事故事例のように理解するのが難しいことでも、自分事として整理することができる
7．仲間のやる気を引き出すために、同意を得ながら対話をする方である
8．仕事の成果を挙げるためには、仲間の納得感が大切であると思う
9．日頃の対話の時は、どちらかというと一方的に話す方である
10．まわりの仲間が話している時に、割り込むことがしばしばある
11．どのような話でも、相手の話は我慢強く聞ける方である
12．仕事はできてもリーダーとしての包容力はない方であると思う
13．仕事の失敗で、落ち込んでいる仲間に声をかけることはためらいがあり、避けてしまう方である
14．話し合いの時には、意見の共有より共感の伝達に重点をおいている方である

15. 思いやりの言葉や気配りの気持ちと共に作業の指示を出すようにしている
16. 「ご苦労さん」など感謝の気持ちを表すのは恥ずかしいのでしない方である
17. 仲間と作業している際に、自ら気づいたことは人に伝える方である
18. 自らの仕事についても、先にメンバーから意見を求める方である
19. トラブルを防ぐためには、職場の仲間と一緒になって業務を遂行していくことが必要だと思う
20. 集まりが盛り上がっていない時に自ら盛り上げることはしないタイプである
21. 仲間が仕事で悩んでいることがないか？気を配る方である
22. 仲間の求める情報を予見し、提供しようとする方である
23. 職場の仲間が自分より成長することは、正直うれしいこととは思えない
24. 仕事を通じて、仲間と自分が共に成長していくことが大切だと思う
25. 成功の手柄は仲間に、失敗の責任は自分にと思うことができる
26. 仕事の上で苦労して成し遂げた成果は、仲間と共に喜

びたい
27. 解決すべき問題が生じた場合には、仲間とのスモールミーティングを開催する方である
28. 仲間が協力し合って、成長できる雰囲気をつくるのが下手である

【表10−1】スモーラーリーダーシップの回答

1	2	3	4	5	6	7	8	9	10	11	12	13	14	15
はい	はい	はい	はい	はい	はい	はい	はい	はい	はい	はい	はい	はい	はい	はい
いいえ	いいえ	いいえ	いいえ	いいえ	いいえ	いいえ	いいえ	いいえ	いいえ	いいえ	いいえ	いいえ	いいえ	いいえ

16	17	18	19	20	21	22	23	24	25	26	27	28	○の数
はい	はい	はい	はい	はい	はい	はい	はい	はい	はい	はい	はい	はい	
いいえ	いいえ	いいえ	いいえ	いいえ	いいえ	いいえ	いいえ	いいえ	いいえ	いいえ	いいえ	いいえ	

※一致した数（○の数）が点数となる

10-4-4　ワークエンゲージメントの設問

1. 会社の未来は明るいといつも思っている
2. 会社の目標に貢献しているといつも思っている
3. 所属する会社の存在意義や価値を感じ、大変気に入ってる
4. 仲間と直接接し、職場単位での安全意識の向上に寄与している

5. 自分は周りから評価され、頼りにされていると思うことがよくある
6. 何事においても、当事者意識は強い方である
7. 職場の仲間から気軽に話しかけられたり、相談を受けることはあまりない
8. 職場の仲間は、私のことをあまりサポートしてくれない
9. 仕事は自らのペースで、自らの進め方でやっていける方である
10. 仲間との仕事においては、自らが意思決定する機会はほとんどない
11. 自分は、仲間にやる気を起こさせる機会をしばしば提供している
12. 職場において、自分の意見やアイデアを展開できる機会はほとんどない
13. 私の職場では、一方的ではない双方向のコミュニケーションができている
14. 自らの能力向上のためとは言え、新しいことを学ぶことは避けてしまう方である
15. 完ぺきではない自分を認めることで心が柔軟になり、仲間に対しても寛容になれると思う
16. 困難な仕事は、自らを成長させると思う
17. 身振り・手振りを入れて、時には感情を豊かに会話を

することがよくある
18. 仲間に意見を伝えるときは、自分本位の伝え方ではなく、仲間にうまく伝わるように工夫している
19. 仲間とは、コミュニケーションを通じてお互いに自発的な信頼関係を築こうとしている
20. 自分の発言を仲間が期待していると感じる
21. 褒めるなどのポジティブフィードバックはしない方である
22. いい仕事をすれば認められることはわかっている
23. 失敗してもより大きな成功のためだと思える
24. 仕事でのストレスは溜めないようにコントロールするのが下手である
25. 自らの仕事には、専門性があり、興味を持って取り組

【表10-2】ワークエンゲージメントの回答

1	2	3	4	5	6	7	8	9	10	11	12	13	14	15
はい	はい	はい	はい	はい	はい	はい	はい	はい	はい	はい	はい	はい	はい	はい
いいえ	いいえ	いいえ	いいえ	いいえ	いいえ	いいえ	いいえ	いいえ	いいえ	いいえ	いいえ	いいえ	いいえ	いいえ

16	17	18	19	20	21	22	23	24	25	26	27	28	○の数	28引く○の数
はい	はい	はい	はい	はい	はい	はい	はい	はい	はい	はい	はい	はい		
いいえ	いいえ	いいえ	いいえ	いいえ	いいえ	いいえ	いいえ	いいえ	いいえ	いいえ	いいえ	いいえ		

※一致した数（○の数）を28から引いた数が点数となる

むことができている
26. 自らが仕事を行う職場は、心理的にも、衛生的にも良好であるとは言えない
27. 自らの仕事は自分に合っていると思えない
28. 何もかも差し置いて、仕事に没頭することがよくある

10−4−5 LEマップの4つの分類系

　LEマップにおいては、スモーラーリーダーシップの度合いとワークエンゲージメントの度合いの2軸によって、個人の行動特性を熱意ある関わり合い型・クールな関わり合い型・熱意ある自己完結型・クールな自己完結型の4つの分類系に分類している。それぞれのタイプについて述べる。

（1）個人における4つの分類系

　LEマップの個人における4つの分類系は、以下のタイプにて示される。

（左上）熱意ある関わり合い型：活力・熱意・没頭の度合いが高く、身近な仲間との関わり合いとおせっかいの行動ができるタイプ

（右上）クールな関わり合い型：活力・熱意・没頭の度合いが低いが、身近な仲間との関わり合いとおせっかいの行動はできるタイプ

（左下）熱意ある自己完結型：活力・熱意・没頭の度合いが高いが、身近な仲間との関わり合いとおせっかいの行動が

不得意で、閉じこもっているタイプ

(右下) クールな自己完結型：活力・熱意・没頭の度合いが低く、身近な仲間との関わり合いとおせっかいの行動が不得意で、閉じこもっているタイプ

熱意ある関わり合い型：活力・熱意・没頭の度合いが高く、身近な仲間との関わり合いとおせっかいの行動ができるタイプ	クールな関わり合い型：活力・熱意・没頭の度合いが低いが、身近な仲間との関わり合いとおせっかいの行動はできるタイプ
熱意ある自己完結型：活力・熱意・没頭の度合いが高いが、身近な仲間との関わり合いとおせっかいの行動が不得意で閉じこもっているタイプ	クールな自己完結型：活力・熱意・没頭の度合いが低く、身近な仲間との関わり合いとおせっかいの行動が不得意で閉じこもっているタイプ

【図10-2】LEマップ（個人における4つの分類系）

（2）組織の4つの分類系

LEマップの個人における4つの分類系に基づくそれぞれのタイプの人が多い組織は、以下に示すそれぞれの組織の4つの分類系としての傾向があると言える。

(左上) 熱意ある関わり合い型：このタイプの多い組織は、安全に関する組織文化・風土の醸成が進んでおり、活発な相互対話を通じて、トラブルが少ないことが予想される

(右上) **クールな関わり合い型**：このタイプの多い組織は、活発な相互対話はあるものの、仕事に対する熱意が不十分であり、成果に結びついていないことが予想される

(左下) **熱意ある自己完結型**：このタイプの多い組織は、仕事に対する熱意は十分であるものの、活発な相互対話がなされず、成果に結びついていないことが予想される

(右下) **クールな自己完結型**：このタイプの多い組織は、仕事に対する熱意が不十分であり、活発な相互対話もなされず、安全に関する組織文化・風土の醸成からは遠い

熱意ある関わり合い型：このタイプの多い組織は、安全に関する組織文化・風土の醸成が進んでおり、活発な相互対話を通じて、トラブルが少ないことが予想される	クールな関わり合い型：このタイプの多い組織は、活発な相互対話はあるものの、仕事に対する熱意が不十分であり、成果に結びついていないことが予想される
熱意ある自己完結型：このタイプの多い組織は、仕事に対する熱意は十分であるものの、活発な相互対話がなされず、成果に結びついていないことが予想される	クールな自己完結型：このタイプの多い組織は、仕事に対する熱意が不十分であり、活発な相互対話もなされず、安全に関する組織文化・風土の醸成からは遠い

【図10-3】LEマップ（組織の4つの分類系）

10-4-6　4つの分類系へのひとこと提言

　それぞれの分類系へは、その行動特性に応じたひとこと提言を示しておいた。行動特性診断は、評価ではない。個人の行動特性を望ましいタイプと共に4つの分類系に診断はするが、一番大切なことは自分の行動特性を認識した上で、意識して日々の業務や生活に臨むことである。意識しながら行動することで、ヒューマンエラーに結びつく可能性は大きく減るはずである。意識する際に、このひとこと提言を参考にしていただきたい。

(左上) 熱意ある関わり合い型：「ほっとけないなあ・おせっかいをしよう」と思っている。

　仕事に対する熱意もあり、よい関わり合いも維持できています。自分の特性を活かして作業してください。加えて、周りの人たちとのコミュニケーションにも気を配ってみてください。実際の行動で特性が活かせているかを振り返ってみることも大切です。

(右上) クールな関わり合い型：「見て見ぬふりをしよう・言われたことは断れないなあ」と思っている。

　関わり合いはできても、熱意に欠け、責任感が弱く、ためになるコミュニケーションが取れているかは疑問です。冷静になって振り返ってみてください。業務への熱意をもつには、興味をもつこと、小さな改善の積み重ね、相互コミュ

ニケーションなどが行動変容のきっかけになります。

(左下) 熱意ある自己完結型：「解ったつもりだったが・解ってもらえたつもりだったが」と思っている。

　老若男女問わず、熱意はあっても関わりあいが弱いことで、コミュニケーション不全をもたらしていることがしばしばです。冷静になって振り返ってみてください。関わり合いを深めるには、意識して話す・聞くという姿勢が必要です。

(右下) クールな自己完結型：「まあいいや・面倒になることは避けよう」と思っている。

　業務がうまくいかなかったときに、状況や自己改善をしないで、そのままにしておく傾向があります。急がば回れという言葉の通り、まずは知らないことや不確実なことは先輩・同僚に聞いてよく理解してから行動すると共に、日頃の生活でも小さな改善をする心掛けが業務への熱意につながります。

10−4−7　活用法と期待される効果（行動ガイドライン）

　行動特性診断のＬＥマップは、自分や仲間の行動特性を見える化する。見える化するだけでも、本人の意識の変化を促し、行動には小さな変化が現れ始める。しかしながら、そこで留まっていてはそれ以上の変化は望めず、効果も限定的である。小さな変化を更に加速し、大きな変化につなげるため

に以下のような主体的な行動をとることを勧めている。

　1．仕事をする仲間で、LEマップの結果や日頃の行動を題材に自由に議論する時間を設けること。ただし、結果を共有したくない個人がいれば、その結果の共有を強制する必要はない、あくまでも共有できる範囲内で構わない。強制した瞬間に、その個人のノンテクニカルスキルの向上への意識は鈍っていくであろう。

　2．議論した仲間の意見も含めて、一人ひとりがスモーラーリーダーシップとワークエンゲージメントに関する行動目標を設定すること。ただし、行動目標は大きなものである必要はない。極身近な継続して実行できる目標の方がむしろよいが、あまりにも容易な目標はその効果も少ない。少し努力すれば達成可能な目標や自分の弱みの克服を意識した目標であることが望ましい。

　3．半年くらいを目安に自らが立てた行動目標に対する振り返りについて、仲間と議論してみること。お互いの行動目標に対する達成の度合いを自分の評価だけでなく、仲間からの評価と合わせて、振り返ってみることが大切である。行動目標の達成は、行動変容の結果である。達成できているようであれば、次のステップの行動目標を立て、達成できていないようであれば、その原因について仲間のサポートも受けながら考えてみるような繰り返しの継続が大切である。そのような仲間のサポートは、まさにスモーラーリーダーシップを

発揮するべき機会であり、個人の行動変容が仲間から認められ実感できると、達成感が高まり、ワークエンゲージメントの向上にもつながる。LEマップを起点としたスモーラーリーダーシップとワークエンゲージメントの向上の始まりとなる。LEマップでは、そのような個人の行動目標の設定や仲間との議論に役立つように、行動ガイドラインを準備している。行動ガイドラインでは、スモーラーリーダーシップとワークエンゲージメントのそれぞれの設問に対応して、望ましい姿や行動の例を示しており、その設問の内容が達成できていない場合の原因を考える際の参考になると共に、行動目標を立てる際のヒントになるであろう。

（1）スモーラーリーダーシップの行動ガイドライン

スモーラーリーダーシップにおけるそれぞれの設問に対応した行動ガイドラインを示す。

A．仲間の共感を引き出すあるべき姿と目標の設定：あるべき姿、先見力、概念化、説得

・仲間と目指す身近な目標を設定する。目標は容易に達成できるものでも、とても達成できそうにないものでもなく、頑張れば達成できる程度のものが良い。

・先見力を向上させるためには、情報に触れることを習慣化する、多角的な視点で考える、仮説を立てる、ネットワークを広げる、過去から学び、経験を積むことなどが大切である。

- 概念化力を向上させるためには、概念化の練習をする、構造化されたアプローチを使う、多角的な視点を持つ、アウトプットする、経験を積むことなどが大切である。
- 説得力を向上させるためには、聴衆に合わせたコミュニケーションをする、論理的な構成をする、感情を表現する、エビデンスを提示する、練習することなどが大切である。

B．傾聴と共感のコミュニケーションによる動機づけ：双方向対話、傾聴、共感、癒し、気づき

- 双方向対話を向上させるためには、相手の意見を尊重する、聴く力を養う、質問をする、フィードバックを与える、アイコンタクトを保つことなどが大切である。
- 傾聴力を向上させるためには、目的意識を持って聴く、焦点を合わせて聴く、良好なコミュニケーションを築く、ノンバーバルコミュニケーションを意識する、聞き返しをすることなどが大切である。
- 共感力を向上させるためには、相手の立場に立って考える、非言語コミュニケーションを重視する、聴く力を養う、自分の経験を共有する、練習することなどが大切である。
- 相手を癒す力を向上させるためには、聴く力を養う、優しさや思いやりを示す、自分自身の感情をコントロールする、癒しの手段を提供する、練習することなどが大切である。
- 気づく力を向上させるためには、マインドフルネスを実践する、観察力を養う、自己分析をする、新しいことに挑戦

する、継続的な学習をすることなどが大切である。

C．職務遂行と成長を促すチームビルディング：チームビルディング、業務遂行への関与、成長への関与、奉仕、コミュニティー作り

・チームビルディングを向上させるためには、目標を共有する、コミュニケーションを促進する、役割分担を明確化する、フィードバックを与える、チームビルディング活動を実施することなどが大切である。

・相手の業務遂行への関与を促進するためには、相手の意見を聞く、共通の目的を設定する、相手のスキルや知識を活かす、共同作業を行う、フィードバックを与えることなどが大切である。

・相手の成長への関与を促進するためには、フィードバックを行う、目標を共有する、指導やアドバイスを行う、成長機会を提供する、モチベーションを維持することなどが大切である。

・奉仕力を向上させるためには、ボランティア活動に参加する、目的意識を持つ、継続的な取り組みをする、自己啓発を行う、周りの人々に感謝することなどが大切である。

・コミュニティー作りを促進するためには、コミュニティーの目的を明確にする、コミュニケーションを促進する、イベントを開催する、メンバー同士のつながりを促進する、オンラインでの交流を活用することなどが大切である。

（2）ワークエンゲージメントの行動ガイドライン

ワークエンゲージメントにおけるそれぞれの設問に対応した行動ガイドラインを示す。

- **組織へのコミットメント**：組織へのコミットメントを促進するためには、組織のビジョンを共有する、チームビルディングを行う、フィードバックを行う、社員の成長をサポートする、社員の声に耳を傾けることなどが大切である。
- **自らが承認されることへの欲求**：自らが承認されることへの欲求を満たすためには、自己肯定感を高める、目標を設定し、達成する、自分自身の強みを活かす、批判的な自己評価を避ける、自分自身を受け入れることなどが大切である。
- **自らの裁量権の範囲**：自らの裁量権の範囲を拡大させるためには、リーダーシップを発揮する、責任を取る、問題解決能力を高める、コミュニケーション能力を高める、組織の目的を理解することなどが大切である。
- **自らが成長する機会**：自らが成長する機会を促進させるためには、目標を設定する、スキルアップを目指す、新しいことに挑戦する、フィードバックを受け取る、ネットワークを広げることなどが大切である。
- **自らを表現する機会**：自らを表現する機会を促進させるためには、コミュニケーションを活発にする、アウトプットを増やす、自分自身のスタイルを確立する、情報収集を積

極的にする、自分自身を信じることなどが大切である。
- **仕事に対する自己効力感**：自己効力感を満足させるためには、目標を設定する、スキルアップを目指す、成果を出す、自己評価を行う、ポジティブな思考を持つことなどが大切である。
- **仕事自体の内容**：仕事自体の内容に興味を持つためには、目的意識を持つ、業界のトレンドを把握する、自分自身のスキルアップにつながる仕事を選ぶ、メリットや魅力を見出す、意見を述べることなどが大切である。

10−5　まとめ

　ＬＥマップは、個人のスモーラーリーダーシップ度合いとワークエンゲージメント度合いを示す行動特性診断である。行動特性診断は、自分や仲間の行動特性を見える化するツールであり、現状認識のできるツールである。ノンテクニカルスキル向上への活動のスタートは現状認識から行うのがよい。中でも、ＬＥマップのような心理的な充実度合いを見える化することは、他の行動特性診断の中でも、優先して実施されることが望まれる。それはこの心理的な充実がこれからの活動のベースとなり、様々な活動の動機づけに大きな影響を与えるからである。

　職場改善のまず第一歩として、ＬＥマップの実施による対

話の活性化あたりから始めてみることをお勧めする。

第11章

意思決定力の自己評価

11-1　意思決定のフロー

　ハーバート・A・サイモン（1916～2001）は組織論の巨匠であり、1978年には、組織における意思決定プロセスの研究でノーベル経済学賞を受賞した。彼は意思決定の手順を「問題を認識する」➡「解決案を作成する」➡「選択をする」と定義した。この中で「問題を認識する」はノンテクニカルスキルの状況認識であり、「解決案を作成する」➡「選択をする」手順がこの章の記述対象になる**意思決定**である。

　この意思決定フローの第1段階は「状況を判断する」で何が問題になっているか判断することである。これは『産業現場のノンテクニカルスキルを学ぶ』（化学工業日報, 2017）

の第2章状況認識で述べた状況認識の第3段階で実施される未来予測からつながってきている。状況認識とコミュニケーションがうまく連動してその当事者が正しい意思決定ができると言える。

意思決定の次の段階は「意思決定を行う」で今から何を実施するのかを決める。

サイモンの「解決案を作成する」➡「選択をする」が該当する。

航空機のパイロットにおけるトラブルは第1段階の状況を正しく認識したが、意思決定がうまくいかなかったよりは状況を正しく認識できずに誤った状況認識に基づき意思決定を誤ったトラブルが多い。産業界におけるトラブルも何が起こっているかよく把握できないまま、あるいは第1情報を鵜呑みにして今までの経験で築き上げてきたメンタルモデルで判断してしまってトラブルを発生させていることが多い。

| 問題を認識する | ➡ | 状況を判断する | ➡ | 意思決定する |

【図11−1】状況認識から意思決定までのフロー

状況認識とコミュニケーションが正しく機能しないと、その次に来る意思決定で正しい方向に挽回することは難しい。間違った状況認識の状態でそれを反転させる意思決定をすることで正しい方向に変える確率は非常に小さい。間違った状況認識をしてしまっても、コミュニケーションの段階で個人

あるいは組織が気づけば意思決定の誤りから救われる。そして事故を防げる。これにはコミュニケーションの力を鍛えておくことが土台となる。その逆のケースは、状況認識とコミュニケーションが正しく機能している場合で、その次に来る意思決定はほぼ成功する。但し次節以降の11－3節の意思決定には自己認識が大事や11－4節の意思力の枯渇で述べる落とし穴に捕まると、せっかく順調に状況認識からコミュニケーションまでたどり着いたのに、災害の悪魔に肩をたたかれることになる。災害の悪魔は用心深くない人のそばにいつもいる[1]。

11-2　意思決定の4要素

サイモンの意思決定のフロー「問題を認識する」➡「解決案を作成する」➡「選択をする」に関わる要素は意思、知識、

【図11-2】意思決定の4要素

情報、思考である。

① 意思

問題発見するのに一番大事な要素である。問題が発生しているかどうかを感じる意思がないと発見されずに問題は通り過ぎていく。重要な兆候を含むプラント情報も見えない。改善意欲の高い人は要求水準とのギャップを問題と感じ、その問題を解決しようと思う。正常状態からの少しの逸脱でも大きく進展するかもと感じる力でもある。

② 知識

意思決定に係る情報とその法則などであり、意思決定のために必要な情報、例えば過去の事故記録や物質情報、個人が持っている経験則や知恵も知識に該当する。

③ 情報

問題だと思ったときにその問題についての情報あるいは問題解決のための情報を集めることで、過去に同じようなことが起こったときの記録やその問題が発生したプラントの各計器のトレンド記録を探す作業がこれに該当する。そのことはあの人に尋ねるとよい場合は広い人脈が役に立つ。

④ 思考

収集した情報から事実や推測からの意見交換をしてどのように解決をしていくか策を考える。例えばその問題が発生したプラントの各計器のトレンドを印刷して情報を入手したら正常時と比べてみて、異常値がないか比べてみてその逸脱原

因について考える。解決に導く多くの案を作成し、その中から最良と思われる案を選択する。入手できない情報があって、論理的に思考が進まない場合でも状況によっては経験や知恵に基づく直観もありうる。これは合理的に意思決定をすることと矛盾はしていない。後で考えると情報収集にもたもたしていたが、最初の段階で直観的にたぶんこうなるだろうと推測した方向に状況が変化したことがある経験を持っている人も多いと思う。

　意思決定には入らないが、行動もその後の意思決定フローのＰＤＣＡサイクルに入り込む。行動は思考の作業で選択した計画を実施することで、製造行為、開発行為などの具体的な作業を伴う。実際は意思決定において選択した結果の検証行為でもある。行動を実施する段階で問題認識や再思考作業への新たな視点ももたらされることがある。実行中の感触で方向修正する場合がある。ここがＰＤＣＡのＣＡである。

11−3　意思決定には自己認識が基礎

　自己コントロールの始まりは「自己を知る」ことからである。自分がどのような行動特性をもっているか把握できると行動・言動に抑制が働くようになる。

　そのため11−6節で述べる意思決定力の自己評価ができるように簡単な設問に答えて「自己を知る」ことができるよ

うにした。自分がどのような意思決定をする傾向にある人間なのか知るということである。意思力の分類で示す①計画遂行、②我慢統制、③動機づけ、④スタイルや理論において、自分の行動や思考のくせや習慣を知っておくことである。

目先にくらむ「現状バイアス」の傾向の高い人は改革の旗手になるのは難しい。発生してくる問題に対応するには迅速で重宝がられるが、意思決定は従来型になってしまう。

行動・言動や思考面の気付き・抑制から、「自己を知れば事故が減る」ということが実現できてくる。結果として意思決定した後の作業でトラブルが減っているので、意思決定にも気付き・抑制が反映されたのだと思う。

人間は自分が今からやろうとしていることを認識して、更にそれを行う理由も理解する能力をもっている。個人差があるが、行動を起こす前に自分が何をしようとするか予測できるので、よく考えてから行動することができる。

逆のことも起こる。行動を起こす前に冷静に考えずに見た目がすべてだと思い込み、行動してから、しまったと思うこともある。

自己コントロールする上で大切なのは自己認識において自分で自分の感情や行動を認識することが次の意思決定の土台になる。自己コントロールの基盤あるいは

① 自己認識
② セルフケア

③ 自分にとって最も大事なことを忘れない。

自分が何を信じ、何にしたがって行動するかである。意思決定の基礎構成図を**図11-3**に示す。

正しい自己コントロールに基づいた意思決定であればよいが、そうでないとエネルギーを使わない安易な選択肢、例えば「つい簡単な方を選ぶ」、「いつもと同じように・・・」あるいは「面倒なことはしない」を実施してしまう。

我々はほとんどの選択を無意識に行っている。多くの労災もそのような過程を経て発生したと思う。

過ちを犯さないようにするためには行動の影響を予測する必要がある。無意識に行動してしまう傾向の強い人に自己認識の重要性をわかってもらうのが大事である。衝動的な選択をしている人にはその衝動的だった選択を、そのときに振り返ってもらい、なぜそうしたのか定期的に考えてもらうと自己認識の出発点になる。そして衝動的な行為をしてしまった後で、振り返りを繰り返せばいつもの行動パターンである衝

【図11-3】意思決定の基礎構成図

動性から脱却できる。この活動を3年間意識的に継続すればものになる（そのような人間に変わる）。今までの習慣的な思考パターンやくせのような行動をなくすことができる。自分で自律的にできる人もいればメンター（良き助言者）の助けが必要な人もいる。

本来の自分から離れていっている自分に気づかせ、最初の出だしを自分でできなくても、他者の力を借りて修正できる。自分でも修正できる。

11-4　小さなことから意思力を鍛える

意思力は限られた資源である。いつもいつもフルパワーで意思決定をすることができない。意思力を使えば消耗していく。仕事の終わりがけや緊張した仕事をした後はかなり意思力を使っている。朝が一番誘惑に負けにくいのはまだ意思力の在庫がたくさんあるからで、一日の仕事が終わりに近づく夕方になると自制心を要する作業でそれがうまくいかなくなった割合が多い。意思力の在庫が少なくなり、在庫を減らしたくないと本能的に頭がエネルギーを使わない作業をしていく。

心理学ではこれを意思力の消耗・枯渇と呼んでいる。意思力は鍛えねばならないと心理学者のバウマイスターは言っている。ルーティンジョブ的な意思決定は意思力の在庫が少な

くなってもパターン化しているので、午後に実施するとよい。大きな決断や企画など間違えてはいけないプレッシャーの高い案件は午前に決断するのがいいのかもしれない[2]。

トルコ・ジルベ大学のゲイリオット教授は血糖値が低下への方向で低くなっていくときには固定観念にとらわれやすいし、他人を助けることがあまりないという研究成果を発表している。朝食を抜いたらいけない、朝の栄養補給なしで会社へ行き仕事をするのは、昼食を取るまで更に血糖値が低下する。脳の中で最もエネルギーを使うのは自己コントロールを司る領域で、意思決定をするときに血糖値が低下中だったら、脳はエネルギー消費を抑制する最初の対象をこの自己コントロール領域を指定してくる。そして、自己コントロールの脳細胞内でブドウ糖の酸化を節約し意思決定が安易になり不完全になる。

ノンテクニカルスキルのカテゴリーには状況認識、コミュニケーション、意思決定、リーダーシップ、チームワーク、疲労管理、ストレス管理の7項目があり、本書では疲労管理及びストレス管理は記述していないが、作業の終盤に疲れて集中力が低下しているときや緊急時など過度のストレス下では通常時ではうまく働く状況認識、コミュニケーション、意思決定、リーダーシップ、チームワークが働かないことがあることを覚えておく必要がある。

実際午前11時から12時の間及び残業になった時間帯の労

災が多いのはこれ以上の血糖値低下抑制の結果、注意力や集中力を要する作業において脳が自己コントロールにエネルギーを消費させず、自己コントロールを効かせなくさせているからだと言える。空腹になってくると考えるのにエネルギーを使うのを避けるので、（より考えない方向に行く）「面倒でない作業」あるいは「より直感的な行動」あるいは「衝動的な行動や判断」をしていく。性格的な面では空腹時怒りやすくなる。

　この人間の特性を知って、部下の意思決定が誤らないように作業指示をする必要がある。更に、自分の作業指示も間違えないように気をつける必要がある。

　自己コントロールの力を鍛えるには、いきなり大きく自己コントロールの力を向上させる目標を作らず、最初は小さな目標を目指してすぐできるようなことを継続して、その継続実施による小さな満足を自分で得て、小さな自己コントロールの力をつけていく。

　そして段々難しいことやハードルの高いことを目標にして自己コントロール力を向上させ、その行動を継続していく。

　例えば自問自答力向上という大きな行動目標を定着できていない自分がいれば、いきなりまだできていない自問自答力向上を習慣化させようと思わず、あまり強く意識しなくてもできそうだと思う。「作業前に一呼吸置く」あるいは「朝の安全体操に参加する」などを設定するとよい。周りの人たち

がこれらの活動を実施しているので、その雰囲気の中で自分も同じ目標を作るとその活動目標は着手しやすい。小さな活動目標から着手する。

　人間は良くないことでも良いことでも、それをやっている仲間をまねしようとすることがある。これを目標感染と呼んでいるが、リーダー格の口癖や髪型がまねされるのはこの例である。組織的な要因がなかなか除去できないのはすでに「まね」が広まっているからである。世代伝承性も影響する。

　個人の意思決定力が磨かれた後は、組織の意思決定力の向上が課題となるが、良いことを模倣されるような上司がいて、上記のように小さなことから意思力を鍛えてきた個人の集団では、数年もすればその集団の意思決定力は個人の意思決定を相互補完する揺るぎなく強いものになるだろう。

　意思決定力を鍛えようとしていても、ルーティン的意思決定のわなが存在するのは、長年定型的な作業の割合が多い組織（職場）であると思われる。そこでは作業の標準化、構造化、コミュニケーションの単純化、興味の内向化が進み、意思決定においても省エネ化という悪影響がもたらされるときがある。これは長年の安定と変化の少なさで、（良い面もあるが）個人レベルにおいて内向化が新しいことに取り込む意欲が少なくなったりして現状肯定の姿勢となってくる。こういう場面でノンテクニカルスキル教育の意義をリーダーが唱え、実行の旗振りをするには労力がかかる。他にも多忙な部署長と

しての業務があり、自分の部署長としての期間でやらなくてもいいだろう。先代もやらなかったのだからと自己弁護すると改革は進まないだろう。特に部署長の交代が少ない中小規模事業所ではこのようなことに陥らないように自覚する必要がある。

前述のように長年定型的な作業の割合が多い職場では意思決定を省略しやすいが、どの組織も暗黙の内に意思決定の進め方について自分たちの習慣や癖が発生している。どのような傾向か？

①思考手順を考えるより課題の内容についての知識や見解を出し合う。
②目的や目標について意見交換するより代替案の良否を比較しやすい。
③問題の発見や情報の認識に相違があっても事実認識の相違を確認しあうより見解の相違と決めつけがちである。
④声が大きい人の意見がよくとおる。

身につまされた人も多いと思う。

11-5 意思決定の落とし穴注意

人は意見を言ったら、その後もそれに従って終始一貫した行動をとるか？とは限らない。

朝の危険予知ミーティングで良いこと・模範になるような

ことを言って、やった気分になって、それとは違うきまりを守らない悪いことをやっても構わないと思ってしまう。あるいは危険予知ミーティングで保護具をつけようと労災防止のことを考えて、した気分になってしまい、実際は保護具を着用しなかったことがおきる。

ノンテクニカルスキル教育の4時間講座を受講して最初の目標である5カテゴリーや3科目構成のプログラムを理解して十分満足してしまい、当面の目標である事業所でノンテクニカルスキル教育を始める次のステップにいかないことがある。

「思い込み防止のために自分で決めた行動目標はどのくらい進歩しましたか？」と自問自答するかメンターが尋ねて、「向上した」とか「△が○に変わった」という返事がくると、進歩したので更にがんばろうと期待したいが、手を抜いてしまうことがある。手抜きが起こらないそれより良い質問は、「思い込み防止のために今どのような努力をしていますか？」、「ノンテクニカルスキル教育の実施に向けて今どのような心構えですか？」とか「なぜその誘惑に負けなかったのか？」と尋ねることである。なぜで聞かれると自制心が向上する。達成したことを尋ねるのでなく、努力する姿勢や心構えを維持させる質問がよい。

常に頑張って指差し呼称ができないのはなぜだろうか？昨日指差し呼称をよくやったから今日はまあいいだろうと考えているからである。

あとで挽回できると思ってしまうと今日もやらない。そして明日が来ると次の日はもっとできると思い先送りする。良いことや正しいことを自己コントロールで自分に強いるともう一人の自分が反発し、その行動・言動をやらせないことが起こる。それは相反する感情の存在である。

意思決定を間違えるケースは落ちこんでいるときやストレスを感じているときに脳はとりわけ誘惑に負けやすくなる。

面倒な保護具をしないでポンプを切り替える作業や変更管理規定できまっているがこのくらいの変更工事は部署長に連絡しなくていいだろうと考える誘惑も魅力的に感じる。

そして不祥事や労働災害や石油コンビナート等災害防止法（石災法）の異常現象が発生する。不祥事は起こり始めたときに継続できないようにしないといけない。次の世代は「現状バイアス」が働き、「長年やっているから」の考えで慣習的に継続し続ける。経営層が指示したことであればなおさら経営層は黙認する。そして20年経って大きな不祥事となり社会的信頼をなくすことになる。この事例はよく見かける。

部署単位で再発防止ミーティングで部署長はこう言うといいのかもしれない。

仲間がやっていることを自分もやった方が賢明だと思わせる。自分だけ変わる必要があるのかと思わせない。自制心をもって行動するのはみんなが当たり前にやっていることと思わせる。

11-6　意思決定の自己評価

　意思力が自己評価できるように設問を考案し、2021年11月に開催された第2回体験教室の意見交換会で参加者44名が体験した。

　まず意思力を構成する要素を**表11-1**のように分類し、設問を22問考案した。以前より意思力の自己評価ができるようにしたいと思っており、前日の2回目の新型コロナワクチン接種による副作用の倦怠感が治まり、何も考えなかった時間が長く続いた影響なのか頭がデドックスされたような状態となり、22問を一気に考案した。考案したその日は2021年7月23日で東京オリンピックの開会式であった。

【表11-1】意思力の分類要素

計画遂行	我慢統制	動機づけ	スタイルや理論

　設問は**表11-2**の通り。

【表11−2】意思力の自己評価設問

1	他の人と比べると忍耐強い方である
2	年初の決意や計画はやり遂げる方である
3	スーパーマーケットに買い物に行って、衝動的に買うことがある
4	4歳の時を想定し、おやつを15分待つことができ2個のおやつを得ることができる
5	毎日7,000歩歩くと決めたら、実行できる
6	自分はオリンピックの選手のような過酷なトレーニングはできる
7	もうこれくらいでいいかと思うことは少ない
8	自分らしくという意思決定スタイルが他人と比べてある方である
9	自分を厳しく律することができる
10	三日坊主と言われたことがある(あるいはあると思う)
11	ストレス下でも冷静に判断できる
12	地味な作業も粘り強く継続できる
13	自分に自分を動機づけできる
14	1日のスケジュールに自分なりのルールやルーティンを組み込んでいる
15	大きなゴールを目指す前に小さな到達可能な目標を設定する
16	平行作業中に簡単な作業の方で注意力が途切れたことがない
17	いくつもの仕事がある時でも優先順位を作って着手する
18	意思力は消耗するもので、夕方ごろは弱まっていると思う
19	困難時でもしなやかな適応ができる方である
20	意思力は生まれつきのものだが鍛えたら向上すると思う
21	禁煙かダイエットを達成したことがある
22	自分にも努力は報われると思う

第2回体験教室の意見交換会の案内

実施日：2021年11月10日(水)14時〜16時20分

開催方法：Webによるオンライン配信(Microsoft Teams)

内容：
1. 各社のノンテクニカルスキル教育の実績と課題（30分）
　　1）宇部物流サービス㈱　古川氏
　　2）中部電力パワーグリッド㈱　藤尾氏
2．行動特性評価の比較（20分）
　　危険感受性・危険敢行性（KK）4年後の結果と考察
　　南川氏
※休憩（10分）
3．心理学を加味した安全活動活性化への動機づけ（15分）
　　三井化学㈱　野田氏
4．コンテンツ提供教室の追加コースの紹介
　　しなやかさを養おう（10分）　南川氏
5．組織行動の意識調査の結果を報告（15分）
　　（ノンテクニカルスキル枠組みWGの中間報告）
　　ENEOS㈱　堤氏
6．「意思力」の自己評価体験（15分）　南川氏
7．オンデマンドコンテンツ配信の実績と振り返りシートのまとめ（15分）　南川氏
8．総合質疑応答　16時30分終了

設問に「あてはまる」、「まああてはまる」、「どちらでもない」、「あまりあてはまらない」、「あてはまらない」の5択とした。
5択にそれぞれ**表11－3**の配点（2，1，0，－1，－2）

【表11−3】回答の一部例示と配点

意志力	設問	選択回答				
		あてはまる	まああてはまる	どちらでもない	あまりあてはまらない	あてはまらない
1	他の方と比べると忍耐強い方である		○			
	○の合計	10	7	1	3	1
		2	1	0	−1	−2
	粗点	20	7	0	−3	−2
	総合点	22				

【表11−4】意思力の評価タイプ

タイプ1	意思力強固人間
タイプ2	意思力優秀人間
タイプ3	意思力ふつう
タイプ4	意思力すこしふらふら
タイプ5	意思力薄い

【表11−5】総合点による分類

総合点	44から27	タイプ1	意思力強固人間
	26から9	タイプ2	意思力優秀人間
	8から−8	タイプ3	意思力ふつう
	−9から−26	タイプ4	意思力すこしふらふら
	−27から−44	タイプ5	意思力薄い

をして各設問の評価点の合計である総合点によって**表11-4**の5タイプに評価される。

筆者（南川）は総合点が22点でタイプ2の意思力優秀人間に分類されたが、11-4節で述べられた意思決定のわなに落ちないように注意していきたい。

11-7 意思力の具体的な向上策

意思力の向上について前記22問は**表11-2**で示す、①計画遂行、②我慢統制、③動機づけ、④スタイルや理論に分類され、1つの設問で複数に属する設問もある。それぞれの構成要素別に向上策を記述する。4つの分類されたそれぞれの要素の向上には目標の明確化、小さな成功や自己賞賛など重複するのもある。

11-7-1 計画遂行の力の向上策

計画遂行の力が弱い人は下記のアプローチがよいと思われる。

1. 具体的で実現可能な目標の設定：

　大きな目標を小さな具体的なステップに分割し、進捗を定期的に確認することで、計画を実現可能なものにする。小さな成功体験がモチベーションを高め、計画の遂行を促進する。

２．優先順位の設定：

　目標やタスクに優先順位をつけ、重要なものから着実に進めることが重要である。優先順位を設定することで、エネルギーを重要な活動に集中できる。

３．習慣の構築：

　意思力を毎回使うのではなく、計画的な習慣を構築することが重要である。特定の時間に特定の作業を行うことで、行動がルーティンとなり、計画が自然な流れで進行する。

４．ポジティブな環境の整備：

　快適な作業環境やポジティブな影響を与える仲間との交流は、計画の進捗に良い影響を与える。環境がモチベーションをサポートするように整えることが重要である。

５．自己管理スキルの向上：

　時間管理、ストレス管理、優先順位のつけ方などの自己管理スキルを向上させることで、計画をより効果的に進めることができる。

６．柔軟性の向上：

　予期せぬ変化や障害に対処する柔軟性を身につけることが大切である。柔軟性があれば、計画の修正や調整がスムーズに行える。

７．報酬と自己賞賛：

　成果に対して自分に小さな報酬を用意するか、自己賞

賛を行うことで、計画を遂行する意欲を高めることができる。

これらのアプローチを組み合わせることで、計画の遂行力を向上させることができる。自分に合った方法を見つけ、継続的な努力と調整を行うことが重要である。

11－7－2 我慢統制の力の向上策

我慢統制の力を向上させるためには、以下の方法が役立つかもしれない。

1．目標の設定と明確な理由づけ：

　　我慢力を向上させるためには、明確な目標を設定し、その目標を達成するための理由を明確にする。目的が明確であれば、我慢力を保つモチベーションが高まる。

2．自己規律の鍛練：

　　小さなことから自己規律を鍛えることが大切である。例えば、毎日同じ時間に起きる、特定の時間に作業をするなど、ルーティンを設けることで自制心を養う。

3．ストレス管理：

　　ストレスは我慢力を低下させる要因となる。適切なストレス管理技術を身につけ、リラックスやリフレッシュの時間を確保することで、我慢力を高めることができる。

4．誘惑の回避：

誘惑を避けるために、環境を整えたり、誘惑が強い場面から離れる工夫をする。例えば、健康的な食材を常備し、不健康な食べ物を遠ざけるなどである。

5. 報酬と自己賞賛：

我慢した結果に対して自分に小さな報酬を用意するか、自己賞賛を行うことで、我慢力を強化することができる。

6. 適切な睡眠と栄養：

睡眠不足や栄養不足は意思力を低下させる要因となる。十分な睡眠やバランスの取れた栄養を摂ることで、身体全体の調子を整え、我慢力を高めることができる。

7. 自分を知る：

自分の弱点や誘惑に対する脆弱性を理解し、それに対処する戦略を立てることが重要である。自分をよく知ることで、より効果的な我慢が可能になる。

これらの方法を組み合わせ、継続的に実践することで、我慢統制の力を向上させることができる。

11-7-3 動機づけの力の向上策

動機づけを強めるためには、いくつかの効果的な方法がある。以下はそのいくつかである。

1. 目標の明確化：

具体的で明確な目標を設定することで、動機づけが向上する。目標が具体的であるほど、達成感や達成への意欲が高まる。

2．個人の価値と関連づけ：

　目標や行動が個人の価値観や目的と関連していると、それに対する動機づけが高まる。自分にとって意味のあることに取り組むことで、より強い動機づけを感じる。

3．小さな成功体験の重視：

　小さな目標を設定し、それらを達成することで、自信と動機づけが向上する。小さな成功体験は、大きな目標に向けての前進を感じる手助けとなる。

4．報酬や認識の導入：

　達成したら自分に報酬を用意するか、他者からの認識を得られるような仕組みを導入することで、動機づけが高まる。褒め言葉や成功に対するポジティブなフィードバックは、モチベーションを向上させる要素である。

5．興味を持つ：

　興味を持っていることや楽しいと感じる活動に時間を費やすことで、動機づけが向上する。自分が興味を持っていることに取り組むことで、やる気が高まる。

6．自分の進捗を可視化：

　目標に向けた進捗を可視化することで、達成感や動機づけが高まる。進捗を確認することで、目標への近道や

努力の成果を実感できる。

7. ポジティブな環境の整備：

　周囲の環境がポジティブでサポートしてくれる場合、動機づけが向上しやすくなる。周りの人々や環境を動機づけを高めるものにするように工夫する。

これらの方法を組み合わせて、自分に合ったアプローチを見つけることが重要である。継続的な自己評価や調整を通じて、動機づけを強化していくことが成功への道を開ける。

11-7-4 スタイル、理論の考えの向上策

意思力を構成する持論的な「スタイル、理論」の考えを向上させるためには、以下の方法が役立つかもしれない。

1. 継続的な学習：

　新しい知識やスキルを学ぶことで、考え方やスタイルを向上させることができる。書籍、オンラインコース、セミナーなどを利用して、自己成長の機会を積極的に追求する。

2. 他者との対話とフィードバック：

　他者との対話やフィードバックを通じて、新しいアイデアを得ることができる。他者の経験や意見を聞くことで、自分の考え方やスタイルに新たな視点が加わる。

3. 問題解決能力の鍛錬：

問題解決に挑戦することで、柔軟性や創造性を発揮し、自分のスタイルを向上させることができる。問題に対して主体的に取り組み、解決策を見つける努力が大切である。

4. **メンターシップの活用：**
　経験豊富なメンターを見つけ、彼らからの指導やアドバイスを受けることで、スキルやスタイルを向上させることができる。メンターからのフィードバックは非常に有益である。

5. **自己分析と振り返り：**
　自分自身を客観的に分析し、自己評価を行うことで、改善のポイントを見つけることができる。定期的な振り返りを通じて、自分の成長や変化を確認する。

6. **挑戦的な目標の設定：**
　少し挑戦的な目標を設定することで、自分を追い込み、新しいスキルや考え方を身につけるきっかけになる。

7. **自己信頼心の強化：**
　自己信頼心を高めることで、新しいアプローチや考え方に対して積極的に取り組むことができる。成功体験を積んでいくことで、自分の能力を信じる自己信頼感が向上する。

これらの方法を組み合わせ、柔軟で成長志向の意識を持ち続

けることが、意思の力、スタイル、理論の向上につながる。

11−8　個人生活における意思決定

　普段の日常生活の場面での各種意思決定の習慣が仕事上にも同じように影響していく。駅に車で急ぐときに、あせって何度も車線変更する人は、仕事をする上でも業務プレッシャーに押されてルールを守れないときがあるだろう。駆け込み乗車はご遠慮くださいと駅構内（ホーム）放送があっても、階段からダッシュしてきてかばんがドアに挟まれ、発車を10秒遅らせた人は、会社でもこのくらいだったらいいだろうと横着に構えて安易な危険予知をするだろう。車内のつり皮を握りながら、このような人の横顔を見ていると横着そうに見える、いや横着である。

　高圧ガス保安法の保安係員になるための国家試験に勉強不足で不合格になる人は、自分に対して学習計画を推し進めることができない意思力の弱さがある。本人と合意の上で学習進捗管理表を作ってもらうとよい。

日常生活で影響度も小さく意思決定の持続時間が短いもの、例えば歯磨きをするとか朝の挨拶はあまり考えることなく、習慣的に実施している。影響度が大きく考える時間が長いもので、例えばどこに住むかとかなどいつも意思決定することでなく、熟考を要するものである。[3]

11-9 まとめ

様々な作業の代表的なフローにノンテクニカルスキルとテクニカルスキルがどのように作用しているかを示す概念図が**図11-4**である。

両者は互いに補佐する関係にあり、コミュニケーションの段階でもテクニカルスキルがベースとなって会話しているし、テクニカルな判断をする段階でもノンテクニカルスキルの重要なカテゴリーである状況認識やコミュニケーションが大きく作用している。

まず状況認識が作用して発生している事象の把握から始まる。状況認識は個人での認識の場合もあれば、個人から集団に伝達して集団での状況認識の場面も発生する。そして状況を把握した後「どうするか」の意思決定の段階に入る。

この章は意思決定力の自己評価で、個人の意思決定力について記述しているが、個人の次は集団での意思決定力が問題となるときがある。せっかく正しい情報が伝達されて、上司

に伝達され、集団で意思決定をしようとするときに「言い出せばよかった」、「相談すればよかった」、「一方的だったので指摘できなかった」などの後で出てくる事故原因が存在する。集団での意思決定は個人単体での意思決定より間違う判断をするリスクを抱える。権威勾配の強い職場ではよりそうなる傾向がある。集団としてそれを認識して正しい意思決定をすることが望まれる。

図11-5は可燃物が漏洩した場合の行動フローで、阻害要因が白抜きで「思い込み」、「考えなかった」、「相談せず」、

ノンテクニカルスキルとテクニカルスキルの作用概念図

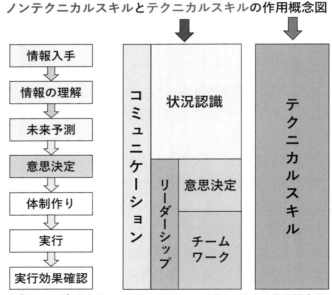

【図11-4】ノンテクニカルスキルとテクニカルスキルの作用概念図

「言い出す勇気」などを記述した。

通常のほとんどの行動（作業）はミスなくトラブルも発生することなく実行されているが、トラブル発生時はどこかの段階でつまづき、スイスチーズモデルのもう1つの穴も貫通している。意思決定はノンテクニカルスキルの他のカテゴリーと関係しながら進んでいく。その基礎となる意思決定力は強固にしておく必要がある。

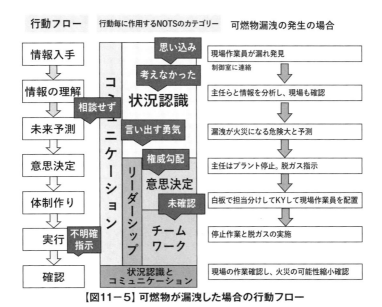

【図11-5】可燃物が漏洩した場合の行動フロー

1) 産業現場のノンテクニカルスキルを学ぶ、南川忠男、化学工業日報社、2017
2) スタンフォードの自分を変える教室、ケリー・マクゴニガル、神崎訳、大和書房、2012
3) 意思決定入門、中島一、日本経済新聞出版社、1990

第3部

ノンテクニカルスキル教育の実績

第12章

三井化学における
ノンテクニカルスキル展開

12−1 ノンテクニカルスキル教育導入のきっかけ

　三井化学のノンテクニカルスキル教育は岩国大竹工場で始まった。なぜ岩国で始まったか、それは2つの強い想いがあったからだと筆者（野田）は思う。2012年4月に岩国大竹工場で発生した事故に対する想いが1つ目である。出来事が大きければ大きいほど、関わった方々の想いは、大きな方向性としては同じであるように見えるがその深さは様々である。起きた事実を解き明かし、原因が特定され、対策を立案、実施し、効果を確認して、修正を加える。この手順が社外からのアドバイスを受け、組織的に進められていく中で、どこか

しら、作業に直接携わる者たちにとっては、その活動が、自分たちからは遠いモノに感じていた。2つ目の想いは、再雇用制度でのベテランたちのモチベーションである。現役世代を思えば、自分たちの職場に対する影響力を現役時代そのままに発揮することに対する躊躇がある。かと言って、自分たちが貢献できるのは、現場で培ったモノに他ならない。ゲーム的要素から皆で気づき、意見交換できるノンテクニカルスキル教育手法は、この2つの想い、そのジレンマ解消に当時ミートしたのではないかと思っている。

更に2012年以降も社内外から協力を得ながら安全活動の見直しを進める中、岩国大竹工場では、**図12-1**のような状況がもたらすトラブルが続き、目立ってきていた。

ちょうど、世代交代の真っ最中といったこともあり、多くの作業で未習熟な運転員を教える必要もあったため、通常よりは多い人数で行っていた。しかし、マニュアルもあり、熟

【図12-1】トラブルの原因

練し、知識も持っている人も加わっていたことも確かである。当然、トラブルが発生しにくい設備、作業環境と方法へと時間と共に進化していく（テクニカル）。しかし、これらがどんなに進化しても完璧にはならない。この完璧ではないところを補っていた力（ノンテクニカル）が低下してきているのではと、全体的に感じ始めている時期でもあったようにも思う。「…ハズだ。」「…ズレた。」「あの時、こうしていれば…」このちょっとしたことでもトラブルを防げたのではとの後悔が現場中核作業員に強くなっていた。

　2015年、三井化学・森本聡氏が今回の執筆者の一人である南川忠男氏の講座を聴講し、このような2つの想い、現場の状況下における新たな安全活動として効果的ではないかと考え、導入のきっかけとなった。

　ここに2つの言葉がある。
「気づいた時に気づいた誰かがやっていた仕事を整理できている会社は少ない。」
「見直そう！何かあるハズ、できること。みんなで作ろう、安全職場。」

　1つ目の言葉は、事故後の「安全再構築ＰＪ」活動の中で、社外の有識者からいただいた言葉である。2つ目の言葉は、事故から10年後の「安全環境スローガン」で、工場で働く人たちから募集し選ばれた言葉である。「誰かがやっていた仕事」に10年後「何かあるハズ、できること」として、答

えているような気がする。

12–2 ノンテクニカルスキル教育の試行と味付け

　岩国大竹工場のノンテクニカルスキル教育展開は、森本氏の極々小さな活動で始まった。MMG（もっともっと元気に、まだまだ現役）活動である。MMG活動については、森本氏が『産業現場のノンテクニカルスキル教育実践ガイドブック－事故防止教育の普及へ』（化学工業日報社、2020年）の中で書かれている（第3章3–4節）のでそちらを読んでもらいたい。

　最初はベテラン（再雇用者）のお金の話であったが、徐々に職場に何かを残す、少し役に立ちたいという思いを述べる人が多くなり、若手、中堅を同伴して意見交換などに発展していった活動である。その中で、ノンテクニカルスキル教育のアイテムを実際に試行してみると、「こんな意見があるのではないだろうか」「最近はこんなこともあるのでは」「こういったことの気づきに使えるのでは」と活発な意見が出て、ノンテクニカルスキル教育を工場内で進める自信を得ることができた。このことは非常に大きいことであると思う。そして現在、このMMG活動のメンバーは、製造現場の係長層へと引き継がれている。

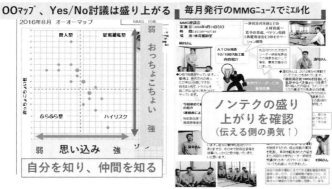

【図12−2】MMG（もっともっと元気に　まだまだ現役）活動

　森本氏の後を追う形でノンテクニカルスキル教育の導入展開に携わってきた筆者（野田）が振り返ってみると以下がポイントであったと感じている。

ポイント①：良さを説明するよりも、まずは、やってみよう！

ノンテクニカルスキル教育は言葉や文章では、その内容を伝えることが難しい。その良さや可能性を知ってもらうために見せること、体感してもらうことが大事。

ポイント②：仲間を増やそう！

組織的な取り組みに持っていくには、説明と手続きが必要。しかしながら、このルートでは上手く次へとは伝わらず、動かすことは困難。仲間と良さを共有していけば、取り組む雰囲気が生まれ、継続できる。

ここで得られる「気づき」は、実践時により多くの人に刺さるファシリテーションの引き出しになる。

12-3 ノンテクニカルスキル教育の実績と展開

MMG活動ベースで取り組んできたノンテクニカルスキル教育は、やがて既存教育時間の一部を活用して広がっていった。当初は、ノンテクニカルスキル教育をメインとして教育活動に組み込んだわけではなかった。休日明けや昼食後、比

較的時間を要する集合教育への集中力維持や気分転換の要素にでもなればと、その程度であった。実際に行ってみると、反応が良く、アイスブレイク的な効果もあり、メインの教育に対する発言も活発になった。また、集合教育は部署間の交流的要素も兼ねて行われるが、教育中やその後の懇親会での交流がスムーズになり、特に交流に対して苦手意識がある人に対して大きな効果があった。「やはり、皆で話すことは、お互いを知れて楽しい。」との意見が多く聞かれた。

ノンテクニカルスキル教育は岩国大竹工場から三井化学の各工場へ展開しているところであるが、その経緯を説明する（図12－3参照）。

大きく4つの展開段階がある。

［第1段階］

2015年度～2017年度までのノンテクニカルスキル教育は

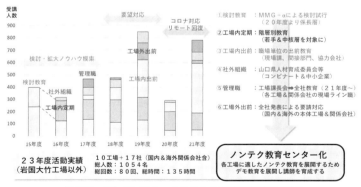

【図12-3】ノンテクニカルスキル教育の実績と展開

岩国大竹工場の課題に対してノンテクニカルスキル教育手法を適合させていく検討とその検討結果を反映させて、工場内への拡大展開を図る期間でこれが第1段階にあたる。

　ＭＭＧ活動をメイン（①検討教育）として、そこで手応えを掴んだアイテムを2016年度に工場内の定期的に行われる階層別教育（②工場内定期）に組み入れた。階層としては、交替現場の班長及び新任班長層から始め、2年目運転員、そして新入社員へ展開していった時期である。ＭＭＧ活動自体が現場出身者で構成され、そこでの検討が現場にとって的を得ていたので、受講者からは高評価を得て、我々としても方向性としては間違っていないとの自信につながった。この工場内定期は、我々が責任部署であったために継続しやすく、確立できた部分となり、後の展開のベースとなった。また、2016年度には、安全再構築ＰＪの進捗の一部として2012年に発足した事故調査委員会への報告を行っている。更に山口県人材育成委員からの要請を受けた中核オペレータ向け安全教育「事故事例からのプラント安全講座」を担当することになり、同講座の一部として組み入れた。これが④社外組織である。そして2017年度には、週の定例会である課長会の時間を活用して、管理職に向けてのプログラムの試行を開始した（⑤管理職）。

[第2段階]
　2018年度～2019年度は、工場内各職場からの要望をいた

だき、その職場で行う出前教育への展開が本格化してきた時期で第2段階にあたる。

　この第2段階へ進んだ経緯は、階層別教育（集合教育）で得た「気づき」、「動機」を元に職場で実践することが課題となってきはじめたが、職場に戻った受講生は、同じ教育を体感していない多数派の前では、実践するハードルは高いモノになっていた。これを改善するために、階層別ではなく、職場単位で受講する出前教育へとつながった（③工場内出前）。いざ出前教育が開始されるとそのニーズは高いモノであった。これは、職場の安全活動は毎年のように予算化されるが、マンネリ感もあり活性化することが困難な状況下にあった。ここに新たな刺激としてのノンテクニカルスキル教育は課長としても計画しやすいアイテムとなった。更には、直接部門だけでなく、間接部門からも要望があり、これに応えることでコミュニケーション向上教育としての要素も進化した。この出前教育により、工場内のノンテクニカルスキル教育の認知度が急速に上がるという副次効果をもたらした。また、2018年度は三井化学内の全社発表会で安全・人材育成分科会でノンテクニカルスキル教育を発表した。この関係もあり、翌2019年度には化学工学会、中四国コンビナート保安協議会での発表の機会にも恵まれ、岩国大竹工場外への出前教育は国内外の関係会社や社外も含めてオファーが来るようになってきた（⑥工場外出前）。こうした出前教育は、階

層別の集合教育とは異なり、その対象職場に密着した展開が望まれる。このような各職場からの要望がノンテクニカルスキル教育の適応性を広げていき、その可能性を育てた時期であるとも言える。

[第3段階]

2020年度～2021年度は、第3段階にあたる。新型コロナウイルス感染症（COVID-19）の時期とも重なり、対面式で効果を発揮してきたノンテクニカルスキル教育にとっては、非常に苦しい時期であった。オンライン配信での教育はできるものの実施できるアイテムも限られ、特に意見交換等ホワイトボードを使った展開に難があり、その良さが半減し、その評価を落とすことを危惧した。当初はその傾向もあったが、オンライン配信用の設備を整えたスタジオを設置し、効果低減をある程度抑えることができた。2021年度からは、全社教育であるライン管理者研修（新任の現場課長・係長対象）のプログラムの1つとして採用され、管理職向けのプログラムとして進化できた（⑤管理職）。また、2021年度は、2回目の全社発表を行い、全社的にノンテクニカルスキル教育を展開するためのノンテクニカルスキル（ノンテク）教育センター化の設立に向けてスタートした年度ともなった。

[第4段階]

2022年度～2024年度がノンテク教育センター化に向けた活動が加わり、第4段階にあたる。岩国大竹工場では、MM

G活動から階層別教育、出前教育と進み、認知度は十分なレベルに到達していた。一方、三井化学の他工場においては、全社発表を2回実施し、個別にオファーが来ていたとはいえ、全体的には十分な認知度レベルではなかった。こうした中、2022年11月に名古屋工場にて全工場長が出席し、議論する「工場活性化会議」で、ノンテク教育センター化を説明する機会に恵まれた。この会議において、各工場にノンテクニカルスキル教育のデモを行い、各工場の課題に沿った活用を意見交換し、運営体制案を立案することが承認された。これを受け、同年12月には、岩国大竹工場以外の5工場の窓口代表者が決まり、2023年度のノンテクニカルスキルデモ教育の検討が開始された。2023年2月には各工場のメンバーは総勢20名となり、2023年度の大まかなデモ教育スケジュールが決まった。なお、20名のメンバーであるが、その所属部署は、安全環境系、総務人事系、製造支援系等、複数部署による構成となった。これにより2023年度の岩国大竹工場以外でのデモ教育の実績は、10工場・17社（構内外関係会社含）、受講者総数：1,054名、開催回数：80回、総時間：135時間超となった。各工場のデモにおいては、受講者のみならず、受講者の上司や工場幹部がオブザーバーとして積極的に参加した（総勢：150名超）。また、製造部長会での説明や、各工場のライン管理職に対する説明も必要に応じて実施した。当初は必ずしも前向きな捉え方ではなかった人も

徐々に受容方向となっていった。こうした流れもあり、2023年度末には、他工場の2024年度育成講師候補の12名を含む総勢36名からなる、6つのバーチャル組織を作り、2024年度の予算計画を作成できた。現在、この計画に基づき進行中で、年度内には正式にノンテク教育センターが立ち上げとなる見込みである。講師としての情熱は必要、もう1つ、運営に対する情熱も必要である。筆者個人の情熱の源としては、

【表12−1】ノンテクニカルスキル教育の展開段階

段階	時期（年）	内容
第1段階	2015〜2017	再雇用者と有志による導入検討 （やってみて楽しむ） ・現場オペレーター階層別教育展開 ・班長＆新任班長、2年目＆新入社員 　　　　⇒工場内定期教育として定着
第2段階	2018〜2019	階層別受講者の好評が職場の要望となり出前教育拡大 ・受講者のみによる職場展開はハードルが高い ・各職場での安全活動のマンネリ感を打破したい 　　　　⇒出前教育として確立し社内外へアピール
第3段階	2020〜2021	オンライン教育＆管理者層向けプログラムへ展開 ・コロナ対応としてオンライン教育手法検討 ・全社展開として現場新任ライン管理職研修に採用 　　　　⇒受講対象拡大で教育ポジションアップ
第4段階	2022〜2024	各現場に応じた全社展開推進のプラットフォーム化へ ・主要工場への出前教育を実施し、認知度アップ 　（オブザーバー積極的参加を要請） 　　　　⇒各工場の講師育成に着手

やはり12－1節で記した、2つの想いとその後の現場状況、そして先頭を走ってきた森本氏の姿にあると思う。

ポイント③：展開は成り行きまかせで、しかし、得た機会は全力で！

安全活動はどの職場もマンネリ感打破に苦労している。

階層別教育から持ち帰るも職場展開は至難の業。

愚直に興行を続けていれば、やがて、ライン長から要請が来るので、これの準備をしておこう。

12－4　ノンテクニカルスキル教育の構成とねらい

　ノンテクニカルスキル教育は、許される場所と時間に対して、メインであったり、サブ的であったり様々な形で適応可能である。近年、幼少期からの危険への遭遇が少ないために、これを補うために疑似的な体感が教育の方向性として主流を占めつつある。これと同様に、人間同士の感覚を伴った行動への関与も少なくなってきている。これを補い、「気づき」として与えるためにノンテクニカルスキル教育にはゲーム的要素が取り入れられている。ゲーム的要素は大別して、伝達思考型と作業改善型の2種類となる。伝達思考型とは、各人

に情報を与え、それを仲間同士で伝え合うことによって、あるミッションを達成するゲームであり、伝えることの難しさを体感し、伝えるスキルを考えて、業務に活かすことがねらいとなっている。作業改善型とは、簡単な作業の出来栄えをチームで競うゲームで、同じ作業を数回繰り返す合間に作戦タイムで、皆で現状を把握し、作戦を練ることで向上できる体験を業務に活かすことがねらいとなっている。

ここでは、ノンテクニカルスキル教育をメインとした場合のプログラム構成を示す（図12－4参照）。

プログラム構成としては、90分から210分の間が最も実績が多い。これは、イントロ⇒伝達思考⇒討議⇒作業改善⇒エンディングといった流れをひと通り実施できる時間となるからである。210分コースではそれぞれのアイテムを濃密に実施することができ、90分コースではそれぞれのアイテム

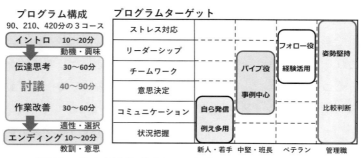

【図12－4】安全活動・技術伝承を各階層に合わせて活性化するプログラムを展開中

を実施テーマに合わせて濃淡つけることになる。ちなみに420分コースは、具体的な事例を含む場合である。最もお勧めするのは、午後半日程度で実施し、その後、懇親会を開催することである。

イントロは、その開催テーマに沿ったアイスブレイク的要素で、最近ニュースになった事例や思考や感覚の落とし穴的クイズを用いている。受講者のレベルが異なることが多いので、なるべく、平易で一般的な題材を選ぶこと、その内容をテーマ沿った動機・興味でまとめることが重要である。

エンディングは、一言で言うと関連する「ちょといい映画のような話」を持ってくると良い。ハッピーエンドではあるが、あがき、悔しみながらも、諦めず頑張った姿や言動を感じるモノを選定している。これを最後に持ってくることでプログラムとして、教訓からの意思につなげる効果を「ほっこり」しながら感じてもらうことを狙っている。プログラムを通しての全体的な講師と受講者間の雰囲気にもよるが、ノンテクニカルスキル教育は、教育とは言え、講師も受講生も共に向上し合う教室でありたいので、講釈じみたまとめよりも皆で「いいなあ」といった共感で終わる方が良いと思い、これを意識している。

伝達思考と作業改善については、先に述べているので、ここでは、討議について説明する。討議手法として用いているのが「Yes/No」と「あなたならどうする」である。ご存じ

の通り、前者は課題に対して二者択一から選び、その選んだ理由について意見交換する手法で、後者はあなたがもしその事例の登場人物だったらどうしたかから始まる意見交換手法である。題材として、若手や新入社員に対しては、事例を一般化して行い、中堅以降は、直近1年間に実際に工場で起きた事例を選定している。特に実際に起きた事例の当事者がメンバーにいることもあり、その内情を語ってもらうことでよりリアリティーを生む。このため事例を選ぶ際には、発生職場への配慮が必要である。受講生レベルによって、事例を適正なモノに選択する必要がある。この討議については、ノンテクニカルスキル教育の本質的部分であり、意見交換が活発ならば、時間を延長する方が良い。また、ここの意見交換が活発になるようにイントロ、伝達思考、作業改善、エンディングがあるとの位置づけでよい。

　次にプログラムターゲットについて、説明を加える。各階層と6つのノンテクニカルスキルカテゴリーとの関係を示した。新人・若手レベルでは、状況認識・コミュニケーションに関わるシーンを主体として、言い出す勇気について意見交換をすることが効果的である。このときに一般的な例えで説明を加えることを意識している。説明の説明が必要になる場合が多いので注意している。意見交換手法としては、[Yes/No]が適している。次いで、中堅・班長レベルでは、意思決定・チームワーク・リーダーシップが大きく影響するシーンで具

体的な事例が望ましい。意見交換手法としては、「あなたならどうする」が適しており、パイプ役としての視点も加えることで有意義な単会となる。以下、ベテランでは、その行動態度が、直接周りの人たちのあらゆるカテゴリーに影響を与える。特に中堅・班長層のリーダーシップに対する影響が大きいので、その経験をフォロワーシップに活かす視点を重要視した展開を意識している。最後に管理職であるが、これは全領域にわたり、理論的な中にも、心情として理解を示す姿勢を中心に意見交換する展開を意識している。

　意見交換の進め方として意識している点を**表12－2**にま

【表12－2】意見交換の進め方として意識している点

	現場オペレーター 決められた事を意欲的にこなす	管理職 現状の改善点を摘出しリードする
伝達思考	・情報を上手く伝えるためのポイントは ・言葉以外の手段にはどんなモノがあるか ・情報修正が必要になった時はどうする ・受発信（報連相）のタイミングの重要性 ・双方向で情報を確認する習慣へ	・目標に対する情報活用のポイントは ・情報共有化の手段にはどんなモノがあるか ・必要な情報を誘導するにはどうする ・行動決定要素を整理することの重要性 ・自職場以外の関係者と共有する習慣へ
作業改善	・与えられた資源＆環境の中で更に上手に ・役割分担と共有、配置と道具 ・改善点を見つけ、工夫の意見を出し合う ・作戦＆水平展開の重要性 ・PDCAを作業改善に持ち込む習慣へ	・前提条件に捉われない改善で更に上手に ・改善案を経営＆安全指標と照らし合わせる ・協業先への依頼事項の摘出 ・現場作業を把握することの重要性 ・改善案を実現に向けリードする習慣へ
意見交換	・「Yes/No討議」が中心 ・いろんな考えを知ることがメイン ・一般生活や不安全行動及び報連相事例 ・同じ立場でも尊敬できる考えに出会う ・「言い出す勇気」の源を補う	・「あなたならどうする」が加わる ・いろんな考えを元にまとめ上げることがメイン ・トラブル実例で自分と周りへの言動 ・許容範囲とその後のリカバリー策の有無 ・人や物事への「姿勢」の在り方を補う

とめたので参考にして欲しい。

> **ポイント④：ゲームは同じでも気づきは異なるので意識しよう！**
>
> 1つのゲームでもファシリテーション1つで全く別物になる。
> ゲームに内包されている本質をじっくり見つけ出そう。
> 意見交換が活発なら時間延長をしよう。（時間を守ることよりも重要）
> お互いがお互いのオブザーバーとして参加することで立場と本音への相互理解が深まる。

12-5 ノンテクニカルスキル教育プログラムの作成過程

プログラム作成過程の概略を**図12-5**に示した。

まず、現場出身者で構成された製造部生産支援G（グループ）教育T（チーム）が、社内外から情報を入手しプログラム案を作成する。情報は満ち溢れ、入手方法も様々であるが、特に外部講習会から得られる実施情報が役に立つ。すなわち、アイテム自体よりはその活用方法やそれに伴う受講者の反応が重要となる。

```
┌─────────────────┐ → ┌─────────────────┐ → ┌─────────────────┐
│     教育Ｔ      │   │      MMG        │   │    各講師       │
│社内外から情報を入手し│   │プログラム案を試行し│   │対象者に実施し    │
│プログラム案作成  │   │ファシリテーション摘出│   │プログラム改善点を摘出│
│                 │   │                 │   │                 │
│社内外災害／トラブル事例情報│ │プログラムのスムーズ化│ │対象者の感度      │
│ 社内情報ＤＢ     │   │ 要点・順序・時間配分・人数│ │ 意見交換中の活気・発言内容│
│ 雑誌・インターネット・交流│ │ 適性対象・補足＆追加│ │ アンケート（気づき・動機・決意）│
│教育手法・実施情報│   │対象に対するファシリテーション│ │講師＆オブザーバーの気づき│
│ 社内情報教育機関 │   │ 想定される気づきの内容│ │ 反省点・改善点の摘出│
│ 外部講習会・教育系書籍・交流│ │ 振り返りのポイント（実務）│ │ 新たな展開・適応の摘出│
└─────────────────┘   └─────────────────┘   └─────────────────┘
         ↑              フィードバックしブラッシュアップ            ↑
```

【図12-5】ノンテクニカルスキル教育プログラムの作成過程の概略

次にそのプログラム案をMMGで試行する。ここでの特に重要視しているのが、プログラムが分かりやすく受講生に伝わるための要点絞り込みや補足説明と想定される気づきの内容や実務を意識した振り返りのポイントを摘出することである。

そして、各講師で実践し、プログラム改善をしていく。何よりもプログラム実施時の受講者の反応が大事である。これにオブザーバーの意見を加えていく。この経緯を教育Tで共有し、プログラムをブラッシュアップしていく。

図12-6は、そのプログラムの一例で、班長フォローアップ教育（半日）の様子である。

ポイント⑤：気軽に実施して、しっかりフォローしよう！
個人ベースで案を作り、仲間と試行し、やってみる。
オブザーバー（受講者上司）の参加は積極的に実施。

- ノンテクニカルスキル教育に対する理解浸透
- 部下の意外な一面に気づける（相互理解の一助）

といった副次的効果が推進力にもなる。

最後は実施要領としてまとめる。（講師育成にも役立つ）

【図12-6】班長フォローアップ教育（半日）の様子

12-6　ノンテクニカルスキル教育推進組織

　ノンテクニカルスキル教育を工場内で推進していく上でその体制は興味のあるところではないかと思う。ここで岩国大竹工場での推進体制について少し説明しておく。中心となっ

たのは製造部内で工場全体のパイプ役としての機能を持つ生産支援グループである。このグループは、製造現場出身のベテラン層で構成されている。事故・トラブルが起こらないようにオペレーター教育を企画＆実践する教育チームと事故・トラブルが起こった場合に、現場指揮本部を設置し、その影響の拡大を抑止する交替主任チームからなる。年度によってその構成人数は異なるが、概ね両チーム共5〜6名である。組織発足時は、有事対応に重きをおき、交替主任チームの人数が多かったが、オペレーター教育の重要性が顕著となり、現在の人数バランスとなっている。その経緯もあり、教育チーム初期においては、交替主任チーム経験者が教育チームに異動して構成されてきた。このため有事対応や工場全体のトラブルを把握していることが、ノンテクニカルスキル教育を導入展開する上でプラスに働いた。有事対応の基本は、知らせる⇒集める⇒対応する⇒確認するといったサイクルを短期間で回すことであり、まさにノンテクニカルスキルを発揮する業務であったからだ。

図12−7に生産支援グループの位置づけを示した。

長年、製造現場のオペレーターとして経験を重ねてきたベテランの多くが交替勤務から常日勤務に変わる。スタッフ業務や係長等のライン管理職に就く人もいれば、その現場の教育係として残るケースもある。教育の重要性と定年延長が時代の流れとして起こってきており、ベテランのハイキャリ

ア設定も重要な課題の1つになってきている。向き不向き、モチベーションはそれぞれである。このベテランのモチベショーンアップの1つの選択肢としても可能性を有した体制と言え、活用性は高まるのではないかと感じている。三井化学の他工場には、生産支援グループ的組織がないところもある。今回、ノンテク教育センター化への各工場体制は、こういったベテランのハイキャリア課題に対する1つの方策の側面もあり、これが工場活性化会議での提案となった理由でもある。

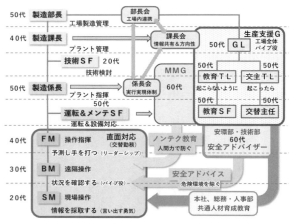

【図12-7】生産支援グループの位置づけ

12−7 ノンテクニカルスキル教育の注意点と効果

　ノンテクニカルスキル教育において、講師の情熱は大事なことである。これは、受講生を引きつけることが重要で不可欠であるためである。情熱の伝え方、伝わり方はなにもその喋りの抑揚だけではなく、使用する資料の作り方や進め方にも現れる。**図12−8**は、資料を作ってきた経験からその資料作りにおいて、ノンテクニカルスキル教材の要点と一致した表があった（指示を守ってくれない理由）ので紹介しておくので参考にして、自分自身の資料の作成のヒントして欲しい。

　受講生にとっては、「自分には関係がない」「面白くない」から「これは大事だ」「面白そうだ」「聞いてみよう」となる

4ない ➡	原因 ➡	改善 ➡	意欲
自分には関係ない	やる意味がわからない	親しみやすい事例を引き合いに出して説き起こす	これは大事だ
面白くない	・マンネリの内容 ・無味乾燥な文章 ・見る気がしない	・真新しさを入れる ・楽しいイラスト ・体験型の教育	・面白そうだ ・聞いてみよう
できる自信がない	ハードルが高い	・はじめは簡単なレベル ・徐々に、各自に創意工夫を求める	できそうだ
できてもうれしくない	・誰も見てくれない ・できなくても困らない	・見てほめる ・今日できたことが、明日の仕事で活きるように	やってよかった

【図12−8】指示を守ってくれない理由（John KellerのARCSモデル理論引用）

のは、「親しみやすい事例を引き合いに出して説き起こす」「真新しさを入れる」「楽しいイラスト」「体験型」の要素があることだと言われている。実際に資料や教材の構成を振り返ってみると確かにこのような要素があると受講生の取り組み方が良かったように思う。

また、講師にとっては、「できる自信がない」から「できそうだ」となるのは、「はじめは簡単なレベル」「徐々に各自に創意工夫を求める」の要素があることだと言われている。筆者（野田）の講師経験と一致するところが多い。こういった点を踏まえて、今回、ノンテク教育センター化の講師育成において、レベルを3段階としてステップを踏めるように計画している。

ポイント⑥：まずは意欲につなげる工夫をしよう！

まずは、面白さに注力してみよう。（面白いだけにしないは、後からでも良い）

イラスト、話し方、特に発言に対するキャッチアップを重要視しよう。

エンディングがしっかりしていれば、それなりに締まるので日頃から材料集めを。

ノンテクニカルスキル教育効果について、1つの結果を紹介する。

図12−9は、安全文化診断結果である。各企業において、様々な安全文化に関する診断が行われている。岩国大竹工場は、2012年の事故以降、2014年から4年毎にこの診断を受けてきた。大別して組織文化基盤と業務運営基盤からなり、それぞれ4項目に分類される。他の活動もあるのでノンテクニカルスキル教育だけの効果とは言えないが、これらの項目は、テクニカルスキルというよりも特に組織文化基盤の組織統率、動機づけ、積極関与、相互理解においては、ノンテクニカルスキル教育で目指したところであり、そのカテゴリーともリンクしている。その対応教育として取り組み、その浸透度合いとリンクしていることを考えると、効果の1つとして捉えても良いと判断している。

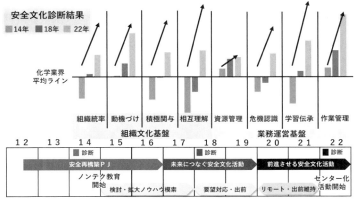

【図12−9】安全文化診断結果

12-8　展開を振り返って

　森本聡氏の小さな活動から始まった岩国大竹工場のノンテクニカルスキル教育は10年目を迎えた。その真似をし、自分なりのアレンジをしながら、時にはリードすることもあったかもしれない9年間であった。言わなければならないことと言いたいことの微妙な差は、分かりあえるかどうかの差でもあったような気がする。10年もすれば、組織を預かる層は3世代変わる。そんな中でも継続し、工場を越えて仲間は増えてきた。どこかこの教育には、本質的で、人の共感を呼

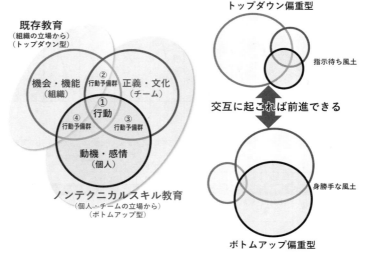

【図12-10】既存教育とノンテクニカルスキル教育の関係イメージ図

びこす要素があるように思える。

　第7章から第9章にかけて、行動の3要素でその位置づけを説明してきたので、ここでもこの3要素を使って活動経緯を説明してみたい。

　既存教育は、組織に求められる機能に対応するテクニカル要素とルール的要素から成り立っている。このため目指す方向性は組織の機能（役割）によって決まっており、体系的にも整理、管理しやすい。3要素で言えば、機会・機能色が強く、トップダウン型と言える。一方、ノンテクニカルスキル教育は、個人・チーム内に発生するバラツキに対応し、修正する力に働き掛けるモノで、そのそれぞれ異なる状況からの出発点となる。それぞれの内情に合わせていくためボトムアップ型であり、トップダウン型では届きにくい領域である。このことは組織型の会社ほどノンテクニカルスキルの必要性を高く感じてることからもうなずける。三井化学は、トップダウン偏重型でできた指示待ち風土の歪にこのノンテクニカルスキルが響き、ボトムアップ型として歩んできたような気がする。そして、ボトムアップの歪が顕在化する前に再びトップダウン型で組織的な運用へことが大事であると感じている。このようにトップダウン、ボトムアップを繰り返さなければ、前進はしないと思われる。

　高卒現場型と学卒管理型の橋渡しが森本氏と筆者（野田）の間で進めてこられたのではないかと思っている。各企業、

工場でノンテクニカルスキル教育の展開に悩まれているところは多いと聞く。組織機能、役割から担当部署を決めて推進する王道以外にも、このような例もあることが、その励みになればと思う。

第13章

化学工学会安全部会の行動特性研究会の実績

13-1 行動特性研究会の実績のまとめ背景

2016年5月に開始された化学工学会安全部会主催の第1回行動特性研究会から2019年6月開催の第10回までの内容について、当時の申し込みウェブサイトに掲載した案内文を加工転記した。この行動特性研究会は他の業界のノンテクニカルスキル教育の実績から学ぼうという意図で、航空業界、海運業界、医療業界でノンテクニカルスキル教育を実施されている方に基調講演的に話してもらった。その一部はノンテクニカルスキル講座（全12回；行動特性研究会と並行して実施）でも話してもらった。

第1回から第4回（2017年7月開催）までには新規参加

者もいればリピーターも参加していたが、まだ行動特性研究会の内容の蓄積に至っていなかった。

　2017年11月開催の岡山での第5回の参加者から「過去の行動特性研究会の内容をこの講座の冒頭で話してくれないか」という要望を受けた（**図13－1**参照）。

　この参加者は第5回が初参加であった。2018年5月開催の第6回から過去の発表内容（歴史）を予稿集に付属させることにした。本章はその予稿集のまとめである。

　2015年に質問紙法による「思い込み・おっちょこちょい」の自己評価が実施できる手法を新規開発したり、2018年には「聞く力・言い出す力」の自己評価手法をJXTGエネルギー（現 ENEOS）根岸製油所と新規共同開発したりして、できるだけ新風が感じられるようにした。これらの行動特性評価手法をすぐに自社の教育で実施した事業所の担当者には、約1年後にこの講座や研究会においてその評価実績や受講者の感想を発表してもらった。2019年開催の第10回では「注意深くなろう」教育を参加者に見学してもらい、その教育でAGC千葉工場の社員が受けた「注意力」

【図13－1】岡山での行動特性研究会の写真

に自己評価の設問及びその音声と教育用のPowerPointファイルが収載されたＣＤ１枚が、参加者に配布された。

また、ノンテクニカルスキル教育では気づきを促進する演習が不可欠で、2017年にゲームソフトを使用せず、PowerPointのマスキング法で安価に開発された動物当てゲームはその年の第２回行動特性研究会で披露し、参加者に体験してもらった（**図13－2**参照）。

その効用性を理解して購入した後、いち早くその演習を実施した事業所の担当者に約1年後にこの講座や研究会で演習実績を発表してもらった。2019年のレゴ組み立て演習は2019年9月開催の札幌でのノンテクニカルスキル講座及び11月の岩国でのノンテクニカルスキル講座で披露し、参加者に体験してもらった（**図**

【図13－2】動物当てゲームを実施中の写真

【図13－3】レゴ組み立て演習を実施中の写真

13−3参照)。

その効用性を理解して9事業所が購入し、その演習を実施している。

意見交換を中心とした演習についても、AGC千葉工場も最初

【図13−4】たがためにえさはある演習を実施中の写真

はクロスロード演習からスタートしたが、より教育効果のある意見交換密度の高いものを目指し、手法を発展させてきた。2018年9月開催の鹿児島でのノンテクニカルスキル講座で筆者はその発展の歴史を話し、その当時最も進んでいたと思われる「あなたならどうする演習」を参加者に体験してもらった。

2020年春の新型コロナウイルス感染症（COVID-19）拡大のため、2020年6月に開催予定していた行動特性研究会は化学工学会安全部会として初めてWebによるオンライン配信で実施することになり、それ以降オンラインで実施してきている。発表者も皆、オンラインでの発表が初めてのため、発表するPowerPointファイルなどを共有化（コンテンツ共有）する練習から始め、リハーサルを9回実施してようやく本番を迎えることができた。リハーサルでは通信速度の遅い場所からの発表ではPowerPointファイルがスライドショー

に移行しなかったり、音声が途切れ途切れになることもあった。その対策としてファイルの共有化は主催者が担当し、発表者の「次」などの合図なしでページが進むように練習し

【図13-5】 オンライン講座におけるリハーサルのスクリーンショットの写真

た。カメラを意識した受講者向けの視線の確保などを考慮した。Webカメラの位置がPCの上部にあるので、ずっと下を向いた状態での講義になりやすいので、下記について考慮した。

①できるだけWebカメラを見て話す。

②会場開催と違って表情やしぐさは大きめにする。

③受講者はテレビ画面を見ている感覚になる人もいるので、発表者のテンションは通常の1.2倍にする。

④会場開催と違って発表者の顔が画面に近く映るので笑顔を心掛ける。

講座や研究会の過去を振り返り、本書の読者で予稿集のバックナンバーが入用な場合は、有料となるが送付可能である。また、本章及び予稿集に記載の内容は当時の社名や表現が使用されていることを了承いただきたい。

第7回行動特性研究会の参加者からうれしい感想をいただ

いた。

「過去からの経緯も含めての解説であり、ここまで持ってくるのに苦労され、なお且つ未だに改良が続けられていることに感銘した。」

13−2　行動特性研究会の個別実績

13−2−1　第1回行動特性研究会

対　象：製造部門、工務部門、環境安全、人材育成部門を問わず下記の方
1）行動特性と事故の関係について知りたい方
2）運転員の行動特性起因の事故を抑制したい方
3）行動特性評価を実施している他社の行動特性評価結果を知りたい方
4）運転員の行動特性評価を実施しようとしている方
5）行動特性評価を実施して更によい方向に推進したい方あるいはその採用・展開でお悩みのある方
6）いろいろな安全活動をやっていても労災が発生し、その抑制を目指したい方

内　容：
1）「レジリエントな社員の行動特性」に関する基調講演／㈱MOMO 代表　高橋澄子

2）行動特性評価を実施して事業所の行動特性評価結果とその後の展開についての発表／陸運業の㈱アサガミ、昭和電工㈱川崎製造所、など4社
3）公開悩み相談室：各社の活動における悩みを話し、フリートークする。
4）思い込み・おっちょこちょい度合いの評価手法の紹介／旭硝子㈱　南川忠男
5）交流会

開催日：2016年5月26日（木）13時30分～17時30分
研究会場所：早稲田大学 西早稲田キャンパス　理工学術院
　　　　　　55号館S棟2階　第3会議室
交流会場所：竹内記念ラウンジ（55号館　S棟2階）
　　　　　　研究会場所と同じフロア
　　　　　　東京メトロ副都心線　西早稲田駅直結　会場まで徒歩3分
講　師：高橋澄子 氏（㈱ＭＯＭＯ　代表取締役・経営コンサルタント）
　　　　南川忠男 氏（安全部会事務局長、旭硝子㈱千葉工場環境安全部）
募集人員：90名
受講料：10,000円（税込）。化学工学会安全部会主催のノンテクニカルスキル講座に参加した人は5,000円。発表者の同伴者2名は受講料無料。当日現金払い。

特　典：ＫＫマップ（危険敢行性・危険感受性の自己評価）及びオーオーマップ（思い込み・おっちょこちょいの自己評価）のための収録音声・回答用紙・要領書一式を収載したＣＤを有料受講した１法人につき１枚配布。

交流会の参加費は別途 2,000 円（講演者、発表者は無料）、先着 30 名。

13-2-2　第2回行動特性研究会

内　容：
1）規律順守性の向上方法
2）意識と行動の6類型の評価・行動特性改善手法
3）動物当てゲームの体験（新開発仮想演習）
4）ケースメソッド演習の実際
5）しなやかさを養う演習の作り方
6）「しなやかさを養おう」教育の見学
7）交流会

※内容は予告なく変更される場合あり。

開催日：2017 年 5 月 26 日（金）　10 時 30 分～ 16 時 50 分
研究会場所：AGC 旭硝子㈱千葉工場ルミクラブ研修室
講　師：南川忠男 氏（安全部会事務局長、AGC 旭硝子㈱
　　　　千葉工場環境安全部）他
募集人員：40 名
受講料：30,000 円（税別）、交流会は別途 3,000 円（税別）、

【図13-6】第2回行動特性研究会の会場写真

第二回行動特性研究会のプログラム
主催:化学工学会
2017年5月26日(金)開催
場所:旭硝子興千葉工場ルミクラブ研修室
15:10からの教育見学はその200m北の会場

時間	科目	内容	講師	
9:30				
10時		受付はなし、指定席制		956五井着快速 1010旭硝子のバス
10:30	20分	規律遵守性の向上方法	旭硝子南川	
11時	50分	意識と行動の6類型の評価・行動特性改善	旭硝子釘山、岩松	
	20分	動物あてゲームの目的	旭硝子南川	
12時	40分	日本庭園を見ながらのランチ	全員会食	
13時	60分	動物あてゲームの体験	旭硝子南川	
	休憩			
14時	40分	ケースメソッド演習の実践	旭硝子南川	
	20分	しなやかさを養う演習の作り方	旭硝子南川	
15時	移動と休憩			1455バス
16時	100分	「しなやかさを養おう」教育の見学		
	移動と休憩			
17時				1700バス
	90分	交流会 クラブハウスにて	希望者会食	1745バス
18時				1810バス 1830バス 1850バス 1910バス 1930バス

受講費用:30000円(税別)ひとり 交流会は3000円(税別) 事前振込

【図13-7】第2回行動特性研究会のプログラム

事前振込。法人賛助会員は1名半額で、交流会は1名無料。
特　典：当日の参加者が所属する法人はプログラムの中で発表される仮想演習を2割引きで購入できる。法人賛助会員は更に2割引き（合計4割引き）とする。価格は当日発表。交流会の参加費は別途3,000円（講演者、発表者は無料）。

13-2-3　第3回行動特性研究会

対　象：製造部門、工務部門、環境安全、人材育成部門を問わず下記の方
　1）行動特性の中で重要な「しなやかさ」を養成したい方
　2）運転員の行動特性起因の事故を抑制した良好事例を知りたい方
　3）仮想演習を教育に取り入れたい方
　4）いろいろな安全活動をやっていてもトラブル・労災が発生し、その抑制を目指したい方
内　容：
　1）しなやかさの養成方法／㈱MOMO 代表　高橋澄子
　2）行動特性評価を実施して事業所の行動特性評価結果とその後の展開についての発表／日本液体運輸㈱、日東電工㈱など3社
　3）動物当てゲームの体験（新規開発仮想演習）
　4）交流会
開催日：2017年6月2日（金）13時30分～17時30分

研究会場所：早稲田大学 西早稲田キャンパス

　　　　　　理工学術院55号館N棟1階　第2会議室

　　　　　　（前回はS棟）

交流会場所：同建物内　東京メトロ副都心線

　　　　　　西早稲田駅直結　会場まで徒歩3分

講　師：高橋澄子 氏（㈱MOMO 代表）

　　　　南川忠男 氏（安全部会事務局長、AGC旭硝子㈱千葉工場環境安全部）

時	分		内容
12	40		
	50		
13	0		受付
	10		
	20		
	30	高橋澄子	基調講演
	40	70分	続レジリエント・・・養成方法
	50		
14	0		
	10		
	20		
	30		
	40	休憩	
	50	80分	行動特性改善の事例発表3組
15	0		1組15分発表で5分質疑応答
	10		
	20		
	30		
	40		
	50		総合質疑応答15分
16	0		
	10	休憩	
	20	70分	動物当てゲームの体験と教育への応用
	30		45分間で演習を2ゲーム
	40		
	50		参加者が5人一組で演習体験
17	0		
	10		やり方のこつ
	20		
	30		
	40	90分	交流会
	50		

【図13-8】第3回行動特性研究会のプログラム

募集人員:60名

受講料:15,000円(税別)、交流会は別途3,000円(税別)。事前振込。法人賛助会員は1名半額で、交流会は1名無料。

特　典:当日の参加者が所属する法人はプログラムの中で発表される仮想演習を2割引きで購入できる。法人賛助会員は更に2割引き(合計4割引き)とする。価格は当日発表。

13-2-4　第4回行動特性研究会（第3回と同内容で大阪開催）

対　象:製造部門、工務部門、環境安全、人材育成部門を問わず下記の方

1) 行動特性の中で重要な「しなやかさ」を養成したい方
2) 運転員の行動特性起因の事故を抑制した良好事例を知りたい方
3) 仮想演習を教育に取り入れたい方
4) いろいろな安全活動をやっていてもトラブル・労災が発生し、その抑制を目指したい方

内　容:

1) しなやかさの養成方法／㈱MOMO 代表　高橋澄子
2) 行動特性評価を実施して事業所の行動特性評価結果とその後の展開についての発表／㈱アサガミ、日東電工㈱、大阪ソーダなど3社
3) 動物当てゲームの体験（新規開発仮想演習）

4）交流会

開催日：2017年7月7日（金）13時～17時
研究会場所：大阪科学技術センター 403号室
　　　　　　（大阪市西区靱本町1－8－4）
　　　　　　Osaka Metro 四つ橋線　本町駅下車　28号出口より北へ徒歩5分
　　　　　　Osaka Metro 地下鉄御堂筋線　本町駅下車　2号出口より西へ徒歩8分
交流会場所：磯銀 肥後橋店
講　師：高橋澄子 氏（㈱ＭＯＭＯ代表）
　　　　南川忠男 氏（安全部会事務局長、AGC旭硝子㈱千葉工場環境安全部）
募集人員：30名

13-2-5　第5回行動特性研究会

　この研究会は、よりノンテクニカルスキル教育を推進したいという要望に応えるため、全産業分野を対象にしたノンテクニカルスキル起因・行動特性起因の事故抑制についての知見の交流とレベルアップを目的として、公益社団法人化学工学会安全部会が企画・実施するものである。

対　象：製造部門、工務部門、環境安全、人材育成部門を問わず下記の方

1）ノンテクニカルスキルと行動特性の関係についてより

知り養成したい方
2）運転員の行動特性起因の事故を抑制した良好事例を知りたい方
3）仮想演習を教育に取り入れたい方
4）いろいろな安全活動をやっていてもトラブル・労災が発生し、その抑制を目指したい方

内　容：
1）ノンテクニカルスキルの共通基礎／AGC 旭硝子㈱ 南川忠男
2）行動特性評価を実施して事業所の行動特性評価結果とその後の展開についての発表／M 社など 3 社
3）新仮想演習の意義と体験（新規開発仮想演習でリリース直後）
4）仮想演習を取り込んだ教育プログラム
5）交流会

開催日：2017 年 11 月 28 日（火）13 時〜 17 時
研究会場所：岡山大学　津島キャンパス　自然科学研究科棟
　　　　　　2FL 第一、第二会議室
交流会場所：岡山大学内レストラン「ピーチ」
講　師：南川忠男 氏（安全部会事務局長、AGC 旭硝子㈱
　　　　千葉工場環境安全部）
募集人員：24 名
受講料：15,000 円（税別）、交流会は別途 3,000 円（税別）。

事前振込。法人賛助会員は1名半額で、交流会は1名無料
特　典：第2～4回行動特性研究会で取得した優待割引券を
　　　　持参の場合、その合計分が割引き、動物当てゲームを購入
　　　　されている方は1割引き、法人賛助会員は更に2割引き（合
　　　　計3割引き）。非会員は定価。

13−2−6　第6回行動特性研究会

対　象：製造部門、工務部門、環境安全、人材育成部門を問
　　　　わず下記の方
　1）行動特性を把握して事故防止の教育ができるインストラクターを養成したい方
　2）運転員の行動特性起因の事故を抑制した良好事例を知りたい方
　3）仮想演習の成果を知り、取り入れたい方
　4）他業界のノンテクニカルスキル教育を知りたい方
　5）いろいろな安全活動をやっていてもトラブル・労災が発生し、その抑制を目指したい方
内　容：
　1）海運業におけるノンテクニカルスキル教育／川崎汽船㈱　伊藤耕二
　2）行動特性評価を実施して事業所の行動特性評価結果とその後の展開についての発表／サンアロマー㈱、大塚製薬工場など

3）ノンテクニカルスキルの事故進展フロー／AGC 旭硝子㈱　南川忠男
4）行動特性把握の実態と効果的な進め方／AGC 旭硝子㈱　南川忠男
5）交流会

開催日：2018 年 5 月 25 日（金）13 時〜 17 時
研究会場所：早稲田大学 西早稲田キャンパス　理工学術院
　　　　　　55 号館 N 棟 1 階　第 2 会議室
交流会場所：100 m 離れた大学生協内のカフェテリア
　　　　　　東京メトロ副都心線　西早稲田駅直結
　　　　　　会場まで徒歩 3 分
講　　師：南川忠男 氏（安全部会事務局長、AGC 旭硝子㈱
　　　　　千葉工場環境安全部）
募集人員：30 名
受講料：15,000 円（税別）、交流会は別途 3,000 円（税別）。
　事前振込。法人賛助会員は 1 名半額で、交流会は 1 名無料。

13-2-7　第7回行動特性研究会（第8回も同内容で千葉工場開催）

対　象：製造部門、工務部門、環境安全、人材育成部門を問わず下記の方
1）ノンテクニカルスキル教育の実践的プログラムを知りたい方

2）AGC旭硝子の教育現場を見学して自社教育の参考にしたい方
3）ノンテクニカルスキルの気づきを促進する仮想演習を教育に取り入れたい方
4）いろいろな安全活動をやっていても労災が発生し、その抑制を目指したい方

内　容：

1）ノンテクニカルスキル教育の実践的プログラムの紹介

時間		内容	講師
9:30			
10時		受付はなし、指定席制	
10:30〜11時	70分	ノンテクニカルスキル教育の実践的プログラム	旭硝子 南川
12時	50分	社員食堂でのランチ	班毎に全員会食
	20分	ノンテクニカルスキル教育の実践的プログラム続き	
13時	30分	「漁師の一生」演習の目的とやり方	旭硝子 南川
14時	70分	「漁師の一生」演習の体験と振り返り ゲストハウスで	旭硝子 南川
	20分	「思いやりの言葉で事故防止」教育の説明	旭硝子 南川
15時	移動と休憩		
16時	100分	「思いやりの言葉で事故防止」教育の見学	
	移動と休憩		

【図13-9】第7回行動特性研究会のプログラム

成果が挙がるノンテクニカルスキル教育のプログラム
　　緩効性プログラムと即効性プログラムの組み合わせ方
　　仮想演習を組み込んだノンテクニカルスキル教育
2）コミュニケーションの「言い出す勇気」と「聞く力」
　　の行動特性評価の手法
3）「思いやりの言葉で事故防止」教育の説明
4）「思いやりの言葉で事故防止」教育の見学
※内容は予告なく変更される場合あり。
開催日：2018年5月31日（木）10時30分〜16時50分
研究会場所：AGC旭硝子㈱千葉工場研修室
交流会：なし。6月1日の会にはあり。
講　師：南川忠男 氏（安全部会事務局長、AGC旭硝子㈱
　　　　千葉工場環境安全部）他
募集人員：24名
受講料：30,000円（税別）、交流会は別途3,000円（税別）。
　事前振込。法人賛助会員は1名半額、交流会は1名無料。
特　典：当日の参加者が所属する法人はプログラムの中で発
　表される仮想演習を1割引きで購入できる。法人賛助会員
　は更に2割引き（合計3割引き）。価格は当日発表。

13-2-8　第9回行動特性研究会

対　象：製造部門、工務部門、環境安全、人材育成部門を問
　　　　わず下記の方

1）他業界のノンテクニカルスキル教育の実践的プログラムを知りたい方
2）AGC の教育現場を見学して自社教育の参考にしたい方
3）行動特性評価を成功させたい方
4）いろいろな安全活動をやっていても労災が発生し、その抑制を目指したい方

内　容：
1）医療業界におけるノンテクニカルスキル教育の紹介
　　コミュニケーション演習の体験も含む
2）公開悩み相談室あるいは製油所の見学
3）コミュニケーションの「言い出す勇気」と「聞く力」の行動特性評価のその後の展開と結果
4）「ノンテクニカルスキル教育の良好事例」の発表
5）「行動特性評価の成功手法」
6）「根岸製油所におけるヒューマンスキル向上のための意識教育」の見学
7）交流会

開催日：2019 年 5 月 31 日（金）10 時 50 分〜17 時
研究会場所：JXTG エネルギー㈱根岸製油所 ENEOS
　　　　　　大ホールと小ホール
　　　　　　ＪＲ根岸線　根岸駅から 600 m
　　　　　　陸側に降り、北東に向い、ＪＲ線をくぐる。
講　師：海渡　健 氏（東京慈恵医科大学附属病院　教授）

南川忠男 氏（安全部会事務局長、AGC㈱千葉工場環境安全部）他

募集人員：40名

受講料：25,000円（税別）、交流会は別途3,000円（税別）。事前振込。講演者、発表者は無料。（受講料に含まれているもの：500mlドリンク、ランチ、予稿集）

持ち物：はさみとのり

特　典：6月28日開催の第10回行動特性研究会の予稿集も合冊となる。

13-2-9　第10回行動特性研究会

　第9回の内容と下記5）までは同じで教育現場の見学場所が違う内容となる。

内　容：

1）医療業界におけるノンテクニカルスキル教育の紹介
　　コミュニケーション演習の体験も含む
2）コミュニケーションの「言い出す勇気」と「聞く力」の行動特性評価のその後の展開と結果
3）「ノンテクニカルスキル教育の良好事例」の発表
4）「行動特性評価の成功手法」
5）「注意深くなろう」教育の見学
6）公開悩み相談室
7）交流会

開催日：2019年6月28日（金）10時30分〜17時
研究会場所：AGC㈱千葉工場ルミクラブ研修室及び入構教育会場
講　師：海渡　健 氏（東京慈恵医科大学附属病院　教授）
　　　　南川忠男 氏（安全部会事務局長、AGC㈱千葉工場環境安全部）他
募集人員：30名
受講料：30,000円（税別）、交流会は別途3,000円（税別）。事前振込。講演者、発表者は無料。（受講料に含まれているもの：500mlドリンク、ランチ、予稿集、下記のCD）
持ち物：はさみとのり
特　典：当日の参加者は当日見学する注意力の音声収録、判定設問、注意力判定記入用紙、説明用PowerPointファイル及び当日の「注意深くなろう」教育テキストの電子版をCDに格納して配布する。（1事業所につき1つ）
5月31日開催の第9回行動特性研究会の予稿集も合冊となる。

13−2−10　第11回行動特性研究会（Web）

「ノンテクニカルスキル」とは、テクニカルスキルを補って完全なものとし、安全かつ効率的な業務の遂行に寄与するスキルを言う。このスキルは、状況認識、コミュニケーション、リーダーシップ、意思決定などにより構成され、ヒュー

マンファクターに係るエラーを防止し、安全を確保していくための現場（指示する方も）がもつべきスキルということができる。

行動特性起因の事故を抑制する活動は、規律順守性の向上や思い込み防止を目指し、ヒューマンファクターに係るエラーを防止し、安全を確保していく中で重要だと認識されてきた。

近年、様々な分野でノンテクニカルスキル起因及び行動特性起因の事故の割合が増大していることが注目されており、化学・石油等のプラント・オペレーションの分野では、AGC㈱においていち早く15年前から社内教育に取り入れられ、成果を挙げてきた。

この研究会は、そのような要望に応えるため、全産業分野を対象にしたノンテクニカルスキル起因・行動特性起因の事故抑制についての知見の交流とレベルアップを目的として、公益社団法人化学工学会安全部会が企画・実施する先駆的な試みである。

更に、化学工業日報社が6月に発刊する『産業現場のノンテクニカルスキル教育　実践ガイドブック』の著者3名による内容紹介も兼ねる。

対　象：製造部門、工務部門、環境安全、人材育成部門を問わず下記の方

1）他業界のノンテクニカルスキル教育の実践的プログラムを知りたい方
2）AGC の教育を見学して自社教育の参考にしたい方
3）行動特性評価を成功させたい方
4）いろいろな安全活動をやっていても労災が発生し、その抑制を目指したい方

内　容：
1）「ノンテクニカルスキル教育実践ガイドブック」の目指すもの／化学工学会安全部会　南川
2）我が社のノンテクニカルスキル教育／JXTG エネルギー㈱　堤・大平
3）我が社のノンテクニカルスキル教育／清水建設㈱　井上
4）レゴ組み立て演習の実施報告／㈱三井化学オペレーションサービス　桑畑
5）鉄道業界におけるノンテクニカルスキル教育の紹介／西日本旅客鉄道㈱　大野
6）「考えてから行動しよう」教育の紹介／AGC ㈱千葉工場　古寺

※内容は予告なく変更される場合あり。

開催日：2020 年 6 月 25 日（木）10 時〜 15 時 10 分
研究会場所：Web によるオンライン配信（Microsoft Teams）

Web 講義の仕方：
- 講義は発表者のパソコン（PC）からオンラインで Microsoft Teams を使用して、受講者の PC に配信する方式である。
- 受講者は予め Microsoft Teams のアプリケーションを受講時に使用する PC にダウンロードして、アカウントを取得しておく。
- 講師が Teams の試運転（テスト）URL を開催 1 週間前の 6 月 17 日 13 時に電子メールで受講者全員に一斉メールで知らせ、Teams での受講できるかのテストをする。初めての人はそのときに音量などを設定する。アカウントを取得した PC で受講する。
- 3 名以上申し込みの事業所（会社ではなく事業所毎）は受講者の PC をプロジェクター（あるいは大型モニター）に接続して大勢で視聴できる優遇制度を用意している。事前登録制（申し込み時に代表者はその旨を備考欄で申請する）。
- 申し込み受付後、主催者が 6 月 12 日午後に優遇視聴の URL をメールで連絡する。
- 当日の講義受付や多数申し込み事業所への優遇についてはそのメールで詳細を連絡する。
- 受講申し込みをしていない場合（代理等）の受講は主催者のホスト PC で「受講許可」がされないので、URL の転送

は無効となる。

講　師：
　大野泰弘 氏（西日本旅客鉄道㈱近畿統括本部次長）
　桑畑研二 氏（㈱三井化学オペレーションサービス）
　南川忠男 氏（化学工学会安全部会）
　堤克一路 氏、大平孝太郎 氏（共に JXTG エネルギー㈱）
　井上哲夫 氏（清水建設㈱東京支店）
　古寺幹博 氏（AGC ㈱）

申込締切：2020 年 6 月 24 日（水）17 時（17 日以降の申込者には上記の Teams でのテストは個別に実施）

募集人員：（Web 講義のため）上限なし

募集用件：上記 Web 講義が視聴できるインターネット環境を 6 月 17 日までに備えていること。そうでない場合でも受講できる環境設定するサポートあり。

受講料：Web 講義は 20,000 円（税別）、交流会は別途 3,000 円（税別）。事後振込も可能。Web 開催のため、会場費用、講師交通費・宿泊費、昼食代（ランチ）、予稿集製本費用が不要のため、会場開催時より受講料が大幅に安く設定できる。会場開催の臨場感や対面でない不具合はあるが了承願いたい。受講票の送付は無し。

予稿集：6 月 17 日送信の案内メールにて、PDF 版カラー予稿集を格納してあるオンラインストレージの URL（パスワード含む）を知らせ、その URL にアクセスして受講者

自身がダウンロードする。社内セキュリティ設定によりURLにアクセスできない場合は自宅のPCなどでダウンロードして利用する。(受講者からの依頼で) 主催者が予稿集を電子メールによる添付ファイルで送付することは不可。オンラインで配信されるPowerPointファイルや写真の一部は予稿集には掲載していない。

受講料に含まれているもの:URL上の予稿集へのアクセス権、『産業現場のノンテクニカルスキル教育 実践ハンドブック』(化学工業日報社):1冊 (3,500円、税抜)

特　典:当日の有料参加者(オブザーバーは除く)は『産業現場のノンテクニカルスキル教育 実践ハンドブック』(化学工業日報社):1冊が事前に送付される。(受講料に1冊分含まれる)

オブザーバーの特典:

受講者が受講申し込み時にオブザーバーによるまとめ買いも著者割引(15%)を適用する。備考欄にその冊数(受講者分は外数)を記入する。書籍購入金額の請求は受講料の請求書に合算する。書籍の送付先は受講者の請求書宛先と同一とする。

Web交流会:Microsoft Teamsを使用して開催する。先着24名が参加可能。申し込み時に下記回(日程)から第1希望日と第2希望日を備考欄に記入する(先着順で決まる)。

参加者には主催者から開催1週間前の同じ曜日の13時に各回の参加者4名に開催案内URLを電子メールで知らせる。

6月25日Web講義と異なるPCを使用する場合は、その旨を主催者に連絡する。

各回18時より70分間実施する。参加者が飲酒等ができる場所で参加する。事務局から2日前の夜の時間指定の宅配便で飲料が届く。つまみ等は各自で準備する。

会話密度を濃くするため、各回は発表者2名（敬称略）と受講者側の参加者4名の組み合わせの合計6名構成。司会進行（乾杯の音頭含む）は下記2名が行う。

① 6月25日（木）18時～：大野、南川と申込者4名
② 6月26日（金）18時～：桑畑、堤と申込者4名
③ 7月2日　（木）18時～：大野、井上と申込者4名
④ 7月3日　（金）18時～：大平、南川と申込者4名
⑤ 7月9日　（木）18時～：桑畑、南川と申込者4名
⑥ 7月10日（金）18時～：井上、大平と申込者4名

会　費：3,000円（税別）

申込方法：化学工学会安全部会の受付サイト（下記URL）より申し込む（電話・FAXによる申し込みは不可）。

化学工学会安全部会　受付URL
http://www2.scej.org/anzen/event/other.html
問い合わせは電子メールのみ。

問い合わせ先:安全部会事務局(下記 URL の問い合わせフォームより送信)

http://www2.scej.org/anzen/contact/

Web 演習の試み:今回は AGC 千葉工場にて行っている、対面で手作業を伴う演習を Web 演習では実施できないが、クロスロード演習やあなたならどうする演習では構成員が PC 上で Teams の「制御を渡す」機能で自身の書いた電子回答を構成員に共有化し、ポインターで示せる(化学工学会安全部会で実証済)。

　グループによる個別ワークはリーダーのホスト PC を

時間		内容	備考
10時00分	40分	新刊「ノンテクニカルスキル教育実践ハンドブック」の目指すこと	化学工学会安全部会 南川
		質疑応答含む	
	40分	我が社のノンテクニカルスキル教育	JXTG 堤氏/大平氏
		質疑応答含む	
	10分休憩		
	30分	我が社のノンテクニカルスキル教育	清水建設 井上氏
		質疑応答含む	
12時00分	15分	レゴ組み立て演習の実際	三井化学オペレーションサービス
			桑畑 研二氏
12時15分	45分	各自ランチ	
13時00分	80分	鉄道業界におけるノンテクニカルスキル教育	JR西日本 大野泰弘氏
		質疑応答含む	
	10分休憩		
14時30分	40分	AGC 千葉工場の「考えてから行動しよう」教育	AGC古寺
15:10	終了		

【図13-10】第11回行動特性研究会のプログラム

キーステーションに Microsoft Teams をオンラインで 1 組 1 時間ワークできる。

次回までの行動特性研究会で Web 演習の実施例があれば報告を期待する。

13－2－11　第12回行動特性研究会（Web）

講習・発表内容：質疑応答時間含む
1 ）基調講演："吉田調書"の分析に基づく緊急時対応ノンテクニカルスキル訓練の開発（50分）

※休憩（10分）

2 ）過去の行動特性研究会での質問を元に今ならこう答える（40分）
3 ）ノンテクニカルスキル教育のあり方を探る（30分）
4 ）ノンテクニカルスキル教育とテクニカルスキル教育のバランスの試み（10分）
5 ）公開悩み相談室（20分）

開催日：2021年5月18日（火）13時30分～16時40分
研究会場所：Web によるオンライン配信（Microsoft 　　　　　　　　Teams）
講　師：
1 ）彦野　賢 氏（㈱原子力安全システム研究所（関西電力の関係会社）社会システム研究所　副主任研究員）
2 ）の回答者（教育アドバイザー）　堤克一路 氏、大平孝

太郎 氏（共に ENEOS㈱）、井上哲夫 氏（清水建設㈱）、森本　聡　氏（三井化学㈱）、南川忠男 氏（化学工学会安全部会）

3）南川忠男 氏（化学工学会安全部会　事務局）

4）堤克一路 氏（ENEOS㈱）

5）質問を受け付け、公開質疑応答となります。回答者は教育アドバイザーです。

申し込み時に備考欄に記入してください。

先着5名の質問について対応します。

受講料：16,500円（税込）　※早期割引：3月末までの申込は割引（11,000円・税込）

無料対象者：体験教室友の会プレミアム会員（該当は巻尾に記載）2021年2月18日時点。化学工学会安全部会の法人賛助会員の社員は2名（今回2名）（該当は巻尾に記載）

申込締切：2021年5月10日（月）17時

予稿集：1）については無し。下記関連論文をダウンロードし、2）、3）については5月11日にクラウドストレージ「Box」へ格納後、ダウンロードする。

交流会：今回は無し

講演内容の概要：

1）基調講演の発表要約

2011年の東日本大震災以降、発電所では設備の安全性向上のみならず、緊急時対策本部内で指揮命令を取り仕切る幹

部クラス職員のリーダーシップ能力の向上が、社会から強く求められている。そこで筆者らは、2014年に公開された政府事故調査委員会による当時の所長聴取記録(いわゆる吉田調書)は、過酷事故に遭遇した際の発電所指揮官の生きた貴重な教訓との思いから、共通教訓となり得る箇所を抽出し、リーダーに必要なノンテクニカルスキルを8項目に集約分類した。更に、緊急時の初期対応を行う職員を対象とし、それらのノンテクニカルスキルを向上するための現場で実施可能な訓練(通称:たいかん訓練)カリキュラムを開発し実践している。

　原子力分野での取り組みであるたいかん訓練開発を紹介することは、化学プロセス産業をはじめとする各分野の産業現場における安全教育に寄与できると考え、万一の緊急時もしくは日常の事業運営にその成果が役立てば幸いである。

※元になっている報文2報

①彦野 賢・作田 博・松井裕子・後藤 学・金山正樹(2016). 「政府事故調聴取記録からのノンテクニカルスキル教訓の抽出」, INSS Journal, 23, 153-159.
http://www.inss.co.jp/wp-content/uploads/2017/03/2016_23J153_159.pdf

②彦野 賢・松井裕子・金山正樹(2017).
「ノンテクニカルスキルに着目した緊急時対応訓練の開発-(1)「たいかん訓練」の開発と試行-, INSS Journal,

24, 32-41.
http://www.inss.co.jp/wp-content/uploads/2017/11/2017_24J032_041.pdf

2)「過去の行動特性研究会での質問を元に今ならこう答える」

過去11回の行動特性研究会では多くの質問が寄せられ、その多くは『産業現場のノンテクニカルスキル教育 実践ガイドブック』化学工業日報社(2020年6月)の第6章に掲載した。
その中には普遍的な質問、深い質問があり、教育アドバイザーが現在の視点で一人当たり2問に回答・解説していくもの。

3)「ノンテクニカルスキル教育のあり方を探る」(①〜④は南川)
　①ノンテクニカルスキル教育インストラクターの要件
　②望ましい教育プログラム
　③若年層教育の必要性
　④コロナ禍及びコロナ禍後の教育コンテンツのオンデマンド配信

4)「ノンテクニカルスキル教育とテクニカルスキル教育のバランスの試み」は標題の通り、事故防止のため偏らない教育を目指すトライアルの報告である。

準備:通信の試運転(受講テスト)

申込者には5月11日(火)13時10分に主催者からMicrosoft Teamsの受講URLの案内を送る。当日13時30分または5月12日(水)11時、14時、16時のいずれかにアクセスして通信状態を確認する(事前連絡必要)。会社のTeamsを使用する及び化学工学会安全部会のWebイベントに参加済みの場合は試運転(テスト)不要。

Teamsの受講URL:5月11日に発信されたものと同一である。申し込みしていて、受信できなかった場合はすぐに主催者にメールで連絡する。予稿集を格納しているクラウドストレージ「Box」のURLもこのときに知らせる。

受講受付:開催日当日(5月18日)は13時10分から入室できる(13時25分までに入室する)。映像(カメラ)オフで入室し、入室後はマイク(音声)をミュートにする。開講挨拶時の3分間に遅れて入場する場合は開講挨拶完了まで入室できない。Teams受講URLの転送等により申込者名簿にない場合は入室できない。

振り返りシート:電子振り返りシートが受講者に5月18日夕方に発信されるので、1週間以内に提出する。

申込方法:安全部会受付サイトより申し込む(電話・FAX・電子メールによる申し込みは不可)。申し込みをすると折り返し、請求書を電子メールに添付のPDFファイルを送付する(書面入用率0%)。受講料は前払い、入金を確認

したところで申込手続き完了となる。

締め切り直前の申し込みの場合、後払いも可。

キャンセル時の払い戻しは不可のため、代理を立てる。

13−2−12　第13回行動特性研究会（Web）

開催日：2022年6月22日（水）13時30分～16時20分
研究会場所：Webによるオンライン配信（Microsoft Teams）
講習・発表内容：（質疑応答時間含む）
1）基調講演：ノンテクニカルスキルの取り組み（50分）
　　高橋　健　氏（日本貨物航空㈱）
※休憩（10分）
2）過去の行動特性研究会での質問を元に今ならこう答える（40分）
回答者（教育アドバイザー）：堤克一路　氏、大平孝太郎　氏（共にENEOS㈱）、井上哲夫　氏（清水建設㈱）、森本　聡　氏（三井化学㈱）、南川忠男　氏（南川行動特性研究所）
3）オンデマンドコンテンツの「事故事例から学ぶ」シリーズを事前に視聴しておきその中に組み込まれている　あなたならどうする演習（3人一組）を3問　参加者と実施（40分）
4）オンデマンドコンテンツの紹介（10分）
5）公開悩み相談室（20分）

受講料：16,500円（税込）　※早期割引：4月末までに申し込みすると割引適用（11,000円・税込）

無料対象者：体験教室友の会プレミアム会員（該当は巻尾に記載）2022年3月18日時点。化学工学会安全部会の法人賛助会員の社員は2名（今回2名）（該当は巻尾に記載）

申込締切：2022年6月10日（金）17時

予稿集：1）は6月11日にクラウドストレージ「Box」へ格納後、ダウンロードする。

交流会：今回は無し

オンデマンドコンテンツの「事故事例から学ぶ」の配信日：

1）の配信日：2022年6月9日（木）10時～6月25日（土）23時

　上記1）の基調講演はオンデマンド配信で開催日の13日前から翌々日までの15日間配信される。そのコンテンツを視聴して、あなたならどうする演習に臨む。当日コンテンツの内容概要を簡単に説明する。

講演内容の概要：

1）基調講演の発表要約

　業務を実施するにあたっては、その業務に必要な知識・技能が求められる。しかしながら、過去の事例を振り返ってみると、業務に必要な知識、技能は備わっていたにも関わらず、不安全事象、不具合事象に至ったものが数多くある。これら事例の要因分析をしていくと、コミュニケーションが不

足していた、チームとして機能していなかった、状況認識ができていなかった等、ノンテクニカルスキルに関わるものが抽出されている。日本貨物航空㈱では、過去に整備部門で発生した不安全事象において、これらノンテクニカルスキルの不足が認められ、2018年度からMaintenance Resource Management（MRM）教育を始めている。今回、この教育の一部を紹介する機会として、我々の取り組みが少しでも、参考になれば幸いである。

　2）「過去の行動特性研究会での質問を元に今ならこう答える」

過去11回の行動特性研究会では多くの質問が寄せられ、その多くは『産業現場のノンテクニカルスキル教育　実践ガイドブック』化学工業日報社（2020年6月）の第6章に掲載した。

その中には普遍的な質問、深い質問があり、教育アドバイザーが現在の視点で一人当たり2問に回答・解説していくもの。

準備：通信の試運転（受講テスト）

申込者でMicrosoft Teamsに不慣れな人には、主催者から6月10日（金）13時10分にTeamsの受講URLの案内を送る。当日13時30分または6月13日（月）11時、14時、16時のいずれかにアクセスして通信状態を確認する（事前連絡必要）。会社のTeamsを使用する及び化学

工学会安全部会のWebイベントに参加済みの場合は試運転（テスト）不要。

Teamsの受講URL：6月10日に発信されたものと同一である。申し込みしていて、受信できなかった場合はすぐに主催者にメールで連絡する。予稿集を格納しているクラウドストレージ「Box」のURLもこのときに知らせる。

受講受付：開催日当日（6月22日）は13時10分から入室できる（13時25分までに入室する）。映像（カメラ）オフで入室し、入室後はマイク（音声）をミュートにする。開講挨拶時の3分間に遅れて入場する場合は開講挨拶完了まで入室できない。Teams受講URLの転送等により申込者名簿にない場合は入室できない。

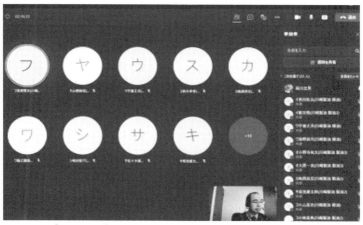

【図13-11】第13回行動特性研究会のWeb講演の模様

振り返りシート：電子振り返りシートが受講者に 5 月 25 日夕方に発信されるので、1 週間以内に提出する。

今後の展開：オンラインの演習や行動特性評価の企業単位の体験教室あるいは特設講座、コンサルティング事業を実施中のため、興味ある場合は、お問い合わせフォームにて問い合わせる。すでに多くの事業者が利用している。

13-2-13　第14回行動特性研究会（Web）

開催日：2023 年 6 月 28 日（水）13 時 30 分～16 時 30 分
研究会場所：Web によるオンライン配信（Microsoft Teams）
講習・発表内容：（質疑応答時間含む）

1）基調講演：

海運業におけるノンテクニカルスキル教育の取り組み（50 分）　※概要は下記

宮川敏征 氏（一般社団法人日本船長協会 常務理事（元 川崎汽船㈱））

※休憩（10 分）

2）ノンテクニカルスキル 2.0 に基づく新作のコンテンツの体験と提供

「その気にさせる対話の術」教室（100 分）

※概要は下記

井上哲夫 氏（中央労働災害防止協会）、森本 聡 氏（三

井化学㈱)、南川忠男 氏（南川行動特性研究所）

※休憩（5分）

3）デマンドコンテンツの「事故事例から学ぶ」シリーズの再紹介及びノンテクニカルスキル2.0コンテンツの紹介と制作スケジュール（15分）

参加費：33,000円（税込）。団体申込55,000円（税込）（社員10名まで。2〜10名の場合でも、一律55,000円）、10名以上の場合は1名追加毎に5,500円（税込）。

※2）のコンテンツ原版の送付を含む。

化学工学会安全部会の法人賛助会員の社員は2名無料。3名以上の場合、1名につき33,000円（税込）。

申込締切：2023年6月19日（月）17時

予稿集：1）は6月20日にクラウドストレージ「Box」へ格納後、ダウンロードする。

交流会：今回は無し

講演内容の概要：

1）基調講演の発表要約

海運業界での代表的なノンテクニカルスキルトレーニングとして、BRM/BTMトレーニングがある。BRM/BTMは航海中における安全運航の維持達成を目的に実施する方法であり、その実践的訓練の1つの方法がこのトレーニングである。特に航海の難度が高く、一人の船長または航海士だけでは安全運航達成が困難な状況下でBridge Teamを組織し、

Team として発揮できる能力を高めて安全運航を達成する必要がある場合に有効なトレーニングである。Bridge Team 活動の活性化のために重要な機能であるコミュニケーション（相互間情報交換機能）とコーポレーション（相互間協調管理機能）について、シーマンシップ、船舶運航におけるノンテクニカルスキルの教育・訓練と BRM/BTM 研修の実践を通して、紹介する。これらの取り組みが少しでも参考になれば幸いである。

2）「その気にさせる対話の術」教室

行動特性評価後に参加者が作成した個人目標を本人が持続的に実行して行動や言動をより良い方向に実施していく上で本人に寄り添い、関与して導くことが上位者に求められる使命である。しかしながら、どのように指導すれば良いかの声が多く、従来からの課題であった。また、その手法の修得が体系的になされていない現状を改善するため、今回のノンテクニカルスキル 2.0 の概念を考慮したコーチングスキルについてその指導方法の基礎と禁じ手、4*4*4 の具体的な指導方法そして事例映像（ビデオ）でも学習できるコンテンツである。

13−2−14　第15回行動特性研究会（Web）

開催日：2024 年 6 月 27 日（水）13 時 30 分〜 16 時 30 分
研究会場所：Web によるオンライン配信（Microsoft

Teams)

講習・発表内容：（質疑応答時間含む）

1）基調講演：

「スモーラーリーダーシップとワークエンゲージメントの向上による成功への道」（50分）　※概要は下記

堤克一路 氏（ENEOS㈱）

※休憩（10分）

2）ノンテクニカルスキル2.0に基づく新作のコンテンツの体験（40分）

「定修工事におけるスモーラーリーダーシップ」教室

※概要は下記

野田誠司 氏、森本　聡 氏（共に三井化学㈱）

※休憩（5分）

3）大学への寄付講義の学生の振り返りシート（15分）

4）ノンテクニカルスキル2.0コンテンツ提供教室の参加者の振り返りシートまとめ　（15分）

参加費：7,700円（税込）。団体申込（社員3名以上）は1名当たり5,500円（税込）、例.3名の場合は16,500円（税込）。化学工学会安全部会の法人賛助会員の社員は2名無料。3名以上の場合、1名につき7,700円（税込）。

申込締切：2024年6月18日（火）17時

予稿集：1）は6月19日にクラウドストレージ「Box」へ格納後、ダウンロードする。

講演内容の概要:

「定修工事におけるスモーラーリーダーシップ」教室概要

現場作業においてトラブルの未然防止と拡大抑止へ向けて様々な活動が実施されている。最も基本的で強化が望まれているモノの1つにその時、その場にいる方々の連携がある。我々はこの連携が始まる行動態度を「スモーラーリーダーシップ」と呼ぶことにした。

今回、各職場で実施展開しやすいようにコンテンツを映像（ビデオ）化した。事例をベースに講師役やグループで意見交換し、最終的には動機につながる内容となっている。

13-3 未来の行動特性研究会

2018年、2019年にかけての行動特性研究会やノンテクニカルスキル講座中あるいは終了後の意見交換の場でよく受けた質問は「行動特性評価を実施したあとの育成面談の方法を教えて欲しい」であった。

行動特性評価とそれに続く自己認識の強化が事故を減らすことについて理解と必要性について認識していただいているが、その育成面談は難しく、ワークエンゲージメントの向上のために更に従業員のウェルビーイング（Well-being）の向上のためにもティーチングでなくコーチングであった方がよい。その手法をコンテンツの中に織り込み、事例をもとに演

習したり、新ＫＫのように行動ガイドラインに当事者以外の人たちへの方策（指導する立場での働きかけ）を新規に作成した。また、「その気にさせる会話術」というコーチングという名称を敢えて使用しない映像も交えたコンテンツが開発された。

OJTで教える側も人財育成を通じて成長すればその組織の安全文化も向上する。ノンテクニカルスキル教育の中で行動特性評価をするのが有効で、実施し始めるときに「成功への道」を歩めるかどうか十分な話し合いが必要である。実施中の事業所はその成果が「行動変容」の形で現れることを期待する。

前節が2015年から2024年までの行動特性研究会15回分の開催の歴史で、過去を振り返りながら、未来を考えた。特に2023年2月に提唱したノンテクニカルスキル2.0の概念とその後のノンテクニカルスキル2.0のコンテンツの提供でノンテクニカルスキル教育のプログラムが更に多岐に拡張でき、事業所の様々な教育需要に対応できてきていると思う。今後の行動特性研究会は従来の下記内容を更に進化させて開催し、産業界のノンテクニカルスキル教育の促進に貢献したいと考える。

1. 新規開発されたコンテンツの体験の場
2. 新規開発された行動特性評価の体験の場
3. 行動特性の自己評価の実績事例の発表の場
4. 行動特性評価に関する参加者の意見交換の場
5. コンテンツに基づく教育の実施の体験談の発表の場
6. コンテンツに基づく教育の課題の討議
7. 他業界の進んだノンテクニカルスキル教育の実践を聞く場
8. 進んだノンテクニカルスキル教育の実際を見学する場

第14章

化学工学会安全部会のノンテクニカルスキル講座の実績

14−1 ノンテクニカルスキル講座の実績のまとめ

　化学工学会安全部会主催の行動特性研究会は、第1回（2016年5月）から第14回（2024年開催）までを第13章「化学工学会安全部会の行動特性研究会の実績」に記述した。ノンテクニカルスキル講座は行動特性研究会より歴史が約半年早く2015年9月に第1回を開催し、2024年9月で第17回の開催となる。当時の申し込みWebサイトに掲載した案内文を加工転記した。

　このノンテクニカルスキル講座は行動特性研究会と違い、当初の第10回まではできるだけノンテクニカルスキル教育

を普及しようとの目的で内容は同一としての全国行脚となった。開催日を化学工学会秋季大会の3日目の午後に合わせた。第11回は2巡目となり、第1回と同じ札幌での開催となった。それ以降はノンテクニカルスキルに関係する分野での研究者の発表や新たに開発されたノンテクニカルスキル教育のコンテンツの体験も講座の中心内容としていった。

2015年に質問紙法による「思い込み・おっちょこちょい」の自己評価が実施できる手法を新規開発したり、2018年には「聞く力・言い出す力」の自己評価手法をJXTGエネルギー㈱根岸製油所と新規共同開発したりして、できるだけ新風が感じられるようにした。これらの行動特性評価手法をすぐに自社の教育で実施した事業所の方（担当者）が約1年後にこの講座や行動特性研究会においてその評価実績や受講者の感想を発表した。

また、ノンテクニカルスキル教育では気づきを促進する演習が不可欠で、2017年にゲームソフトを使用せず、PowerPointを用いたマスキング法で安価に開発された動物当てゲームはその年の第2回行動特性研究会で披露し、参加者が体験した。その後も「たがためにえさはある」や「レゴ組み立て演習」が開発され、年1回の行動特性研究会の場では体験が間に合わなくなり、ノンテクニカルスキル講座で開催した。

2019年のレゴ組み立て演習は同年9月開催の札幌でのノ

ンテクニカルスキル講座及び11月開催の岩国でのノンテクニカルスキル講座で披露し、参加者が体験した。

14-2 ノンテクニカルスキル講座の個別実績

14-2-1 第1回ノンテクニカルスキル講座

公益社団法人化学工学会安全部会
(北海道地区) ノンテクニカルスキル (NTS) 講座
主　催：(公社) 化学工学会安全部会
後　援：㈱化学工業日報社、(NPO法人) リスクセンス研究会
協　賛：(NPO法人) 安全工学会、(公財) 総合安全工学研究所

「ノンテクニカルスキル (NTS)」とは、テクニカルスキルを補って完全なものとし、安全かつ効率的な業務の遂行に寄与するスキルを言う。このスキルは、状況認識、コミュニケーション、リーダーシップ、言い出す勇気、声かけ、振り返り、権威勾配の克服などにより構成され、ヒューマンファクターに係るエラーを防止し、安全を確保していくための現場（指示する方も）がもつべきスキルということができる。

近年、様々な分野でノンテクニカルスキル起因の事故の割

合が増大していることが注目されており、それに伴い、航空輸送分野、医療分野においてノンテクニカルスキル向上のための取り組みが普及している。化学・石油等のプラント・オペレーションの分野では、旭硝子㈱においていち早く10年以上前から社内教育に取り入れられ、成果を挙げてきたが、その成果が知られるようになると共に、関係者の関心が高まり、それと共に具体的な教育の方法を身につけたいという希望が数多く寄せられるようになった。

　この講座は、このような関係者の関心の高まりを受けて、旭硝子㈱の全面的な協力のもとに、プラント・オペレーション分野を対象にしたノンテクニカルスキルについて（公社）化学工学会安全部会が企画・実施する先駆的な講座である。

　対　象：製造部門、工務部門、環境安全部門を問わず下記の方
　1）ノンテクニカルスキルをもっと知りたい方（初めての方も歓迎）
　2）ノンテクニカルスキルの教え方を修得したい方
　3）仮想演習の意義と実施方法を修得したい方
　4）技術的な原因でなく状況認識、コミュニケーション、チームワーク、意志決定などの原因の事故を撲滅したい方
　5）運転員の行動特性起因の事故を撲滅したい方

講習内容：
1）ノンテクニカルスキルの重要性と基礎
2）航空業界でのノンテクニカルスキル
3）仮想演習の体験（クロスロード演習など）とインストラクターの役目
4）行動特性の評価（安全力、危険敢行性）の実際と展開のポイント
5）交流会

※内容は予告なく変更される場合あり。

講習目標：事業所でノンテクニカルスキルの教育が開始できるようになる水準を目指す。

修了証：講習内容を身につけた受講者には修了証を交付する。

開催日：2015年9月11日（金）13時15分〜17時
場　所：アスティホール　16階会議室　ＪＲ札幌駅南口

【図14-1】クロスロード演習中の参加者の写真

【図14-2】講義中の講師と参加者の写真

    より徒歩5分、地下道直結
講　師：南川忠男 氏（化学工学会安全部会事務局長、旭硝子㈱千葉工場環境安全部）
    ノンテクニカルスキル先進的取組経験者（航空輸送業界、旭硝子㈱）
募集人員：20名
受講料：20,000円（税別）、交流会は別途3,000円（税別）。

[振り返りシートの抜粋]
・弊社を含む多くの中小企業では、人員削減が進み、一人当たりの作業量が増加し続けている為、コミュニケーションや現場確認も十分に行えなくなっております。ヒューマンエラーは今後益々増加すると思われ、抑止策としてNTSの重要性は高くなると思われます。しかし、NTSが定着し効果が現れるまで時間がかかる事、及びヒューマンパワー不足により、現状では導入が難しいと思います。
　いろんな概念や理論や体系をテクニカルスキルという器の中に閉じこめ、他に多くの器が有ることに気づきます。現場では、特に情報認識、コミュニケーション（言い出す勇気、声かけ）の大切さが実感できました。
・ノンテクニカルスキルは初めて耳にする言葉で新鮮であった。災害が起きる要因となることを理解でき、自分にも思い当たる節があり、考え直しました。

(**クロスロード演習**)

・クロスロード演習では、なぜ YES（NO）なのか個々の認識を発表し、最終的に正解と理由を認識して決まりに対する温度差を無くして、規則を守り・守らせる良い方法だと思いました。

・クロスロード演習では、ノンテクニカルスキルが楽しくゲーム形式にしながら学べ、かつ実践の効果もしめすことが出来る、説得力のあるものであった。一部でも現場に取り入れようと思います。

14−2−2　第2回ノンテクニカルスキル講座

（西日本地区）ノンテクニカルスキル講座
主　催：（公社）化学工学会安全部会
後　援：㈱化学工業日報社、（NPO 法人）リスクセンス研究会
協　賛：（NPO 法人）安全工学会、（公財）総合安全工学研究所
講習内容：
　1）ノンテクニカルスキルの重要性と基礎
　2）航空業界でのノンテクニカルスキル
　3）仮想演習の体験（クロスロード演習など）とインストラクターの役目
　4）行動特性の評価（安全力、危険敢行性）の実際と展

開のポイント

5）交流会

※内容は予告なく変更される場合あり。

講習目標：事業所でノンテクニカルスキルの教育が開始できるようになる水準を目指す。

修了証：講習内容を身につけた受講者には修了証を交付する。

開催日：2015年10月22日（木）13時30分〜17時30分

場　所：ホテルサンルート徳山　飛鳥の間　ＪＲ徳山駅みなと口より徒歩2分

募集人員：30名

【図14－3】第2回ノンテクニカルスキル講座写真①

【図14－4】第2回ノンテクニカルスキル講座写真②

14−2−3　第3回ノンテクニカルスキル講座

開催日：2015年10月23日（木）13時〜17時
場　所：立命館大学 大阪いばらきキャンパス
　　　　ＪＲ茨木駅より徒歩5分、阪急電鉄南茨城駅より徒歩10分、大阪モノレール宇野辺駅より徒歩10分
募集人員：50名
講　師：南川忠男 氏（化学工学会安全部会事務局長、旭硝子㈱千葉工場環境安全部）
　　　　ノンテクニカルスキル先進的取組経験者（航空輸送業界、旭硝子㈱）

【図14−5】第3回ノンテクニカルスキル講座写真①

【図14−6】第3回ノンテクニカルスキル講座写真②

14−2−4　第4回ノンテクニカルスキル講座

開催日：2016年1月29日（金）13時〜17時
場　所：立命館大学 東京キャンパス サピアタワー8階 教室2

東京駅日本橋口出口直結徒歩1分
講　師：南川忠男 氏（化学工学会安全部会事務局長、旭硝子㈱千葉工場環境安全部）

[振り返りシートの抜粋]
・ノンテクニカルスキルは自社内においても取り組んで行きたい活動であります。
・危険作業を理解していても利益、効率優先作業を行っている事は改善しなければならない事を改めて認識しました。
・工場における災害防止に有用なスキルであることが良くわかりました。NOTSは幼年期から育まれるものであることは理解できますが、入社してからスキルの高めるために何をすればよいかが分かれば有難いです。（組合や職場レクリエーション活

【図14-7】第4回ノンテクニカルスキル講座の聴講券

【図14-8】第4回ノンテクニカルスキル講座写真①

【図14-9】第4回ノンテクニカルスキル講座写真②

動の世話役をやる等)
・クロスロード演習ではひとつの問題を全員で討議することにより多角的に捉え、相手の考え方を知る事が出来る良い演習と感じた。
・出題内容がYesでもNoでもあり得る絶妙なものでしたので、議論が盛り上がりました。ＫＫマッピングや安全力チェックシートの前に実施することで、正直な回答を引き出すことに役立っていると思います。

14−2−5　第5回ノンテクニカルスキル講座

開催日：2016年2月9日（火）12時40分〜16時40分
場　所：ウェルとばた 北九州市立福祉会館　12階122
　　　　会議室　ＪＲ戸畑駅南口から徒歩1分
講　師：南川忠男 氏（化学工学会安全部会事務局長、旭硝子㈱千葉工場環境安全部）
　　　　ノンテクニカルスキル先進的取組経験者（航空輸送業界、旭硝子㈱）
募集人員：30名
受講料：20,000円（税別）、交流会は別途3,000円（税別）。

［振り返りシートの抜粋］
・過去の演習内容の実際の事例と結果や今後の方向性に関してもっと突っ込んだ内容にしてほしかった。

・ノンテクニカルスキルという言葉自体はあまり広く使われていなかったが、気づきや声掛け、チームワーク等の大切さは昔から広く認識されており、色々な取り組みがなされていたと思います。

【図14－10】第5回ノンテクニカルスキル講座写真

しかしながら、人の行動特性にかかわる面があるため、従来よりも一歩踏み込んだ教育内容が必要となることと、その成果を定量評価し難いことから試行錯誤的な取り組みになっていたと思います。

・CRMから発展したノンテクニカルスキルの育成方法として、体系立った取り組みの仕方をご教示頂けると展開し易いと考えています。

　育成には長期間を要すため、途中で挫折や試行錯誤の繰り返しにおちいらないための道筋が欲しいと思っています。

14－2－6　第6回ノンテクニカルスキル講座

開催日：2016年2月10日（水）13時30分～17時30分
場　所：大分石油化学コンビナート　プレスセンター
　　　　（昭和電工前）
　　　　概略地図あり、ＪＲ鶴崎駅より車で5～10分(3km)
講　師：南川忠男 氏（化学工学会安全部会事務局長、旭硝

子㈱千葉工場環境安全部）

ノンテクニカルスキル先進的取組経験者（航空輸送業界、旭硝子㈱）

募集人員：30名

受講料：20,000円（税別）、交流会は別途3,000円（税別）。

［振り返りシートの抜粋］

・行動特性の評価では、やる理由もやり方の注意事項も分かり易く、よく理解できた。

・自分の意思と異なるYesまたはNoを選択し、その理由を考えて主張すると、想像しなかった考え方や異なる観点からの意見が出て来た。様々な異なる考え方を聞ける良い演習だと思った。

・最近発生した重大事故に関する報告書を見ると、安全設計や変更管理の問題だけではなく、状況認知や判断、コミュニケーションなどのヒューマンファクターに係るエラーにも問

【図14-11】第6回ノンテクニカルスキル講座写真①

【図14-12】第6回ノンテクニカルスキル講座写真②

題があったことは報告されています。ただ、ヒューマンファクターに係るエラーについては対策が難しかったり、対策をとったとしても通り一遍のものになりがちなためか、優先順位は低い、即ち後回しにされているようです。

対策としては、教育する以外に他の選択肢はない状況ですが、その内容は個人の安全感度を高めたり、ルール順守の重要性を理解させるため、言い換えれば、現在のスキル・レベルをもっと高いレベルに上げるためのメニューばかりで、思い込みの怖さやコミュニケーションの重要性に気付いてもらうような教育メニューは見聞きしたことがなかったので、非常に新鮮な思いで聴かせていただきました。

14−2−7　第7回ノンテクニカルスキル講座

開催日：2016年9月8日（木）13時〜17時
場　所：徳島大学　工業会館
講　師：南川忠男 氏（化学工学会安全部会事務局長、旭硝

【図14−13】第7回ノンテクニカルスキル講座写真①

【図14−14】第7回ノンテクニカルスキル講座写真②

子㈱千葉工場環境安全部）
　　ノンテクニカルスキル先進的取組経験者（航空輸
　　　送業界、旭硝子㈱）
　募集人員：30名

［振り返りシートの抜粋］
・いくつかの事例について、自分ならどうするか、もしくは反対意見ならばどういう気持ちになっているのかなど、考えて意見交換できました。これによってヒューマンエラーを起こしてしまう人の心理に寄り添うことが出来たように思います。これからもヒヤリハット、事故などの原因について考える際はこの考え方を用いて本質的な原因究明につなげることができると感じています。
・非常に為になった。相手の意見を聞き、自分の意見を述べる中で、安全であったり一部不安全な自分が見え隠れした。
・実際やっている事を聞けて良かったです。やはり、すべてが同じ方法で出来るわけではなく、その職場に則した物を作り上げていくしかないと感じる事が出来ました。ゴリラの話は実際にやってみたことがあり、みんなで集中すると周りが見えなくなることを実感しました。ヘリウムリングは職場でやってみたいと思います。

14−2−8　第8回ノンテクニカルスキル講座

開催日：2016年11月29日（火）13時〜17時
場　所：仙台TKPガーデンシティ
募集人員：30名（29名の参加で実施）
内　容：第7回（徳島）と同じ

14−2−9　第9回ノンテクニカルスキル講座

開催日：2017年9月22日（金）13時〜17時
場　所：高度部材イノベーションセンター（詳細地図あり）
　　　　近鉄塩浜駅　徒歩5分
講　師：南川忠男 氏（化学工学会安全部会事務局長、旭硝子㈱千葉工場環境安全部）

募集人員：30名
受講料：中小規模事業所は10,000円（税別）、その他は20,000円（税別）。交流会は別途3,000円（税別）。

【図14−15】第9回ノンテクニカルスキル講座写真①

【図14−16】第9回ノンテクニカルスキル講座写真②

［振り返りシート］

無し

14−2−10　第10回ノンテクニカルスキル講座

開催日：2018年9月21日（金）13時〜17時
場　所：TKPガーデンシティ鹿児島中央
講　師：南川忠男 氏（化学工学会安全部会事務局長、旭硝子㈱千葉工場環境安全部）
募集人員：30名
受講料：中小規模事業所は10,000円（税別）、その他は20,000円（税別）。交流会は別途3,000円（税別）。

［振り返りシート、写真］

無し

14−2−11　第11回ノンテクニカルスキル講座

講習内容：

1）ノンテクニカルスキル教育における演習の有用性・有効性

2）意見交換を中心とした演習の改善の変遷とその体験クロスロード演習〜わいがや演習〜あなたならどうする演習

3）「バーチャルエクササイズ（レゴブロック演習・・・

新考案）の体験とその応用」

　4）交流会

※内容は予告なく変更される場合あり。

講習目標：事業所でノンテクニカルスキルの教育が開始で
　　　　　きるようになる水準を目指す。

開催日：2019年9月26日（木）13時30分〜17時30分
　　　　（開場13時〜）

場　所：北農健保会館　小会議室　札幌市北4条西7丁目
　　　　1の4　ＪＲ札幌駅南口より徒歩5分、地下道か
　　　　らもアクセス可能。

講　師：南川忠男 氏（化学工学会安全部会事務局長、ＡＧ
　　　　Ｃ㈱千葉工場環境安全部）

募集人員：16名

受講料：20,000円（税別）。交流会は別途3,000円（税別）。
　　　　高圧ガス保安協会（KHK）北海道支部の会員会
　　　　社の場合、5,000円割引適用。受講証の発行は無
　　　　し。

14−2−12　第12回ノンテクニカルスキル講座

講習内容：

　1）ノンテクニカルスキル教育の変遷

　2）仮想演習の体験（レゴブロックを使った演習）とそ
　　　の振り返り

3）三井化学㈱岩国大竹工場の実際のノンテクニカルスキル教育の見学
4）交流会

開催日：2019年11月27日（木）13時30分～17時30分
場　所：三井化学㈱岩国大竹工場　ＪＲ和木駅より徒歩10分、ＪＲ岩国駅よりタクシーで20分、ＪＲ大竹駅よりタクシーで10分、岩国錦帯橋空港よりタクシーで20分
講　師：南川忠男 氏（化学工学会安全部会事務局長、ＡＧＣ㈱千葉工場環境安全部）

【図14−17】レゴ組み立て演習の写真

【図14−18】レゴ組み立て演習の優秀者への謝品

【図14−19】発表PowerPointの一部

募集人員：20名

受講料：20,000円（税別）、交流会は別途3,000円（税別）。

14-2-13　第13回ノンテクニカルスキル講座（Web）

主　催：（公社）化学工学会安全部会

近年、様々な分野でノンテクニカルスキル起因の事故の割合が増大していることが注目されており、それに伴い、航空輸送分野、医療分野においてノンテクニカルスキル向上のための取り組みが普及している。化学・石油等のプラント・オペレーションの分野では、数社において社内教育に取り入れられてきた。その実績は2020年6月に化学工業日報社から発刊された『産業現場のノンテクニカルスキル教育　実践ガイドブック』に収載され、その書籍内容に沿って4名が発表する。

また、ノンテクニカルスキルは心理学と深いつながりがあり、心理学の専門家（2名）が事故防止のための基調講演がする。

（公社）化学工学会安全部会が企画・実施する先駆的な講座である。

講習内容：
1）心理学と事故防止との関係・・・2件の基調講演
　　10時の演題「リスク認知と段取りの心理学」

13時の演題「経験を積みながらも惰性を克服する；心理学の知見からヒントを得る」
2）三井化学㈱岩国大竹工場のノンテクニカルスキル教育
3）清水建設㈱のノンテクニカルスキル教育
4）ENEOS㈱根岸製油所のノンテクニカルスキル教育
5）プロセス安全へのノンテクニカルスキルの応用

時間		内容	備考
10時00分	40分	リスク認知と段取りの心理学	常磐大学人間科学部心理学科 教授 申 紅仙
	5分休憩		
	40分	三井化学(株)岩国大竹工場のノンテクニカルスキル教育　質疑応答含む	森本聡
	10分休憩		
	30分	建設業におけるノンテクニカルスキル教育	井上哲夫
12時05分		各自ランチ	
13時00分	40分	「経験を積みながらも惰性を克服する；心理学の知見からヒントを得る」	リクルートマネージメントソリューションズ 今城志保
	5分	休憩	
	40分	ENEOS 根岸製油所のヒューマンスキル向上への取り組み	堤克一路・大平孝太郎
	10分	休憩	
	30分	プロセス安全へのノンテクニカルスキルの活用	南川忠男
	10分	総括・全体質疑応答	
15時25分	終了		

【図14-20】第13回ノンテクニカルスキル講座のプログラム

※内容は予告なく変更される場合あり。

開催日:2020年9月25日(金)10時〜15時25分

講習形式、場所:Webによるオンライン配信(Microsoft Teams)

講　師:

　申　紅仙 氏(常磐大学人間科学部心理学科　教授)

　今城志保 氏(㈱リクルートマネジメントソリューションズ)

　堤克一路 氏、大平孝太郎 氏(共にENEOS㈱)

　森本　聡 氏(三井化学㈱)

　井上哲夫 氏(清水建設㈱)

　南川忠男 氏(化学工学会安全部会事務局長)

募集人員:40名

[振り返りシートの抜粋]

・経験を積みながら惰性を克服する⇒心理学内容について日頃、感じていない部分を感じて大変刺激を受けました。特に、学び続ける為には、環境変化が重要である。この言葉で現在の自分の経験を振り返ることが出来ました。当方は、人事異動にて色々な部署へ配属になっていまして、その都度、環境変化に対応し、人員関係コミニケーションも問題なく対応しています。環境変化により惰性感がなく日々充実しています。また、持論についても興味を持ちました。現在の自分に持論

はあるのかと、問いかけましたが、特にこれといったものはないが、自然に身についていると再確認できました。
・建設業の職長は特に直感型の持論の方が多いです。職長教育や再教育の際に作業員にはその効果・理由などをしっかり説明しないと本人は腹落ちせず結局動かないぞと教えているのですが、とても参考になりました。
・今、本当にベテランが一番真の労災の原因となっているケースが多いと感じているので、彼らにどう近道・横着をさせないか、その重要性を改めて実感させて頂きました。
　ノンテクニカルスキルで特に状況認識・コミュニケーションが重要とあり、思い込みがあれば間違った方向に進んでしまうので、いかにノンテクニカルスキルが重要であるか再認識できた。
・業種は違いますが、安全に作業を行っていく意識は私たちの仕事でも同様と感じました。最後の締めの金子みすずの詩も印象的でした。

(ENEOS㈱根岸製油所のノンテクニカルスキル教育の発表を聞いて)
・事務局様の熱意を感じる内容でした。事業所全体で一枚岩で取り組んでいる点が弊社には不足している点であり、是非参考にさせていただきたいと感じました。
・規律遵守に向けた具体的な取組み事例が参考になった。

14−2−14　第14回ノンテクニカルスキル講座（Web）

講習内容：
　1）基調講演　リーダーシップと事故防止（50分、オンデマンド配信）
　　鈴木竜太 氏（神戸大学経営学部　教授）
　2）リーダーシップに関する質疑応答　7問（50分）
　3）関わり合う職場の人間関係（仮題）　※2）の事前質問に応じた演題（40分）
　　鈴木竜太 氏（神戸大学経営学部　教授）
　4）インストラクター養成講座（案）のご案内と内容（15分）
　　南川忠男 氏（化学工学会安全部会事務局長）

オンデマンド配信日：
　1）の配信日：8月2日10時〜8月31日23時

上記1）の基調講演はオンデマンド配信で開催日の4週間前から前日まで配信される。

その講演を視聴し、質問を送る場合の締切は8月26日まで。（下記南川か問い合わせ先へ「リーダーシップに関する質問の提出」の表題で）

採用された質問7問について、開催日に2）で鈴木先生が回答し、7問以外の送られたすべての質問を分類してその内容に応じて演題3の内容が用意される。現在は仮題となって

いる。

講演内容の概要：

1）リーダーシップと事故防止

様々な工場や現場で事故が起こり、その原因究明が行われます。そのたびに管理責任が問われ、その後、多くの繰り返さないための対策が実施されることになります。また次から次へとやってくる ISO 認証や倫理規定のための書類作りや管理体制の強化も日々なされています。このような管理体制は時に現場の人々を疲弊させ、思考停止に陥らせていくことがあります。マネジャーはフォロワーを思考停止させないためにどのようなことができるのか、どのような振る舞いがフォロワーのどのような行動につながるのか、リーダーシップ論の観点から話していきます。

開催日：2021 年 9 月 9 日（木）14 時〜 16 時
場　所：Web によるオンライン配信（Microsoft Teams）
申込締切：2021 年 8 月 9 日（月）13 時
申込サイト：http://www2.scej.org/anzen/event/cat.html
受講料：11,000 円（税込）、交流会は無し。
　2021 年 7 月 16 日までの申し込みの場合、早割適用 8,800 円（税込）。申込締切後の場合：16,500 円（税込）。
※ 3 名以上同一拠点で同時に申し込みの場合、プロジェクターに接続し、3 名分の受講料で複数での視聴でき

る優遇制度あり（申込時に申告、有料参加者のみの優遇）。

［鈴木教授の講演「リーダーシップと事故防止」を聞いての質問集の抜粋］

・それを判断するのは、普段の接し方等がベースになってくるかと思いますが、フォロワーにリーダーの意図や現状を上手く伝え、正しい行動に移してもらうにはどのようなことを意識すれば良いでしょうか。

　それと「自分たちごと」という思考で考えるためには、組織への日常的なかかわり方から変えていき、自分と組織との関連性を変えていくことが重要と思いますが、それにはまずは自分の在り方、立ち位置を大きく変えていく必要があり、そののちに組織全体の在り様を変革することになると考えますが、能動的にできていくものでしょうか。

・近年、ワークエンゲージメントとか、ウェルビーイングとか、エシカル（ethical）消費とか、ESGとか、ダイバーシティいう話題がビジネス誌や女性向け雑誌で掲載されているのを見るのですが、こういった意識の高がまると、リーダー

【図14-21】発表中の写真

シップ論も変わると私は思うのですが、いかがお考えでしょうか？私は、従業員にやりがいをもたらさない仕事は淘汰され、世間の道に沿わない仕事は自然と人が減っていき、エシカル（倫理）に合わない製品を出す企業はいつの間にか消えていくと期待しているのですが。

・事故やトラブルを起こさないためには、組織や個人が「言われたことをキッチリ行う」事等と「現場で発生する様々な事象に対する柔軟な対応」とのバランスが大切と考えます。
　これらのバランスを保つための組織と個人の行動の考え方とその中で発揮するリーダーシップは、どのように考えればよいでしょうか？
・先生の著書『関わりあう職場のマネジメント』で述べておられる目指す組織（リーダー像）と、エドモンドソン氏の「恐れのない組織（リーダー像）」との違いについて、先生のお考えを聞かせてください。

［振り返りシートの抜粋］
・事前のオンデマンド講義についての方式は良かったと思います。一時停止したり、再度再生したりして説明を咀嚼しながら理解できるので良かったと思います。できれば先生が見える(映る)ような形にすると更に講義スタイルのようになっていいかなと感じました。
・進め方が考えられていてとても良かったと思います。

・ノンテクニカルスキルは、色々と言葉を変えて、様々な形でセミナーが行われているように思います。やはり人間はコミュニケーションが大切と思いますが、昨今のコロナ禍におけるオンライン会議等では、相手の顔が見えない状況が多いため、このような場合は非常にハードルが高くなると感じました。
・素晴らしい講義ありがとうございました。リーダーシップといっても、いろいろ留意しないと事故防止につながらないと思います。ただ、教育していくことは大変だとおもいました。
・ＰＰＴはわかりやすかったです。
・リーダーシップとは何か、というような講義を聴いたことがなかったので、とても参考になりました。

［振り返りシートの指摘から今後実行すること］
・当日の始まりはオンデマンドコンテンツの要約を話す
・オンデマンドコンテンツは当日までの期限とする
・「事前に講義内容の目次部分でも紹介していただくと自分が知っている内容か確認が出来るのでよい」に対して先生からRecording（録画）講義を受け取り事務局が目次を転記してクラウドストレージ（オンデマンド）「Box」に格納したURLを発信する

［**対応できないこと**］

「提出された質問すべてにお答えしていただけますと参加者したすべての人が喜ぶと思いますのでよろしくお願いいたします。」には当初7問だけを選ぼうと思いましたが、36問も提出されたため、10問選びました。すべてに答える時間がないため、ご了承ください。

14－2－15　第15回ノンテクニカルスキル講座（Web）

講習内容：

1）基調講演　事故防止とモチベーション（50分、オンデマンド配信）

　　池田　浩 氏（産業・組織心理学会 会長、九州大学人間環境学研究院人間科学部門 心理学講座 准教授）

2）オンデマンド配信を聞いての事故防止とモチベーションに関する質疑応答（50分）　　7問

※休憩（10分）

3）事故防止とモチベーションその2（仮題）の事前質問に応じた演題（30分）

　　　上述　池田准教授

4）行動意識調査の報告（30分）

　　堤克一路 氏（ENEOS㈱）

オンデマンド配信日：

1）の配信日：8月11日10時～9月10日23時

上記1）の基調講演はオンデマンド配信で開催日の約1カ月前から2日後まで配信される。その講演を視聴し、質問を送る締切は8月20日まで。

（下記南川か問い合わせ先へ「事故防止とモチベーションに関する質問の提出」の表題で）採用された質問7問について、開催日に2）で池田先生が回答する。

採用質問の提出者には池田先生のモチベーションに関する書籍を2冊贈呈。

①池田　浩（著）『モチベーションに火をつける働き方の心理学』（2021、日本法令）
②池田　浩（編）『産業と組織の心理学』（2017、サイエンス社）

その質問7問以外の送られたすべての質問を分類してその内容に応じて演題3の内容が用意される。

講演内容の概要：

1）「事故防止とモチベーション」の要旨

昨今、産業現場の安全を実現するためノンテクニカルスキルの重要性が叫ばれています。リーダーシップやチームワークはその代表的なものと言えますが、最終的には現場で働く人々が日常の業務において如何に安全への意識を高め、安全順守行動を着実に行えるかが鍵を握ります。それを左右するものとして、昨今、ワークモチベーションの1つの側面である安全志向モチベーションが注目を集めています。今回は、

事後を防止し安全を実現するためになぜモチベーションが重要か、更に現場で働く方々の安全志向モチベーションを醸成するための心理的メカニズムや効果的なリーダーシップについて実証的な知見をもとに概説します。それを踏まえて、実践的な示唆をお話ししていきます。

開催日：2022年9月8日（木）14時～16時
場　所：Webによるオンライン配信（Microsoft Teams）

14−2−16　第16回ノンテクニカルスキル講座（Web）

近年、様々な分野でノンテクニカルスキル起因の事故の割合が増大しており、更に組織要因も増大している。組織行動の見地から安全文化に影響を与えるモチベーション（動機づけ）・リーダーシップなどについてのノンテクニカルスキルは組織経営の要素と深いつながりがあり、行動特性評価後のフォローアップ次第で成果に影響する。その専門家が意識調査の結果との関連で基調講演をする。

講習内容：
1 ）基調講演　行動意識調査の報告「安全行動調査の効果的な活用支援手法の検討委員会の報告」（70分、オンデマンド配信）
　南　聡 氏（中央労働災害防止協会　技術支援部安全衛生管理支援課 課長補佐）

2）送られてきた質問に答える（30分）南　聡 氏
3）ノンテクニカルスキル2.0に基づくコンテンツの紹介
　（ア）上位者育成面談ツール（50分）
　　　野田誠司 氏（三井化学㈱）
※休憩（10分）
　（イ）現場操作漏洩例とワークエンゲージメント（30分）
　　　森本　聡 氏（三井化学㈱）
　（ウ）現場火災例とスモールリーダーシップ（30分）
　　　野田誠司 氏（三井化学㈱）

オンデマンド配信日：
　1）の配信日：8月11日10時～9月15日23時

上記1）の基調講演はオンデマンド配信で開催日の約1カ月前から2日後まで配信される。その講演を視聴し、質問を送る締切は8月20日まで。

（下記南川か問い合わせ先へ「行動意識調査に関する質問の提出」の表題で）採用された質問5問について、開催日に2）で南氏が回答する。

講演内容の概要：

1）「行動意識調査の報告」の要旨

中央労働災害防止協会（中災防）では、労働者が調査票の質問に回答することにより、その人がどのようなエラーを発生しやすいか、またエラーの背景となる、どのような性格的

な特徴があるのかを知ることで行動災害防止につなげる「安全行動調査」を平成9年より事業化し、延べ36万人が利用している。この安全行動調査結果の具体的な活用手法（フォローアップ）については、これまで各事業場に委ねられていたことから、令和4年度からその検討を行っており、安全行動調査を利用した事業場担当者と調査を受けた本人に対するアンケート調査等を実施した。今回は、アンケート調査結果から労働者の性格特性等の把握後、事業場担当者と労働者両者の立場で何をフォローアップとして望んでいるのかを報告し、行動災害防止活動の参考となる話をする。

開催日：2023年9月13日（水）13時30分〜16時
場　所：Webによるオンライン配信（Microsoft Teams）
申込締切：2023年8月9日（水）13時
申込サイト：https://scejanzen.org/main/
受講料：11,000円（税込）、交流会は無し。
　申込締切後の場合：16,500円（税込）
※3名以上同一拠点で同時に申し込みの場合、プロジェクターに接続し、3名分の受講料で複数が視聴できる優遇制度あり（申込時に申告、有料参加者のみの優遇）。

[事前に送られてきた下記8件の質問に当日、南聡氏が回答した]
（**質問1**）安全行動調査自体について：エラー傾向及びパー

ソナル傾向共それぞれの項目において、あるべき姿やレベルや合格点のような指標は存在しているのか？また、設定すべきではないか？結果はどのように理解するイメージでしょうか？

(**質問2**) エラー傾向及びパーソナル傾向の12項目はどのようにして抽出されたのでしょうか？安全行動を測る項目数として、網羅性がある、必要十分な項目なのでしょうか？

(**質問3**) 製造工場では荷役等多くの業務を関係請負人に発注しており、事故低減には関係請負人の行動改善も重要です。一方、多くの関係請負人は小規模で、独力でこうした調査に取り組む余裕がなく、また元方とは別会社なので元方主導も難しいと思います。元方と関係請負人が共同で改善に取り組んだ事例がありましたらご紹介ください

(**質問4**) 安全行動調査の結果は個人情報に当たり適切な保護が要求されると考えます。スライド8ページの中段に「安全衛生委員会での安全行動調査実施に関する審議等を実施の条件にする」とありますが、調査の実施に当たり、個人情報保護に関して各事業所がどのような内容で労働者と合意しているか事例がありましたらご紹介ください。

(**質問5**) これから検討する支援手法：具体的な支援ツールのイメージは何かあるのでしょうか？また、支援ツールに望まれる要素（必要な）は何と考えていますか？ユーザーの立場からすると、一番は対象の個人が興味がわく（食いつく）

ツールや教材が大切だと感じます。

(**質問6**) 支援ツールは、個人を対象としたものももちろんですが、組織や集団を対象としたものも必要かと思いますが、そのようなものも対象にしているでしょうか？

(**質問7**) 安全行動調査の結果と、安全成績（度数率、強度率）の相関を調査したことはあるか？（同業種もしくは調査後のBefore/After等）なにか傾向は見られるか？

(**質問8**) 安全行動調査の項目は、先天的なもの、後天的なもの、成人になるまでの経験に依存するものがあるように見えるが、そういった調査項目自体の分析はされているか？

14-3 未来のノンテクニカルスキル講座

　年間のイベント計画には行動特性研究会、体験教室の意見交換会、はじめてのノンテクニカルスキル教育講座そしてこのノンテクニカルスキル講座の4種類がある。更に第15章、第16章で述べる体験教室とコンテンツ提供教室が企業特設講座として実施されている。

　それぞれの参加対象者はそのイベントの目的や参加者の需要に応じて参加分けしている。主催者側としても、上記に対応できるようノンテクニカルスキル講座の内容を作成している。開発するコンテンツが多い年は本来は行動特性研究会での初発表であったが、9月のノンテクニカルスキル講座で実

施する場合も発生してきた。

　ノンテクニカルスキルのコンテンツを購入する場合、概要説明書（150字）ではPowerPointの細かいページ内容がわからないので、そのダイジェスト版を発表することで　購入の判断に寄与した。

　オンラインで開催（配信）するメリットを活かし、当日の集中度を向上させるため、基調講演を講座開催の1カ月前にオンデマンドで配信して、質問を期日までに受けて、講座当日に基調講演の講師が「質問に答える」形で実施したのが2021年、2022年と2023年の3回あった。このやり方は安全部会として初めてであったが、参加者から評判がよかった。

　今後のノンテクニカルスキル講座は従来の構成を柔軟に進化させて開催し、産業界のノンテクニカルスキル教育の促進に貢献したいと考える。

---

1. ノンテクニカルスキルに関係する分野での研究者の発表
2. 新規開発された行動特性の体験の場
3. 新規開発された演習の体験の場
4. 他業界の進んだノンテクニカルスキル教育の実践を聞く場

第15章

体験教室の実績

15-1 始めた背景

　2020年4月に新型コロナウイルス感染症（COVID-19）の拡大で緊急事態宣言が発出され、それまでのオンサイトセミナーが開催できなくなった。化学工学会安全部会においてもその年の最初のイベントである行動特性研究会を6月に初めてオンライン配信で実施した。ノンテクニカルスキルに関するセミナーは講師と対面で接して、周りの参加者の雰囲気も感じて、その方々の質疑応答を通じてより伝達効果があると思っていた。オンライン配信で実施せざるを得ない状況であったが、遠方から会場に集まることをしなくてもよいし、講師陣も時間を決めて開始時刻の少し前から会場準備やリ

ハーサルをしなくて済んだ。事務局の手間が一番縮小したのは会場予約とその費用の支払い、予稿集の印刷と会場への送付・当日の参加者への配布、セミナー直前の貸会議室所有の音響設備やプロジェクターと講師ＰＣとの接続チェック、そしてその後のセミナー後の講師を囲んでの交流会のセッティング（乾杯の音頭取りのセット、参加人数把握、会場予約、支払い）がなくなったことである。2020年6月以降は予稿集のモノクロ（白黒）印刷はせず、カラー原版でのPDFファイル版をクラウドストレージ「Box」に格納して事前配布できるようになった。

　当時はオンライン配信で開催するイベントが新鮮で、2020年のそれぞれのイベントへの参加者の数は前年までの1.5倍に増加した。2023年頃から一部のイベントはそのテーマによるが2019年の参加規模に戻ったものもあった。化学工学会安全部会は公益社団法人のため利益志向でなくていいのだが、イベントに占める会場費や交流会の一部補助、講師の旅費などの支出がゼロになり、全支出が大幅に少なくなることが予想されたので、ほぼすべてのイベントの参加費は従来の8割に下げた。例えばＨＡＺＯＰセミナーは70,000円から55,000円、安全講演会は10,000円から8,000円。安全サロンは2,000円だったが、少額振込依頼の請求書の発行や参加者の振り込みをする手間を考慮して、無料とした。このことが参加者が出張費などを使わずにオンライン配信で自宅や会社

に居ながらにしてイベントに参加できたので、参加人数が更に増えた。

　この状況から着想したのがオンライン配信での企業特設講座的なノンテクニカルスキルの体験教室の開催である。2015年から開始した行動特性研究会もノンテクニカルスキル講座もそのときのテーマに沿って3〜4名が講師を担当していた。企業のインストラクターを育成したりする需要や自分たちの事故から導かれる教育需要に正面から対応するためには、集合的なイベントでなく個別企業の需要に対応する多彩なプログラムを体験教室として用意しようと2020年6月に思いついた。

　当時はノンテクニカルスキルの関するイベントである行動特性研究会やノンテクニカルスキル講座は、すでに5年の実施実績があり、参加者の振り返りシートへの感想や要望及びイベント中の質疑応答や交流会での会話から何が求められているか予想できた。それが体験教室の初期のオンライン配信での8教室の計画であった。2020年6月の化学工学会安全部会の運営委員会（初めてオンラインでの開催）にてこの企画が承認され、このときの質疑応答に「参加費2万円は安すぎないか？」があり、こう答えた。「相場の半額であるが、今までノンテクニカルスキル講座などに参加された方々に還元したい」。

　そして2カ月で教材を完成させ、2020年9月に8教室を

開講した。2023年末で227個の教室の注文があり、実施してきた。注文があるかないか待っているときに一番最初の注文者のA社及びその担当のHさんはずっと記憶している。2020年9月1日の午後に体験教室5の「思い込み・おっちょこちょいの行動特性評価」を受講された。

15−2　体験教室

　ノンテクニカルスキル教育を企業で実施する場合の3科目構成の第二科目の「分かれ道演習」と「あなたならどうする演習」を体験教室に入れた。また、第三科目で実施する予定として多いと予想された「思い込み・おっちょこちょいの行動特性評価」と「言い出す力と聞く力の行動特性評価」を入れた。そしてそれらを実施する上での「成功への道」を付属させた。この付属教室は関連する教室を受講すると参加者には無料提供することにした。体験教室5「思い込み・おっちょこちょいの行動特性評価」と体験教室4「言い出す力と聞く力の行動特性評価」、体験教室6「行動特性評価の成功への道」が無料となり、ほぼすべての注文者はこのセットで受講した。体験教室5の60分とその他の40分の合計100分の受講となった。体験教室3「あなたならどうする演習」も体験教室8「成功への道」が付いて合計120分でセットとなった。

　2020年6月の時点で動物当てゲームは11社が購入してお

り、ノンテクニカルスキル教育のコミュニケーションや状況認識の向上に活用されて従業員からの評価の高い企業があった。動物当てゲームを体験教室の目玉にしたかったが、25マスの矩形を3人が伝え、正面に座る書き手が塗っていく演習はオンライン開催では難しいとの声があったし、筆者（南川）でもオンライン上での実施は難しく感じた。実施が成功する方法はまだ確立していなかったが体験教室のラインアップの1番目に動物当てゲームを置いた。そして実施できるか懐疑的な者同士がオンライン上で試運転をしてみた。実施する前に「こうやればうまくいく」「こうやればダメ」を打ち合わせしておき、試運転（テスト）したらうまく実施できた。多少ぎこちない言葉の伝達になるかと予想したが、そうはならなかった。コロナ禍でもオンサイトと同じように動物当て

教室1：動物当てゲーム

教室2：分かれ道演習

教室3：あなたならどうする演習

教室4：言い出す力と聞く力の行動特性評価

教室5：思い込み・おっちょこちょいの行動特性評価

教室6：行動特性評価の成功への道

教室7：分かれ道演習の演題の設定の仕方と成功への道

教室8：あなたならどうする演習の演題の設定の仕方と成功への道

ゲームができることが分かった。

15−3　体験教室の内容

※以下 8 教室の詳細を説明する（数字は案内当時）。

教室 1：動物当てゲーム

5 人一組で実施する。3 名が伝え手で画面に 5 秒間毎に表示される 3 文字動物の名称の一部矩形を 2 名の書き手に伝え、名称を早く当てる演習である。ノンテクニカルスキルの状況認識やコミュニケーションの向上に資する演習である。ゲーム後にメンバーが実施する振り返りシートは 1 年後の行動変容の姿を現す。すでに 11 社が購入し、ノンテクニカルスキル教育で活用している。

［所要 70 分］
1）動物当てゲームのノンテクニカルスキル教育上の意義の話（10 分）
2）動物当てゲームのやりかた説明（5 分）
3）動物当てゲームの第一ゲーム（15 分）
4）動物当てゲームの第二演習（10 分）
5）振り返りシートの記入と発表（30 分）
6）まとめ

演習参加者 5 名が有料、その会社のオブザーバー 4 名まで

無料。その会社が指定する時間に Microsoft Teams で配信する、企業特設教室となる。

事前準備：動物当てゲーム記入用紙、振り返りシートは開催1週間前に電子メールで送付される。参加者はそれを印刷して動物当てゲームを実施する。受講者は動物当てゲームの記入用紙に使用する太い黒・赤・青の蛍光ペンあるいはサインペン（マジックは太いため）をそれぞれ2本ずつ合計6本を用意しておく。

受講料金：1回当たり 20,000円（税別）。2020年6月開催の第11回行動特性研究会（Web）の参加者は5,000円割引。

※但し受講後、動物当てゲームを購入すると受講料は無料になる。

【表15－1】動物当てゲームの効能

動物当てゲームのノンテクニカルスキル修得対象要素（AGCのノンテクニカルスキルと事故の課題との関係から）		◎：よく合う ○：対象になる △：教育テーマによって変わる	
ノンテクニカルスキルのカテゴリー	事故から得られた課題	ノンテクニカルスキルの要素	動物当てゲームの修得対象
コミュニケーションとチームワーク	作業指示が明確でなかった。	情報伝達	○
	確認を面倒だと思った。	確認作業	◎
	作業者は知っていると思った。	相談	◎
	逸脱した手順が提案されたが、流された。	声出し	◎
リーダーシップ	主任の指示なので従った。	権威勾配	○
	現場を見ないで作業指示書を書いた。	思考	△
状況認識	異常な状態になっていたが、思い込みが目を曇らせた。	情報の判断	◎
	周りも守っていないので、いいと思った。	規律遵守性	
	通常と違う何が起こっているか考えなかった。	情報の収集	○
意志決定	非定常作業に変わったのに相談しなかった。	状況に基づく正しい意思決定	○
	これくらいはと思い、上長の承認を得なかった。	思考・自己監視	△

教室２：分かれ道演習

設問への各自の考えを５，６人が Yes-No カードで意思表示した後、意見交換を実施する演習で、繰り返す事故防止に役立つ。

［所要70分］
1）分かれ道演習の意義の話（5分）
2）分かれ道演習のやりかた説明（5分）
3）分かれ道演習の第一課題と発表と講師解説（20分）
4）分かれ道演習の第二課題と発表と講師解説（20分）
5）分かれ道演習の第三課題と発表と講師解説（20分）
6）まとめ

演習参加者４名が有料、その会社のオブザーバー４名まで無料。その会社が指定する時間に Microsoft Teams で配信する、企業特設教室となる。

事前準備：演習記入用紙と Yes-No カードは開催１週間前に電子メールで送付される。参加者はそれを印刷して演習を実施する。

受講料金：１回当たり 20,000 円（税別）。2020年６月開催の第11回行動特性研究会（Web）の参加者は 5,000 円割引。

教室３：あなたならどうする演習

　設問への各自の考えを３人が述べる形式の意見交換を中心とした演習で、分かれ道演習が５，６人の参加に比べると意見交換密度が高く、気付きの促進が大きい。

［所要70分］
1）あなたならどうする演習の意義の話（5分）
2）あなたならどうする演習のやりかた説明（5分）
3）あなたならどうする演習の第一課題と発表と講師解説（20分）
4）あなたならどうする演習の第二課題と発表と講師解説（20分）
5）あなたならどうする演習の第三課題と発表と講師解説（20分）
6）まとめ

　演習参加者３名×２グループの６名が有料、その会社のオブザーバー４名まで無料。その会社が指定する時間にMicrosoft Teamsで配信する、企業特設教室となる。

　事前準備：演習記入用紙。用紙は開催１週間前に電子メールで送付される。参加者はそれを印刷して演習を実施する。

　受講料金：１回当たり20,000円（税別）。2020年６月開催の第11回行動特性研究会（Web）の参加者は5,000円割引。

教室4:言い出す力と聞く力の行動特性評価

言い出す力(アサーション)と聞く力(傾聴力)はコミュニケーションの中で重要な要素に属する。この力が足りずに事故が起きたことが多い。自分がどの位置にいるか知ることが自己認識の強化の第一歩となる。この行動特性を自己評価できるツールは2018年2月にAGC㈱千葉工場とJXTGエネルギー㈱根岸製油所が共同開発した。

[所要60分]
1)言い出す力と聞く力の自己評価の意義の話(5分)
2)言い出す力と聞く力のやりかた説明(5分)
3)言い出す力と聞く力の音声再生で自己評価(20分)
4)言い出す力と聞く力の向上策の講師解説(20分)
5)まとめ

演習参加者10名が有料、その会社のオブザーバー4名まで無料。その会社が指定する時間にMicrosoft Teamsで配信する、企業特設教室となる。

事前準備:演習記入用紙。用紙は開催1週間前に電子メールで送付される。参加者はそれを印刷して演習を実施する。

受講料金:1回当たり20,000円(税別)。2020年6月開催の第11回行動特性研究会(Web)の参加者は5,000円割引。

※但し受講後、音声CD(実施要領書付き)20,000円(税別)

を購入すると受講料は無料になる。

教室5：思い込み・おっちょこちょいの行動特性評価

思い込みはたちが悪い。ノンテクニカルスキルの状況認識の段階での失敗のほとんどは正常性バイアスや確証性バイアスなど思い込み起因の事故につながっている。自分が思い込みが強いか弱いか・おっちょこちょいが強いか弱いかを知ることが自己認識の強化の第一歩となる。そして、これ起因の事故を防止していく。この行動特性を自己評価できるツールは 2014 年 9 月に AGC ㈱千葉工場が開発した。

［所要 60 分］
1）思い込み・おっちょこちょいの自己評価の意義の話（5分）
2）思い込み・おっちょこちょいのやりかた説明（5分）
3）思い込み・おっちょこちょいの音声再生で自己評価（20分）
4）思い込み・おっちょこちょいの向上策の講師解説（20分）
5）まとめ

演習参加者 10 名が有料、その会社のオブザーバー 4 名まで無料。その会社が指定する時間に Microsoft Teams で配

信する、企業特設教室となる。

　事前準備：演習記入用紙。用紙は開催1週間前に電子メールで送付される。参加者はそれを印刷して演習を実施する。

　受講料金：1回当たり 20,000 円（税別）。2020 年 6 月開催の第 11 回行動特性研究会（Web）の参加者は 5,000 円割引。

　※但し受講後、音声 CD（実施要領書付き）20,000 円（税別）を購入すると受講料は無料になる。

教室 6 ：行動特性評価の成功への道

　行動特性の評価は最初に成功することがその後の行動特性の評価の成功につながる。最初にうまくいかないとその後の第二の行動特性の評価が成果を生みにくい。長年の AGC ㈱千葉工場の経験と知恵で成功するやり方が考案された。成功するやり方と失敗するやり方を話す。

1 ）成功への道の話（30 分）
2 ）個別相談室（20 分くらい）

　参加者 10 名まで何名でも可。その会社が指定する時間に Microsoft Teams で配信する、企業特設教室となる。

　事前準備：準備品は無し。

　受講料金：1回当たり 20,000 円（税別）

　※但し、教室 4 あるいは教室 5 の受講者は無料。その教室

開催時間とは別に配信する。教室4あるいは教室5の後に同一日に連続で受講されるのがよい。受講者と調整して講師が指定する時間に開催する。受講希望が多い場合は、複数の企業が上記受講日と別の日に設定することがある。

教室7：分かれ道演習の演題の設定の仕方と成功への道

　分かれ道演習は事業所の教育需要に対応できる設問をインストラクターらが考え、教育の場で実施するものである。どのような設問にするか、インストラクターが教育中にどう盛り上げるかでその成果が影響される。長年のAGC㈱千葉工場の経験から成功するやり方が考案された。成功するやり方を話す。

1）分かれ道演習で演題を設定するいい方法
2）分かれ道演習の効果的なやり方

　教室2の参加者は無料。教室2の後に同一日に連続で受講するのがよい。
　受講者と調整して講師が指定する時間にMicrosoft Teamsで配信する（所要40分）。受講希望が多い場合は複数の企業が上記受講日と別の日に設定することがある。

教室8：あなたならどうする演習の演題の設定の仕方と成功への道

あなたならどうする演習は事業所の教育需要に対応できる設問をインストラクターらが考え、教育の場で実施するものである。どのような設問にするか、インストラクターが教育中にどう盛り上げるかでその成果が影響される。長年のAGC㈱千葉工場の経験から成功するやり方が考案された。成功するやり方を話す。

1) あなたならどうする演習で演題を設定するいい方法
2) あなたならどうする演習の効果的なやり方

教室3「あなたならどうする演習」の参加者は無料。教室3の後に同一日に連続で受講するのがよい。

15−4　体験教室の振り返りシート

[教室1：動物当てゲーム]

・動物当てゲームでは、相手に早く短く正確に情報を伝える大切さを学んだ。(2023年1月、Y氏)
・今後の工場での実際のトラブル対応等で実践していきたい。
・動物当てゲームを通じて、相手の言うことを聞き取る、相手に伝えることの難しさを改めて感じました。答えをわかっ

た後に確認すると、(自分たちの) 違っているところが多くありました。(2022年9月、I氏)

・動物当てゲームを実体験し、コミュニケーションの難しさ・改善すべき点がよく理解できました。受講者にとっても、ゲーム感覚で盛り上がりながら、学ぶことができる非常に有用なカリキュラムでした。また、ノンテクニカルスキル研修のインストラクターとして、どのように受講者をリードするかの一助になり、大変有意義でした。(2022年9月、O氏)

・動物当てゲームは演習した後が非常に重要と思いました。気づきと行動変容、どう持っていくかしっかりと準備して、事業所に展開したいと思いました。2022年9月F氏管理者クラスは、いい結果が出た場合に何が良かったかを分析し、今後の新人教育やチーム醸成に役立てることが出来そう。(2022年9月、T氏)

・教育指導のノウハウまでご教授いただき、ありがたく感謝しております。(2022年9月、M氏)

・かなり盛り上がる方法で、他の参加者からの反応もよかったため満足した。(2022年6月、Y氏)

・受講者自身の気づきにつながる、素晴らしい方法と感じました。ぜひ弊社でも活用し、日本だけでなく海外へも広げたいと思います。(2022年6月、K氏)

・他の教室同様に、「振り返り」の部分が非常に重要だと体感できた。ゲーム感覚で楽しく活動したあと、自業務に置き

換えて考えると、つながる部分があると気づかされる。今回も良い体験ができた。ありがとうございました。（2022年6月、E氏）

・短い時間で正確に伝えなければならないシチュエーションを体験できる素晴らしいプログラムでした。（2024年2月、A氏）

・今まで体験したことのない内容で、新たな気づきを得られてよかったです。（2024年2月、S氏）

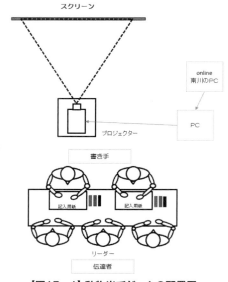

【図15−1】動物当てゲームの配置図

[教室2:分かれ道演習]

・分かれ道演習では、Microsoft Team でのディスカッションにより多様な意見を取り入れる事ができた。痛いことが判ると近道行動や省略行動をやらくなるので、そこをしっかり職場の皆さんに伝えていきたい。(2023年1月、Y氏)

・改めて人にはそれぞれの価値観があり色々な考え方があることに気づきました。どうすれば成功するのか？過去の経験もいい対応策である事を学びました。今後は自職場での事例を元に分かれ道演習を考えたいと思います。まず南川先生の講義が実体験を元にお話しになる為、製造現場の私には大変分かりやすく、面白く納得しながら、受けさせて頂きました。今後の研修も楽しみです。よろしくお願い致します。(2023年1月、K氏)

【表15-2】分かれ道演習の演題例

配管をまたぐ
吐出プラグ漏れ
ふたつの指示
2度目の作業指示の内容
電車の優先席
独身寮の朝のコーヒー
データの改ざん

[教室3:あなたならどうする演習]

・自分が実際に管理している製造現場に当てはまる実例が多

く、早速現場とディスカッションしたくなった点がよかった。
・演習を通じて客観的に自分の立ち位置が良く分かり、対策も立てやすいと感じた。（2023年8月、I氏）
・3人一組での演習は意見交換密度が高くなると思った。（2022年10月、T氏）

[教室4：言い出す力と聞く力の行動特性評価]
・問題になっているのは言い出す勇気では無く、周りの聞く構え方だと思います。その力を付ける為にはどうしたら良いかを学ぶ機会が有れば良いのでは？（2023年1月、M氏）
・実際に製造現場で工事協力会社員への注意喚起できる様になる為にはどうしたらいいのか、といった目的もあり講義に参加しました。今後、協力会社員への講義受講も必要かと感じました。（2023年1月、S氏）
・講師より的確な、明確なメッセージがあり言い出す勇気として受け止めやすいテーマ講義となった事で大変有意義であったと感じた。本講義ではないが「言い出す勇気」から管理職向けに「受け止める力」みたいな講義があるなら聴講したいと思う。（2023年1月、Y氏）
・共感できる項目が多々あり、分かりやすい内容であった。（2023年1月、T氏）
・実例を示しながらの説明で分かりやすかった。（2022年10月、N氏）

・自分の言い出す力、聞く力を客観的に評価することができた。（2022年10月、H氏）
・理解しやすい説明・内容でした。（2022年6月、K氏）

[教室5：思い込み・おっちょこちょいの行動特性評価]
・オーオーマップの演習で自身の行動特性を評価することができました。思い込みやおっちょこちょいな部分があると認識しましたので、何をするにも一呼吸おくことを心がけようと思いました。（2023年5月、K氏）
・声が聞き取りにくかった。（2023年5月、M氏）

【表15-3】IKマッピング実施要領書の目次

1. IKマッピングの流れ
2. 実施要領　なぜ十分な会話ができないか？
3. IKマッピングとは？
4. 各象限の特徴
5. マップの掲示の意義と職場安全活動への展開
6. コミュニケーションの流れ
7. ノンテクニカルスキル能力開発7ステップの1から3
8. ノンテクニカルスキル能力開発7ステップの4から5
9. ノンテクニカルスキル能力開発7ステップの6から7
10. コミュニケーションの5要素
11. 部下のノンテクニカルスキル能力開発
12. 部下のノンテクニカルスキル能力開発（続き）
13. 自己管理シートの導入とメンタリング例
14. 自己管理シートの導入とメンタリング例（続き）
15. コミュニケーションの手段
16. コミュニケーションの手段（続き）

・オーオーマップのような物を使うという考えには至ると思いますが、事前に話しをしていないと効果が薄いという事は知りませんでした。そして実際にその流れで行う事で確かに質問に真っ直ぐに向かう事が実感出来ました。多くの経験が基になっている講習なんだと感じる事が出来ました。なんとか自工場でも実施したいと思いました。(2023 年 5 月、F 氏)
・講義のみではなく、自己診断できるものを取り入れたり、音声での質問（人間の心理に対応した工夫）があり、全く飽きの来ない有意義な内容だった。(2023 年 5 月、M 氏)
・オーオーマップで、ハイリスクの方に対しての指導方法を知りたかった。(2022 年 6 月、Y 氏)
・体験教室 5・6 を受講して、オーオーマップや失敗しない社内展開の方法を実事例（成功例）を元にお話をいただいた。なるほど、このようにやるのかと、本当に納得感が得られた。自社においても年間計画を立てて実行してみたいと思った。(2022 年 5 月、Y 氏)
・直近で災害発生させた職場の為、参加させて頂いた。(2022 年 5 月、K 氏)
・判定テストが良かった (2022 年 4 月、Y 氏)
・思い込みや、おっちょこちょいの診断で、自分が現在どのような状態か再確認できた。(2022 年 4 月、M 氏)
・個人の思い込みやおっちょこちょい診断を把握することにより、指導方法を変えることでエラー防止に効果的であるこ

とがよく理解できた。（2022年4月、I氏）
・「自己を知れば事故は減る」は言えていると感じた（2022年4月、N氏）
・思い込み・決めつけ・おっちょこちょい・うっかり・ぼんやり防止方法と思い込みは、ベテランに多いことが勉強になりました。（2022年4月、T氏）
・オーオーマップで自分のタイプを知ることができ、今後の業務で気をつけるべきことが見えた。ヒューマンエラーを無くす方法を再確認できた。（2022年4月、F氏）
・思い込み・おっちょこちょい判定ではあまり個人差が出な

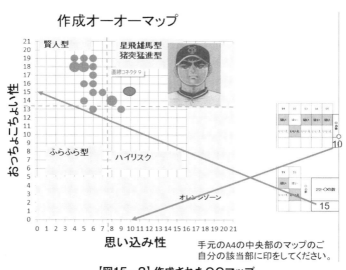

【図15－2】作成されたOOマップ

いかな、と感じていたが、出席者の中でも結構タイプの違いが出ていた。これを課員全員にさせて、そのタイプに応じた指導方法に活かす等、有用性を感じた。(2023年9月、F氏)

[教室6：行動特性評価の成功への道]
・単にマッピングするだけではなく。そこを起点に教育を進めること。個人毎の管理シートで手厚く指導をすすめることが理解できた。(2022年1月、S氏)
・自己管理シートを使い、いい育成面談をする重要性を認識した。(2020年から多数)

[教室7：分かれ道演習の演題の設定の仕方と成功への道]
「教室2」の振り返りシートに含む。

[教室8：あなたならどうする演習の演題の設定の仕方と成功への道]
・丁寧に解説していただいたので、理解しやすかった。
・事例では専門用語を理解できない場合に、一般化してやるのがいいなど技術部門、事務部門で展開するのに役立つアドバイスがいただけた。(2023年8月、S氏)
・集合教育は多くの部門の受講者が参加するので一般化した設問なるが、部署毎に簡単演習課題を作れることがわかった。(2022年10月、M氏)

15－5　展開の構想

　体験教室は合計8教室で教育需要の高いテーマを選び教材を制作し、2020年9月に開始した。当時はまだこの8教室しか体験教室のメニューになかったが、その3カ月後の2020年12月からコンテンツ提供教室が開始され、当時抱いていた構想がノンテクニカルスキル2.0のコンテンツ提供教室も開始されて実現されていった。

　ノンテクニカルスキル教育を1回当たり100分から120分で実施する場合、次の望まれる3科目構成にするのが良いと思われる。
　第一科目：ノンテクニカルスキルの基礎
　第二科目：あなたならどうする演習か分かれ道演習で意見
　　　　　　交換
　第三科目：行動特性の評価

　この体験教室は第二科目に関して4教室（2，3，7，8）を提供し、教室1として動物当てゲームも提供した。
　第三科目としての行動特性評価は教室4の言い出す力と聞く力の行動特性評価と教室5の思い込み・おっちょこちょいの行動特性評価を提供した。教室6はそれらの行動特性評価の成功への道である。

第一科目の内容もそれぞれの体験教室では話されているが、教材の提供はされないことになっていたので、発展させるために3科目構成にする場合の教材として第16章で述べるコンテンツ提供教室がその役目を果たしている。2023年からはノンテクニカルスキル2.0のコンテンツ提供教室がそれに続いた。これらは第一科目のノンテクニカルスキルの各カテゴリーあるいは要素にフォーカスした教材で、講師がその教材を自社向けにアレンジして使用できる。コンテンツ提供教室の大半にはそのテーマに関連する事故を題材にしたあなたならどうする演習が2題用意されているので、用意されている題材をそのまま使用してもよいし、その事故を自社の事故などに代えることでより納得感の高い教材に変換できる。

　コンテンツ提供教室では行動特性評価としてとっさの行動特性と注意力の自己評価が追加された。第二科目としてはレ

コンテンツ提供教室1：とっさの行動を防ごう！
コンテンツ提供教室2：考えてから行動しよう！
コンテンツ提供教室3：注意深くなろう！
コンテンツ提供教室4：しなやかさを養おう！
コンテンツ提供教室5：言い出す勇気をもとう！
コンテンツ提供教室6：きまりを守る大切さ！
コンテンツ提供教室7：レゴ組み立て演習
コンテンツ提供教室8：優先度付け演習

ゴ組み立て演習や優先度付け演習。

　体験教室、コンテンツ提供教室、ノンテクニカルスキル 2.0 のコンテンツ提供教室で教育需要の多くをカバーしていると考えられ、それらを応用して 3 カ年計画でのノンテクニカルスキル教育も進むと思われる。これらの教室の参加者による意見・依頼・感想から次のコンテンツの種が生まれる。参加者の声を反映して今後も次の新しいコンテンツを制作していこうと考える。

15－6　定期的意見交換会での各社の活動報告

　2020 年 9 月にノンテクニカルスキルの体験教室を開始し、同年 12 月にはコンテンツ提供教室を開始した。利用者の意見交換の場として 2021 年から毎年 2 回（5 月と 11 月に実施）体験されたり、社内教育に使用した会社の方たちの使用報告を主に実施してきた。この意見交換会は 2015 年から開始された行動特性研究会が下記の目的で実施されてきたことを参考にした。
　1．行動特性の自己評価の良好事例の発表の場
　2．行動特性評価に関する参加者の意見交換の場
　3．新規開発された行動特性の体験の場
　4．演習の体験談の発表の場
　5．新規開発された演習の体験の場

6．他業界の進んだノンテクニカルスキル教育の実践を聞く場
7．進んだノンテクニカルスキル教育の実際を見学する場

この意見交換会は上記の1．行動特性の自己評価の良好事例の発表の場、2．行動特性評価に関する参加者の意見交換の場及び4．演習の体験談の発表の場に焦点を当てて約2時間開催している。ノンテクニカルスキル2.0のコンテンツ提供教室が開始されてからは時々3．新規開発された行動特性の体験の場にもなっている。

15-7 今後の展望

ある講座で「行動特性評価を通じた人材育成　副題：ノンテクニカルスキルの向上で事故防止」の題名で90分講義した受講者のレポートへの講師の総括コメントを記す。

「行動特性評価とそれに続く自己認識の強化が事故を減らすことについてご理解と必要性について認識していただきどうもありがとうございます。OJTで教える側も人財育成を通じて成長すればその組織の安全文化も向上します。ノンテクニカルスキル教育の中で行動特性評価をするのが有効で、実施し始める時に「成功への道」を歩めるかどうか十分な話し合いが必要だと思います。実施中の事業所はその成果が「行

動変容」の形で現れることを期待します。」

　今後のノンテクニカルスキルに関するイベントは2015年に開始し毎年開催しているノンテクニカルスキル講座（9月の定期開催）及び2015年に開始し毎年開催している行動特性研究会（6月の定期開催）と年2回（5月と11月）に開催しているノンテクニカルスキル体験教室の意見交換会を有機的・包括的に組み合わせて、それぞれのイベントが掲げる活動目標を更に進化させてシナジー効果が出るように工夫し、産業界のノンテクニカルスキル教育の促進に貢献したいと考える。

第16章

コンテンツ提供教室の実績

16−1 始めた背景

　第15章で体験教室を開始した経緯を述べた。2020年9月に開講した体験教室は全8教室で開始し、順調な滑り出しとなり、多くの方々が受講した。体験教室は性質上音声コンテンツや回答用紙は受講者に配布されているが、講師が教室で使用した PowerPoint ファイルや Excel ファイルは提供していなかった。

　教室で使用される PowerPoint ファイルの原版をそのまま提供できないかという受講者の要望があり体験教室は思い込み・おっちょこちょい行動特性評価（OO（オーオー）マップ）及び言い出す力と傾聴力行動特性評価（IKマップ）と

その行動特性評価の成功の道が 3/8 を占めており、残りは動物当てゲームや分かれ道演習、あなたならどうする演習及びそれらの演題の設定の仕方と成功への道で 8 教室であった。

【体験教室の種類】
教室1：動物当てゲーム
教室2：分かれ道演習
教室3：あなたならどうする演習
教室4：言い出す力と聞く力の行動特性評価
教室5：思い込み・おっちょこちょいの行動特性評価
教室6：行動特性評価の成功への道
教室7：分かれ道演習の演題の設定の仕方と成功への道
教室8：あなたならどうする演習の演題の設定の仕方と成功への道

事業所でノンテクニカルスキル教育を開始するにあたり、教材を自分たちの手で最初から制作するのは時間と労力がかかりすぎるので、新設するコンテンツ提供教室は教室で使用される PowerPoint ファイルの原版などをそのまま（一部写真は肖像権の関係で削除して）提供することにした。

そして教室のテーマは各社の教育需要が多いと思われる下記の最初の3教室1,2,3を2020年12月に、次の2教室4,5を2021年8月に、教室6を2021年12月に、教室7のレゴ組み立て演習は2022年3月に順次提供を開始した。教室

8の優先度付け演習は教室1から7のいずれかの受講者に無料で提供した。受講費用は体験教室のほぼ倍の 35,000 円（税別）に設定した。これは原版提供費の割合が半分を占める。

> 【コンテンツ提供教室の種類】
> 教室1：とっさの行動を防ごう！
> 教室2：考えてから行動しよう！
> 教室3：注意深くなろう！
> 教室4：しなやかさを養おう！
> 教室5：言い出す勇気をもとう！
> 教室6：きまりを守る大切さ！
> 教室7：レゴ組み立て演習
> 教室8：優先度付け演習

16-2 ノンテクニカルスキル2.0 コンテンツ提供教室の開発の背景

ノンテクニカルスキル 2.0 コンテンツ制作ワーキンググループ（WG）が 2022 年 11 月に発足したときに、ノンテクニカルスキル 2.0 の考えを入れた新ＫＫが考案できないか考え始めた。

例えば、一番最初に開発したのは新ＫＫ（危険敢行性と危険感受性の評価）で従来型のＫＫ手法も危険敢行性を抑制し

て労災などを抑制する効果があった。

　しかしながら、KKを自己評価した後の上位者の関与あるいは上位者による育成面談などが実施されていけば、従業員はもっと自己管理の強化が促進され、行動変容への動機づけが大きくなるのではないかと予測した。自己評価の結果はその場ですぐ分かるので、自分のタイプが危険敢行性が強いのか弱いのかが分かるが、その後の行動変容に結びつけるには個人目標管理シートやそれを元にした半年に1回くらいの頻度での育成面談（メンタリングとなる）が不可欠であろうと考え、個人目標を記述する上で参考になる当事者への「危険敢行性」行動特性ガイドライン及び「危険感受性」行動特性ガイドラインを後述する原因別に約300～400字で用意した。更に追加したことで重要なことは当事者以外の周囲の人たちへのアドバイスという内容で、当事者の上位者あるいは育成面談する方が当事者へのその原因における育成面談におけるいいアドバイスやヒントを約300～400字で用意した。

　例えば、危険敢行性の「楽観バイアスの発現」が原因の当事者には「手間のかかること、複雑な作業・面倒なことなどが発生したときになんとかなるだろうと考える傾向がある。今までそのような思考パターンで生きてきて定着しているので、是正は難しいが、このことが起因でトラブルが発生しないようにするためには、まず自分が「楽観バイアス」がやや強いと自覚することである。即効的な効果のある方策は、行

動する前に安易な方に流されないように、一旦着手前に立ち止まり今までだったらどうするだろうか？慎重な行動とは何か？を一度考えてから行動・言動する習慣をつけることが良い。更には、自分自身や他人の主張を時々批判的に考え、適切な情報を収集してから判断する習慣をつけることも大切である。」

16－3　コンテンツ提供教室の内容

教室別にその教室のねらいや時間割を説明する。

教室1：とっさの行動を防ごう！

近年、新入社員の割合が多く、入社5年未満の社員の労災を含むトラブルが増加する傾向になってきた。若年層特有の行動・言動特性を事業所は認識し、その特性が発現しにくいように教育する需要が発生してきた。そのためには脳の発達の過程を理解し、若年層にそのことを伝えることが必要である。それを認識してもらうために、あなたならどうする演習の形式でとっさの行動をとったことが原因の事故を題材に3人一組で意見交換し、その防止策についても話し合う。とっさの行動を抑制することを気付いてもらう。すでにこの教室を実施した事業所の成果についても語られる。

［所要110分］
1）入社5年未満教育の意義（5分）
2）人間の脳の発達の特徴の説明（5分）
3）とっさの行動を起こす原因（20分）
4）とっさの行動を防ぐ「あなたならどうする演習」2題（30分）
5）とっさの行動特性評価1
　　あなたの陥りやすいマイナス感情は何？（20分）
6）とっさの行動特性評価2
　　あなたの陥りやすいマイナス反応は何？（10分）

【図16−1】とっさの行動を防ごう！教室の一部

7）まとめ

　受講料に含まれるもの：教室で使用されたPowerPointファイルの電子版、行動特性の自己判定用紙Excelファイルの電子版、あなたならどうする演習の回答用紙の電子版。

教室2：考えてから行動しよう！

　人間の思考パターンには二通りある。慎重に考えて行動する場合と直観的あるいは本能的行動する場合であり、多くの事故が後で振り返ると「よく考えてやればよかった」と反省が聞かれる。長年の繰り返し作業から形成されたり、同じ職場での作業から思考パターンが固定化してくるとパターン化に陥りやすい。ベテランは作業は早いと言われるのは定型化した経験の蓄積からである。

　考えずに行動する割合は9割とも言われている。

　そこで、考えてから行動する習慣の重要性を認識してもらい、それを身につける気づきを促進するプログラムの需要が生じた。形式でとっさの行動をとったことが原因の事故を題材に3人一組で意見交換し考えてから行動する大切さを深く気づいてもらう。その行動についても話し合う。

［所要90分（休憩5分含む）］
1）Fast思考とSlow思考について（10分）

2）人間の脳の発達の特徴の説明（10分）
3）とっさの行動を起こす原因（5分）
4）とっさの行動を防ぐ「あなたならどうする演習」2題（30分）
5）とっさの行動特性評価1
あなたの陥りやすいマイナス感情は何？（15分）
6）とっさの行動特性評価2
あなたの陥りやすいマイナス行動は何？（15分）

受講料に含まれるもの：教室で使用されたPowerPointファイルの電子版、文字書き演習のExcelファイルの電子版、あなたならどうする演習の回答用紙の電子版。

教室3：注意深くなろう！

注意力には「とぎれる」「それる」「ゆれる」という主に3つの性質があり、それぞれの性質に対応したミス防止の実践的な方法が教育される。その後の未来に注意深くなるとどのように変われるかが話される。あなたならどうする演習では注意力不足の実際の事例を題材に2課題3人一組で意見交換し、注意力深くなる気づきを促進してもらう。

注意力の自己評価を25設問に回答することで自分がどのタイプかその場でわかり、タイプ別の行動指針が示され、受講者は個人目標を設定し、半年後に振り返る。

すでに注意力の判定を実施した事業所における注意力と労災、注意力と年齢の相関についても付録で語られる。

［所要85分（休憩5分含む）］
1）この教育の意義（5分）
2）注意力の性質とミス防止方法（25分）
3）注意力に関するあなたならどうする演習
　　事例紹介・事例研究含む（25分）
4）注意力の自己評価と目標設定（25分）

受講料に含まれるもの：教室で使用されたPowerPointファイルの電子版、注意力の自己判定用紙Excelファイルの電子版、注意力の音声ファイルの電子版、注意力の行動指針のWordファイルの電子版。

教室4：しなやかさを養おう！（2021年8月準備完了）
フレキシブルな考え方や自問自答力の向上は豊かに仕事を遂行する上で産業界のみならず、すべての分野で必要な能力の1つである。
しなやかさを高めるとどのような利点があるか理解していただき、しなやかさを向上させる「自己観察法」を3人で演習を通じて体験する。

［所要90分（休憩5分含む）］
1）Safety Ⅱの考えの応用（5分）
2）バスケットボールの思い込み映像（5分）
3）しなやかさを高めるには（25分）
4）もうひとりの自分との対話
　　「自問自答力」の向上演習（休憩10分含む）（35分）
5）災害の水平展開に自問自答を応用（5分）
6）事故事例研究1件（10分）

　受講料に含まれるもの：教室で使用されたPowerPointファイルの電子版、映像は含まない。

教室5：言い出す勇気をもとう！（2021年8月準備完了）
　「ひとこと言っておけばよかった」、「知っていると思った」など声をかけておけば正しい手順で作業ができ、トラブルが発生しなかった経験があると思う。「沈黙は金」ではなくなった。社会心理学の責任の分散や多数の無知を知り、その事例から学び、言い出すことが大切であることを認識できる教材である。

［所要80分（休憩5分含む）］
1）チームエラー発生のメカニズム（なぜ起こるか）
　　言い出すことの必要性

社会心理学の責任の分散や多数の無知　評価懸念の行動（35分）
2）傾聴力と言い出す力の関係
　　人はなぜ意見や情報を言わないかの理由構造（30分）
3）テネリフェの事故事例研究1件（10分）

受講料に含まれるもの：教室で使用されたPowerPointファイルの電子版。

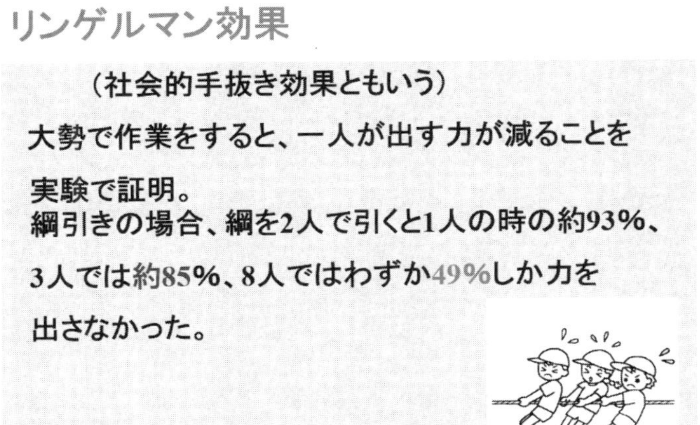

リンゲルマン効果

> （社会的手抜き効果ともいう）
> 大勢で作業をすると、一人が出す力が減ることを実験で証明。
> 綱引きの場合、綱を2人で引くと1人の時の約93%、3人では約85%、8人ではわずか49%しか力を出さなかった。

【図16-2】教室で話されたページの一部

教室6：きまりを守る大切さ！（2021年12月準備完了）
順守意識の向上には王道はない。地道にこつこつと従業員

と話し合い・意見交換をし、その気にさせる丁寧な意識改革・横展開を実施し続けることで、「広い意味での安全文化」が向上する。意識改革につながる規律順守性の向上で事故が減ると考える。規律順守性向上の第一歩を踏み出せる教材である。

［所要 65 分］
1）人はなぜきまりを守らないか・守れないか 8 パターン（15 分）
   8 パターンの紹介と典型的な分布
2）きまりを守らなかった告白（25 分）
   きまりを守れない・守らない告白（参加者がその場で記入）
   スモールミーティングの実施　（やり方の説明含む）
3）某工場各部署の規律順守性向上の取り組み（10 分）
   きまりを守る教育から横串管理の展開までの PDCA
   規律順守性の向上の PDCA
4）あなたならどうする演習 2 問（15 分）

受講料に含まれるもの：教室で使用された PowerPoint ファイルの電子版。

教室7:レゴ組み立て演習(2022年3月3日準備完了)

「レゴ組み立て演習」は、どのようにすれば良い段取りで仕事ができるかあるいは良い「都度認識合わせ」ができるかについて、参加者に組み立て作業を通じて議論してもらうことを目的として開発した演習である。ノンテクニカルスキルの第一カテゴリーの状況認識、第二カテゴリーのコミュニケーション、第三カテゴリーのチームワーク及び第四カテゴリーの意思決定が学習対象となり、ノンテクニカルスキルの大部分の要素を総合的に関係させた演習となる。特に仕事を開始する前の段取りは集団での意思決定の良否に影響する。

1.目的(ねらいを変えるといろいろな目的に使える)
　※下記は一例
①伝える側と受ける側の認識に違いがあり、少しの違いであっても時間が経つと大きな差になること及び仕事をミスなく進める上では事前段取りが重要であることを認識する。
②認知した情報が集団的意思決定の基礎となるコミュニケーションとチームワークに影響することを知る。
③様々なストレスの下にある緊急時には「暗黙裡の協力(implicit coordination)」が必要であるが、この演習の体験、そのプロセスの客観的な観察及びそのあとの議論を通じて、「暗黙裡の協力」に不可欠な「事態についての共通認識(shared mental model)」の重要性を再認識する。

④演習の記録を見て、自分自身及び自分のグループ（自部署）の特徴を認識する。

⑤振り返りではこの演習で得た課題をそれぞれの職場の問題に置き換えて日常の業務に活かす。

演習の目標は、各グループの伝える側に渡されたレゴ組み立て写真を元に伝える側が組み立て側に伝え、制限時間内にレゴ組み立て写真と同じものを組み立てる。

プレーヤーは、伝える側2名（1名でもできる）及び組み立て職人2人である。したがって、4名または3名で編成する。5名は多い。

申し込み後、教室で使用するレゴブロックとレゴ組み立て写真を郵送するので、実施はその後となる。教室での演習は受講者同士は対面となる。

［所要70分（休憩なし）］
1）レゴ組み立て演習時間割
　　このゲームのねらい（5分）別紙は教室終了後送付
　　やり方説明（5分）
　　第一ヒート（10分）　演習の制限時間は7分
　　※休憩兼作戦タイム（10分）
　　第二ヒート（10分）
　　デブリーフィングと発表（30分）

受講人数は2組8名まで（6名でもよいし、1組4名でもよい）、オブザーバーは受講者も含め合計10名になるまでなら2名まで）

受講料に含まれるもの：教室で使用されたPowerPointファイルの電子版、下記ファイル4枚（WordとExcel）。
①レゴ組み立て演習の概要書
②レゴ組み立て演習の要領書
③レゴ組み立て演習の効能表
④レゴ組み立て演習後の振り返りシート
⑤教室で使用した「すぐ使えるレゴ組み立て演習キット」16名（計4組＊4人）分のレゴブロック一式及びレゴ組み立て写真一式
※「すぐ使えるレゴ組み立て演習キット」を追加注文を希望する場合は1式8,000円（税別）。

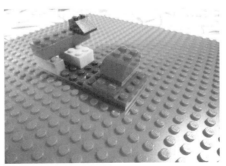

【図16-3】レゴ組み立て図の簡易版

教室8：優先度付け演習（2022年4月11日準備完了）

「優先度付け演習」は、ある場面が提示され、解決のため個人で決めた優先順位と、チームで決めた順位を比べてみて、自分ひとりで考えた順位とグループ討議後の順位に違いが生じることを認識し、何が原因（おそらく下記のような原因）であったかをグループで振り返ることでその後の実際の業務においての会話や対話の改善に役立てるのをねらいとする。

①誰か一人の意見が通ってしまった？
②自信が無くて別の意見が言えなかった？
③1つの意見に対して、誰も「おかしい」と思わなかった？
④善し悪しを議論しないで、「多数決」で決めた？

「優先度付け演習」は「コンセンサス演習」の名称で会話改善を目的としてNASA（アメリカ航空宇宙局）が開発した演習で、無料で提供されている。ノンテクニカルスキルの第一カテゴリーの状況認識、特に第二カテゴリーのコミュニケーション、第三カテゴリーのチームワーク及び第四カテゴリーの意思決定が学習対象となり、ノンテクニカルスキルの大部分の要素を総合的に関係させた演習となる。演習後、振り返りシートを作成し、グループ毎に意見交換し、行動目標を設定してもよい。

特に確認会話や傾聴力の向上、会話の質向上が目標となる。
①他人の発言をさえぎらない

②わからないことがあったら、すぐに質問する
③他人の考えの受容
④正しいと思われることを話す口調
⑤人間関係が結果に反映する場合の対応

したがって、演習の特性上、グループは4名から6名で編成する。

［所要65分］
1）やり方説明（10分）
2）自分で考える（5分）
3）グループ討議（15分）
4）グループ発表（5分）
5）正解とのずれ計算（10分）
6）討議の振り返り（15分）
7）応用例（5分）

企業特設講座でなく、講師が日時指定の集合開催（複数の会社が参加）となる。

無料対象者：コンテンツ提供教室を一度以上受講した人
送付されるもの：教室で使用されたPowerPointファイルの電子版の一部、下記ファイル1枚（Excel）

①記入用紙

16-4　コンテンツ提供教室の振り返りシート

[教室1：とっさの行動を防ごう！]
・具体的な事例を学ぶことができ、安全活動を進めるための具体的なイメージができました。若年層の話などは、過去の弊社で起こった災害の要因の一つとして腹落ちしました。従業員各自の危険感受性、危険敢行性を自覚してもらい、安全教育や対策を進めたいと思います。（2023年8月、I氏）
・25－30歳にならないと脳が成熟しない＝①若い人が労働災害を起こしやすい科学的な理由が存在、②労働災害の発生時間帯は昼食前と終業時間帯付近が多い理由も脳が自己コントロールにエネルギーを消費させないことにより注意力や集中力が低下するためという科学的な理由が存在を初めて知り非常にためになりました。上記を踏まえて労働災害を発生させないための作業者の教育を実施していこうと思います。（2023年8月、I氏）
・本講習は複数ある中の一つのコンテンツということもあり、単体ではそこまで目新しい内容とは感じませんでした。他の講習も受けて効果が発揮されるものと思いますので、次回も機会があれば参加させていただきます。（2022年8月、T氏）
・インストラクターの話にはつらつした元気があったほうが

よいと感じた。(2022年8月、I氏)
・とっさの行動特性評価で、自分の意外な特性を知る事ができて良かった。(2022年7月、U氏)
・自分では気づけない特性を確認できた点は非常に良かったです。(2022年7月、K氏)
・南川さん（講師）の実体験をもとにした構成となっており、イメージしやすくて良かった。製造現場向けの企画として有効であると感じた。(2022年6月、N氏)
・とっさの行動による事故について、不安全行動を起こす原因、自己管理シート活用による行動特性認識と対処法が理解できた。若年者の行動変容につなげられるだけでなく、管理者がその行動変容を促すようにすることで職場の安全向上を図れるよい教育であると思った。時間も2時間とちょうどよいと思います。(2022年6月、M氏)
・災害はとっさの行動で起きやすいので、如何に緊急時に正しい判断が出来るか、いつも緊張感を高めておかなければけない事を再認識できた。(2022年6月、S氏)
・若年層への教育の重要性を感じた。ＫＫマップと併せて教育するのが効果的であることも分かった。(2022年6月、H氏)

[教室２：考えてから行動しよう！]
・人間の行動特性など、本研修において気づく点、改善点が多くあったと感じました。特に、若手の思考に関する内容に

は初めて気づかされた部分も多く、今後、若手を教育していく上で講習で得た知識を踏まえ教育していきたいと感じました。(2022年1月、K氏)

［教室3：注意深くなろう！］
・課題をすることによって、自分以外の人の意見（考え）等も聞けるので良いと思います。(2022年8月、M氏)
・新入社員に対し、教育することで事故が減ると思います。また、管理者になるような人向けに、その段階で再度教育を実施することで、事故を減らせるようになりそうです。(2022年8月、Y氏)
・演習時間が短いのでもう少し長いとしっかりと考える時間がある。演習前の説明が何をしたら良いのか、いまいち分からずに突然演習が始まるので理解するまでに時間が掛かる。(2022年8月、H氏)
・ゲーム感覚やグループ討議の時間等でお互いにコミュニケーションをとる事が出来て良かった。(2022年8月、S氏)
・注意力の高めるための教育の方法、意識付けの参考になりました。(2022年8月、H氏)
・満足した点：「注意力判定試験」により、自分自身と上司が現状の注意力レベルを数値で知ることができ、そのレベルに対する自分自分の改善点と上司の指導方法を学ぶことができ、是非活用したいと思った。(2022年8月、S氏)

・講師の実体験を踏まえたお話しに共感でき満足しました。討議のする内容の説明をもう少しして頂ければよかったです。(2022年8月、S氏)
・注意力徳性評価判断シートで自分の注意力に気づくことが出来た。演習で他の人の考え方も共有することが出来て良かった。注意力に種類というか区別みたいなものがあることは勉強になった。(2022年7月、K氏)

[教室４：しなやかさを養おう！]
・ノンテクニカルについて聞きなれないメンバーもいましたが、今年度については要領も理解し理解を深めることができました。(2022年7月、K氏)

[教室５：言い出す勇気をもとう！]

[教室６：きまりを守る大切さ！]
・「きまりを守る大切さ」この事に改めて考えさせられるとても良い講習でした。この講習を今後の業務に活かしていきたいと思います。大変ありがとうございました。(2022年10月、S氏)
・もう少しゆっくり説明してほしい。(2022年10月、T氏)
・きまりを守れない８パターンでの解析は納得した。(2022年6月、S氏)

[教室7：レゴ組み立て演習]

振り返りシートの記入抜粋：

・レゴ組み立て演習を客観的に観察して感じたことについて話し合い、更に、それらを通じて得られた新しい見方・考え方が自部署の日常の業務とどうかかわるかどう応用できるかという設問に対しての意見交換後の回答で共通認識があることで相手へ伝えやすくなる。

・やってほしい作業を伝えるだけではなく、作業の目的や全体像を伝える。

・細かいことまで報連相する。

・あいまいな表現を避け分かりやすく伝える。

・全体感を押さえて、周りと意識のすり合わせをしてから仕事を進めていく大切さを改めて確認することができた。

・とりかかり前の準備が成功のカギを握ることを実感した。
→安全に関して、リスクアセスメントを入念に実施するなど、様々な想定と検証をして仕事を進めるべきだと感じた。

・1回の成功体験を過信せず、現状の仕事の進め方が正しいのかどうかを常に考える必要がある。

・行き詰ったときに、焦らず、1つ1つ進めていく、周りと会話することの大切さを学んだ。

・ルール化と段取りの重要性を感じた。

・自部署でもルール化されていない業務があり、それがミスにつながった事例もある。

レゴ組み立て演習の振り返りシート

第二ヒート成績：_____

書き手：　　　　メンバー：_____

演習終了後のミーティングで、組み立てたレゴを見ながら途中の経過を
振り返り、
① どのようにすればもっとよくなったか？
② 何がうまくいかなかったか？

③ 作戦タイムにおいて自分たちで決めたルールを守れたか？
　 例えば伝達者からの情報量を増やすと短い時間では発話が重なるあるいは
　 省略した伝達で書き手が苦労した問題にどう対応したかについて

④ 演習で体験したこと

⑤ それを客観的に観察して感じたことについて話し合い、更に、それらを
　 通じて得られた新しい見方・考え方が自部署の日常の業務とどうかかわ
　 るかどう応用できるかについて議論する。
　 （演習の自部署への反映）

このデブリーフィングを実施することで演習は楽しかっただけで終わらせ
ないようにしている。実施することが大事である。

フォローアップ
　① デブリーフィングで得られた自部署への反映について述べられたこと
　　 は書き手が記録しておく。
　② 翌月の職場会議でその記録内容を書き手が発表する。同じ部署内でも
　　 認識の違いや実際の緊急時の対応力に違いがあることが認識できる。
　　 会議主催者はそのことにコメントする。
　　 コミュニケーション及びチームワークについて、数カ月後にその後ノ
　　 ンテクニカルスキルが向上したか議論する。
　③ 再度の演習は１年後をめどに行い、前回との成績や記録と比較する。
　　 そのときに得た新しい知見を日常業務に活かした結果などについて議
　　 論すると、ノンテクニカルスキル向上に効果的である。

【図16－4】レゴ組み立て演習の振り返りシート

・ルールに沿って作業することでミスが減らせると思う。
・1から順に仕事をしていくのではなく、まずはじめに全体像をつかむ所から始める。
・複雑で時間がかかりそうな所が始めに分かれば、それからやるか、それをやりながら同時進行で簡単なものをつぶすか、等やりやすく無駄のない仕事に運び方ができるのではないかと感じた。

　図16－4が実際に使用される振り返りシートで、レゴ組み立て演習後にグループ毎に記入し、意見交換する。このコンテンツ提供教室では①から⑤すべてを実施せず、まず①と②を黙って2分くらいで記述し、リーダーを決めて発表して意見交換し、講師（南川）がコメントする。③と④はスキップして次に⑤を記述し、意見交換してもらった。この明日からの仕事への応用はその後のフォローアップが重要である。

[教室8：優先度付け演習]

・研修内で行うグループ討議の課題設定が面白い。今回の課題でも、遭難地から移動するか、留まるかの方針決定は生死をかけた重要な選択だった。方針決定を研修で学ぶこと、実務でなかなか学べない（機会が少ない）ので、役に立つ。（2022年6月、O氏）
・砂漠からの帰還の演習の手法は、応用すると様々な優先度

付け演習に利用できる。活用したい。時間がもう少しあると良かった。(2022 年 6 月、H 氏)

・今思えるのは自分が司会をしたらまず自分の順位付を説明してそれに対する反論などを聞きながらチームの順位を決めていくというような流れで討議をするということですが、あの時に自分が司会をしても自分の意見を押し付けるような気がしてできていなかったかもしれません。会社が違う人間が入ったことで、一緒に討議した方々も遠慮があったかも。(2022 年 6 月、A 氏)

・満足した。記入用紙を用意すれば良く、非常に展開しやすそうだと感じた。応用もききそうだと思った。付録の「地震発生対応」は良いと思った。

・優先すべきものが何なのか例題を元にその場の状況や条件を含めて順位付けすることで状況の判断力などを身につけることができたのが良かったと思います。

・グループ討議時間が少し短く感じました、あと 5 分程度長くして頂くと 12 問回答出来たのではと思いました。

・リーダーを誰にするかで結果が変わりそうだと思った。どのようにリーダーを決めるか、ルールを作っていましたか？(2022 年 6 月、M 氏)

・飛行機事故で砂漠に遭難という緊急時にどう生き延びるかという究極の設定大変興味を惹かれました。

・個人のみの考えでは正しい判断に至らなくても、チームと

して意見交換と納得により導き出された回答は、正しい方向に近づくという大変興味深い内容でした。

・一人の意見が強すぎても正しい方向に向かう事が出来ないし、皆が意見を言わなければ正しい方向性が見出せないという、緊急時ならではのスリルを味わいました。

・組織を考えるうえで、重要な気づきを与えてくれると思いました。

・緊急時のいろいろなバリエーションをそろえていくことで、あらゆる緊急場面に想定した演習が出来ると感じました。(先生からも工場内での緊急事態の紹介頂いたように)(2022年6月、Y氏)

・どんなことでも、限られた時間内で、複数人の意見をまとめることは難しい。ノンテクニカルスキルの要素である、「コミュニケーションとチームワーク」「リーダーシップ」「状況

【図16-5】遭難時の想定写真

認識」「意思決定」を楽しく学習することが出来ました。(2022年8月、I氏)

16-5 ノンテクニカルスキル2.0 コンテンツ提供教室の紹介

「ノンテクニカルスキル(NTS)」とは、テクニカルスキルを補って完全なものとし、安全かつ効率的な業務の遂行に寄与するスキルを言う。このスキルは、状況認識、コミュニケーション、リーダーシップ、言い出す勇気、声かけ、振り返り、権威勾配の克服などにより構成され、ヒューマンファクターに係るエラーを防止し、安全を確保していくための現場(指示する方も)がもつべきスキルということができる。

2020年から2年間活動したノンテクニカルスキル枠組みWGの成果としてノンテクニカルスキル2.0を提唱した。動機づけやスモーラーリーダーシップの重要性がノンテクニカルスキル教育では重要であることが述べられている。それを具体的に実施できる教育コンテンツの開発が望まれ2022年11月より開始した。その主な教材をインストラクターが受講し、自身の事業所で使用できることを目的でそのコンテンツ紹介教室を開催する。

企業特設講座的に個別企業の要請で個別企業の指定時間にオンラインで開催する化学工学会安全部会が企画・実施する

教室である。要望があれば出張教室もできる。

　教室単独での申し込みになり、希望する教室のみの受講となる。受講料は受講契約後に請求書が送付される（銀行振込払い）。

16−5−1　教室の種類

- **教室 10**：ノンテクニカルスキル2.0の概要と基礎
- **教室 11**：新危険敢行性・危険感受性の評価手法
　　　　　（申込受付中）
- **教室 12**：その気にさせる会話術（コーチングスキルアップ）
　　　　　（申込受付中）
- **教室 13**：スモーラーリーダーシップ
　　　　　（2023年7月：申込受付開始）
- **教室 14**：現場操作漏洩例とワークエンゲージメントのテーマ
　　　　　（2023年8月：申込受付開始）
- **教室 15**：上位者育成面談手法
　　　　　（2023年8月：申込受付開始）
- **教室 16**：行動特性診断（ＬＥマップ）
　　　　　（2023年10月：申込受付開始）
- **教室 17 以降**：（制作中。順次、化学工学会安全部会 Web サイトに追加予定）

16−5−2 教室共通の要領

受講日：発注者と打ち合わせして発注者の希望日に実施

受講形態：Microsoft Teams または Zoom で実施（発注者の希望アプリで対応）、企業特設教室となる。

受講料金：1回当たり 44,000 円（税込）。10 名以上は 1 名につき 4,400 円（税込）追加。教室 10（約 30 分間）は 11 以降のどれか 1 つの講座の受講者は無料。申込窓口にオンデマンド形式での URL を期間限定で発信する。

受講時間：概ね 60 分間から 90 分間、質疑応答は自由

受領できるもの：教室で使用された PowerPoint ファイルの電子版（PW 付き）、教室で使用された記入用紙類の電子版など

事前準備：必要な演習記入用紙。記入用紙は開催 1 週間前に主催者が発注代表者にクラウドストレージ「Box」に格納（アップロード）して送付する。参加者はそれを印刷して演習を実施する。

受講申込：南川に直接連絡する、または化学工学会安全部会 Web サイト上の問い合わせに記入する。

リアル会場での出張教室の場合の受講料：一律 55,000 円（税込）、10 名まで。11 名以上の場合は、1 名につき 5,500 円（税込）、講師等の旅費は発注企業の負担。

16-5-3　ノンテクニカルスキル2.0 コンテンツ提供教室の内容

教室10：ノンテクニカルスキル2.0の概要と基礎

2020年から2年間活動したノンテクニカルスキル枠組みWGの成果としてノンテクニカルスキル2.0の概念を提唱した。

ノンテクニカルスキルのカテゴリー間の関連性や要素間の連携度合いを理論的な裏付けと共に明確にし、インストラクターが指針のように感じられるガイドラインの作成を目指すことを目標にしており、行動意識調査（詳細は、別売報告書：5,500円（税込））から得られたことは「上司のリーダーシップ」と「本人の仕事へのやりがい」の2つの要素において、安全成績の差のある組織との間に強い有意差が認められる結果となった。

この結果はある意味、納得感をもって我々WGメンバーに受け止められ、この2つの要素を成功への鍵として、従来のノンテクニカルスキルのカテゴリーに結びつけるのが有効であろうと推測するに至った。成果に結びつく成功への鍵は、「上位者のスモールリーダーシップの向上」と「メンバーのワークエンゲージメントの充実」にあるようである。

これらの調査結果を踏まえ、ノンテクニカルスキルの新プログラムの基礎となる新しいコンセプトとしてノンテクニカ

ルスキル 2.0 を提唱した。

教室 11：新危険敢行性・危険感受性の評価方法（申込受付中）

危険敢行性及び危険感受性性を構成する原因を 6 要素別の設問に 6 択で回答することにより、レーダーチャートタイプの進化したＫＫ診断がされ、その原因別に付属の作成されたガイドラインを読み、個人の行動目標を設定し、その後の定期的な管理者との育成面談を通じて対策が講じられるメリットがある。管理者は教室 12「その気にさせる会話術」コンテンツで指導の仕方を学び、自己管理シートなど（育成面談シート）を活用することで、この行動特性評価を有意義なものにできる。

危険敢行性の6原因分類

特徴：危険敢行性が強いか弱いかをその原因で分類し原因別にそれぞれ3問設問があり、6択評価とした

1 楽観バイアスの発現
2 ルールの軽視
3 面倒だと思った
4 業務プレッシャー
5 周りの方々を考慮
6 教育不十分

【図16-6】コンテンツの一部危険敢行性の分類とレーダーチャート例

今までの自己評価と違うところはすべての設問に「はい」か「いいえ」の回答だったので、原因の構成特性が平準化されたが、6原因別に6択に変えたことにより、今回はその行動特性を形成する原因にめぐり合う。

[所要90分（休憩含む）]
1）ノンテクニカルスキル 2.0 に基づく新ＫＫの開発経緯とねらい（20分）
2）旧ＫＫの話とその関係（10分）
3）新ＫＫの内容と実際のやり方の体験と提供（20分）
4）新ＫＫを入れた教育プログラムの実際（20分）
　　あなたならどうする演習や事故事例研究との組み合わせ
5）実際の評価事例（10分）
6）質疑応答（10分）

受講料に含まれるもの：教室で使用される Excel ファイルの電子版（レーダーチャート描画演算式付き）、行動ガイドラインの Excel ファイルの電子版、教室で使用された使用方法に関する PowerPoint ファイルの電子版。

教室 12：その気にさせる会話術（コーチングスキルアップ）（申込受付中）

2023 年 6 月 28 日の行動特性研究会で提供後は企業特設講

座にて受注。行動特性評価後に参加者が作成した個人目標を本人が持続的に実行して行動や言動をよりよい方向に実施して行く上で本人に寄り添い関与して導くことが上位者に求められる使命である。

しかしながら、どのように指導すればよいかの声が多く、従来の課題であった。また、その手法の修得が体系的になされていない現状を改善するため、今回のノンテクニカルスキル2.0の概念を考慮したその気にさせる対話の術についてその指導方法の基礎と禁じ手、4*4*4 の具体的な指導方法そして事例映像でも学習できるコンテンツである。

［所要 120 分（休憩 10 分含む）］
1）概要の説明
2）理論の理解
3）指導の基礎と禁じ手及び 4*4*4 の具体的な指導方法
4）実践への応用（討議用 DVD の上映と演習）
5）インストラクターの養成方法について

受講料に含まれるもの：教室で使用された PowerPoint ファイルの電子版、映像ファイル、自己評価の Excel ファイルの電子版、演習回答用紙の電子版。

教室 13：スモーラーリーダーシップ（2023 年 7 月リリー

ス：申込受付開始）

現場作業においてトラブルの未然防止と拡大抑止へ向けて様々な活動が実施されている。最も基本的で強化が望まれているモノの1つにその時、その場いる方々の連携がある。我々はこの連携が始まる行動態度を「スモーラーリーダーシップ」と呼ぶことにした。

今回、各職場で実施展開しやすいようにコンテンツを映像化した（40分）。事例をベースに講師役やグループで意見交換し、最終的には動機につながる内容となっている。

教室14：現場操作漏洩例とワークエンゲージメントの テーマ（2023年8月リリース：申込受付開始）

現場作業に対してどの程度、前後の工程を意識して行うかが大きな課題となっている。我々はこの作業連携に「ワークエンゲージメント」の要素を適応することを試みた。

最も基本的で強化が望まれているモノの1つにその時、その場いる方々の連携がある。「スモーラーリーダーシップ」と同様にコンテンツを映像化した（60分）。事例をベースに意見交換し、「スモーラーリーダーシップ」や「上司面談ツール」にもつながる内容となっている。

［所要60分］

教室15：上位者育成面談手法（2023年8月リリース：申

込受付開始）

　職場の安全文化を醸成する上で部下との面談機会は重要である。しかしながら、現状は業務評価が中心となり、各種安全活動への本音やその納得に苦労する上司は多い。

　今回、我々は上司役と部下役に分かれて仮想面談を実施するコンテンツを作成した。仮想面談を実施し、面談に必要なテクニック（エマジェネティックス、アンガーマネージメント）について受講者自身が考え、その改善の糸口を掴める内容となっている。

　［所要60分］

教室16：行動特性診断（ＬＥマップ）（2023年10月リリース：申込受付開始）

　ＬＥマップは、個人のスモーラーリーダーシップ度とワークエンゲージメント度を診断する行動特性診断である。スモーラーリーダーシップとは、日々のメンバーとの関わり合いのことであり、ワークエンゲージメントとは、仕事に対するやりがいと言い表すことができる。この2軸は、今回のノンテクニカルスキル2.0の軸になる考え方であり、成功への要素とされている。

　2つの成功への要素を2軸にマップすることによって、マップ上の第一象限は、個人であればその個人が、組織であればその組織が成功へ向けて望ましい状況にあることが理解

される。新入社員以外の全員が、必ず後輩がいるわけなので、スモーラーリーダーシップの向上が求められるはずである。また、その組織の管理職を含め全員が組織のメンバーであり、ワークエンゲージメントの充実が必要となるはずである。従って、上位者とメンバー共に両方の立場になって回答できるような行動特性診断を目指している。

［所要80分（休憩5分含む）］

16-6 ノンテクニカルスキル2.0コンテンツ提供教室の振り返りシート

［教室10：ノンテクニカルスキル2.0の概要と基礎］

・教室10と11の2つの教室を受講させていただきましたが、教室10ではノンテクニカルスキル2.0の位置づけ、新ＫＫでは、実際に自分で入力しレーダーチャートを作成することで、実践もできとても満足できました。また、普段弊社でインストラクターを行っている方々が、南川さんに積極的に質問されている話を聞くことができ、とても良かったです。(2023年11月、T氏)

・構成概念でフィロソフィーを明示されてるのはすばらしいです。ディズニーもフィロソフィーを持っていたのを思い出しました。今後とも勉強していきますのでよろしくお願いします。(2023年11月、U氏)

[教室 11：新危険敢行性・危険感受性の評価手法（申込受付中）**］**

・新ＫＫマップの結果が、当っている点が多く、参考になった。

・同様の講習を、是非社内の部店長や所課長にも受けてほしいと思いました。

・特に無いが、新 KK の基準（平均）がないと難しいと感じた。(2023 年 12 月、I 氏)

・新ＫＫマップで自らの傾向を知った上で、日常業務に活かす工夫（自己管理シート）を知ることができたのが良かったです。

・新ＫＫマップを取り入れたノンテクニカル教育を展開する場合の、プログラム例を提示していただけて、事業所展開のイメージがしやすくなりました。(2023 年 12 月、A 氏)

・1 年や 2 年では終わらない事なので、事業所一体でコツコツと取り組んで行くための手法等をマスターし活動していきたいと感じました。(2023 年 12 月、Y 氏)

・危険敢行性・危険感受性の自己評価の実施について、レーダーチャートで組織と個人の比較ができるのは、自己認識の強化となるのですごくよいと思いました。(2023 年 12 月、Y 氏)

・教育の目的（対象）、原因、評価および進め方が具体的に説明され、大変分かりやすく且つ有意義な内容であり、社内教育へ取り込みたい。(2023 年 6 月、M 氏)

・分析の方法が、今までよりもより細かくなっていて面白い結果がでてくると思いました。満足した。(2023年11月、N氏)
・旧教育システム（ＫＫマップ）をさらに進化させ、より成果達成ができるものであり、人材育成（行動変容）へ役に立つと感じました。(2023年11月、S氏)
・新ＫＫで、自分の違う一面を知ることができ良かった。工場関係者にも水平展開したい。(2023年11月、Y氏)
・改善は特にないですが、理解を深めるために質疑応答の時間を多めにとると良いと思った。(2023年11月、I氏)
・今期は社内、社外に関わらず事故やトラブル情報が多く、今回新ＫＫという初めての手法が聞くことができ、この視点

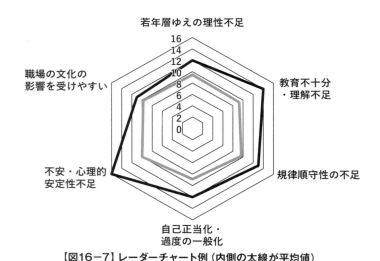

【図16−7】レーダーチャート例（内側の太線が平均値）

の気づきと対策の仕方は今後の参考になりました。(2023年10月、O氏)

・自己診断をすることで、自身の特性並びに組織の特性や傾向が把握できる。社内展開していくにあたっては、身近な話題に変えて、より身近なものとして取り組めるよう考慮したい。(2023年10月、T氏)

・Excelを使用した実習について、チャート作成後の評価の仕方について、もう少し時間を取ってほしいと感じた。実際にチャートを作成できるので、そこをもう少し活用してもよいのではと感じた。(2023年10月、K氏)

・自身の弱点や強みがバージョンアップ前のＫＫマップに比べ、分かりやすくなった。

・今回の新KKマップで他社の方のデータも見てみたいです。

・可能な範囲での公開情報があれば頂きたく。(2023年9月、O氏)

・実施されている教室を一覧表にして、ホームページに掲載されていたら、分かりやすいです。(2023年9月、H氏)

→2週間後にご要望にお応えしてホームページをそのようにしました。

・旧ＫＫマップ(ノンテクニカルスキル教育)では、その後のフォローの方向性がつかめないと感じていたのですが、新ＫＫマップではそのあたりが比較的明確であったので、教育しやすいと感じました。(2023年9月、T氏)

・今回の新KKに関しては、原因別にガイドラインがあり、今後の目標を各人が明確に立てることが出来る点が、良いと感じました。
・また、自分が一番悩んでいた今後の教育方法に関しても、講座内で例として挙げられていたので、参考にさせて頂きます。(2023年12月、K氏)
・参加させて頂いたコンテンツは非常に有意義な時間でありました。私の部下たち、それよりも先の社員にも反映していきたいと思っています。(2023年12月、T氏)

[教室12：その気にさせる会話術(コーチングスキルアップ)(申込受付中)]
・今回は動画を確認しながらの会話内の問題点を洗い出すという作業がありましたが、進行が早くかつ会話もどんどん流れていくため、洗い出し作業のスピードについて行けなかった。(2023年11月、M氏)
・「その気にさせる会話術」で大事なのは、自分からの押さえつけ発言でなく、会話をしようとしている相手の考えを先ず引き出す努力を「これこれについてどう思う？・〜そうだね・じゃどうする？」と言った言葉で会話をして、聞ける雰囲気を作ることだ大事だと学べました。(2024年1月、G氏)
・その気にさせる会話術では、コーチングのテクニックについて学ぶことができた。環安課組織のみならず、工場関係者

全てとのメンター面談において活用していきたい。(2024年1月、H氏)

・「ノンテクニカルスキル2.0」を色々と工夫され完成され、人材育成には必要である教育資材であることが、分かり易く理解できました。また、自分が「公明正大」で「クールな自己完結型」であることを認識できたうえで、今後の自分の仲間に対する姿勢・行動すべきことが大事であると理解できました。(2024年1月、S氏)

[教室13：スモーラーリーダーシップ（2023年7月申込受付開始）]

・「スモーラーリーダーシップ」では、組織の末端の全ての人が、お互いに関心を持ち、色々な気づきに「声かけ」できる人材育成が必要と感じれました。大変分かり易く、勉強になりました。(2024年1月、G氏)

・スモーラーリーダーシップについては、工場の特に係長層、運転主任・職長層に関して、自分の役割を自覚ししっかり「考動」できる人財を育成していきたい。(2024年1月、H氏)

・野田様が参加者にまんべんなく質問や意見を聞く行動が、参加意識を高めることにつながると感じたので真似してみたい。(2024年2月、A氏)

・業務内容がピンとこないものはイメージと内容を理解するのは時間がかかりましたが、今回のスモールミーティングの

必要性と風通しの良い職場では重要だと感じられました。まずキーマンになり、実践することで周りの意識が変わり広がりをみせていくことを目指していきたいと思います。(2024年2月、M氏)

・グループワークや講義をいかに盛り上げて実施すべきか参考になりました。このような議題についてはすぐに社内全体で結果は出ないと思いますが、研修に参加してもらった方の意識が変化するような講義を開催していきたいと思います。(2024年2月、O氏)

・①マネジメントとリーダーシップとの関係性の説明が良かったです。②受講者のやらされている感をなくすには、事業所ごとでの問題点を提起してもらったほうがいいという点も参考になりました。受講者に合わせた講習の組み方というのも参考になりました。(2024年2月、M氏)

・2時間の研修なので1回はトイレ休憩を入れてほしかった。直感力が鈍いので考える時間をもう少しほしかった。(2024年2月、O氏)

・みんなこう思っているだろうと自分の意見を出さずにいることが多かったが、積極的に意見を出してみようと思う。

・思ったことを言う、行動する、意見する。メンバーの埋もれている意見も拾いたい。

・安全を維持する為に、少しでも自分の意見を出していく。

・メンバー全員による小さな働き掛けが、スモーラーリーダー

シップとなって、チームの良い連鎖につながることが、理解出来た。(2024年5月、I氏)

[**教室14：現場操作漏洩例とワークエンゲージメントのテーマ**（2023年8月申込受付開始)]
・ワークエンゲージメントでは、まさに工場で「活力」「熱意」「没頭」できる仲間を増やしていくことが安全風土の醸成につながると思った。グループ討議の時間が不足気味であった。各講義、グループ討議のテーマは1つに絞った方が良いと思います。(2024年1月、Y氏)
・周囲の皆さんの手本になるよう率先垂範して行動していこうと改めて決意した。(2024年1月、S氏)

[**教室15：上位者育成面談手法**（2023年8月申込受付開始)]
・上司から見た部下だけでなく、部下から見た上司といった、相互で理解できる内容だと感じました。(2024年1月、S氏)

16−7　クラウド評価システム

クラウド評価ができるシステムを開発し、2024年1月から過去に新KKのコンテンツ提供教室の受講会社に使用できるようにした。下記のような各種平均値が算出できるように

なった。
- 全国平均
- 事業所内
- 全国の属性別（管理者、入社5年未満など）
- 年代別（20代、30代）
  など

　旧ＫＫでは4象限別に労災の度数率を集計でき、ある事業所では右下のハイリスク型は左上の賢人型に比べ度数率に6倍の差があった。

　今回の新ＫＫでは危険敢行性も危険感受性もそれぞれ6個の原因に分類されており、労災の事故調査から導かれる原因の分布が年齢別などの属性別でどう現れてくるかその結果と早く出会いたいものである。

　おそらく若年層は「理性不足」「心理不安定性」が労災やトラブルの原因のトップ層に位置するのではないかと思う。また、ベテランの労災やトラブルは「楽観バイアス」「規律順守性の不足」が原因のトップ層に位置するのではないかと思う。

　これらの解析は環境安全部と人財育成部（ノンテクニカルスキル教育をこの部署が実施している場合）が連携して実施できると思う。

第17章

意見交換会の実績

17-1 始めた背景

　2020年4月に新型コロナウイルス感染症（COVID-19）の拡大で緊急事態宣言が発出され、それまでのオンサイトセミナーが開催できなくなり、2020年9月に第15章で記述した「体験教室」が開始され、同12月には第16章で記述した「コンテンツ提供教室」が開始された。

　開始した2020年は月に4回くらいの教室で合計17教室が実施された。

　多くの事業所の人たちが企業特設講座的に個別に受講し、1教室当たりの参加者は8名から10名であった。この教室の参加者は主に企業でノンテクニカルスキル教育のインスト

ラクターになる人やノンテクニカルスキル教育を企画する部署にいる人で、教室を受講後その教室の教材をアレンジして実践している事業所が出てきた。自工場や自製油所の教育需要にマッチさせてノンテクニカルスキル教育を始めたのである。

その実績やその内容、課題について相互に意見交換して他社の実績に触れることで、更にノンテクニカルスキル教育が向上できるのではないかと考え、期待した。

これらの発表の機会として最初は「体験教室後の意見交換会」と銘打って、体験教室やコンテンツ提供教室の参加者が自分たちの実績や経験を配布資料なしで語ってもらうことにした。配布資料が不要なのは発表者にとって気楽である。発表する内容のPDFファイルの外部提出の社内承認を得る必要もないので、通常は配布できない教育現場の実際の写真や重要情報である聞く力・言い出す力の社内分布のバブルチャートをオンラインで発表できた。

また、発表時間も準備の負担にならないように、1回当たりの時間を10分から15分くらいで設定した。2回目以降は毎回の参加者の振り返りシートでの要望などを取り入れながら年2回の頻度で開催していった。特にコンテンツ提供教室の受講が多くなった2021年の夏以降はコンテンツ提供教室の受講会社の発表が増えた。2023年開催の第5回意見交換会ではその春にリリースしたノンテクニカルスキル2.0コン

テンツ提供教室の受講感想やその後の取り組みについても受講した会社に発表してもらった。

> 第1回意見交換会：2021年2月4日実施（開催）
> 第2回意見交換会：2021年11月10日
> 第3回意見交換会：2022年5月25日
> 第4回意見交換会：2022年11月15日
> 第5回意見交換会：2023年11月2日
> 第6回意見交換会：2024年5月29日

17-2　意見交換会の開催実績

17-2-1　第1回意見交換会

体験教室後の意見交換会のご案内
主催：（公社）化学工学会安全部会

近年、ノンテクニカルスキル教育の現場ではその教育効果を上げるため演習が多用されている。その主な演習をインストラクターが体験され、修得できることを目的でその演習の体験教室が、2020年9月から12月に開催された。多くの事業所が企業特設講座的に個別に受講し、その後、実践している事業所の実績やその内容、課題について、相互に意見交換

して他社の実績に触れることで、更にノンテクニカルスキル教育を向上させることができることを期待する。参加費は無料、体験教室に参加していない場合は5,500円（税込）。発表時の予稿集は無し。

下記持ち時間は事業所の発表と意見交換及び質疑応答（5分）とアドバイザーからのコメント時間（3分）を含む。

実施日：2021年2月4日（木）14時〜16時20分
場所（形式）：Webによるオンライン配信（Microsoft Teams）
　※第1部のみあるいは第2部のみの参加も可能、入室可能時間は（第1部）13時40分〜13時55分、（第2部）14時50分〜15時のみとする。
　※休憩時間中に退室しないようにする。

第1部（14時から50分間）
　1）体験教室の実績（10分）　南川氏
　2）動物当てゲームの実践及び コロナ禍でのリアル演習（10分）　三井化学㈱森本氏と意見交換
　3）動物当てゲームの実施　新作課題で5名が実施（20分）
※休憩（10分）
第2部（15時から80分間）
　4）分かれ道演習の実践（15分）　3社の実例集と意見交換

5）聞く力・言い出す力の自己評価（5分） 昭和電工㈱木村氏と意見交換
6）思い込みの自己評価の実例と聞く力・言い出す力の自己評価（15分） 南川氏と意見交換
7）まとめと総合質疑（10分） コロナ禍でのリモート教育の今後の意見交換
8）コンテンツ提供教室の開講の案内（10分）

[**振り返りシートの抜粋**]
・各社の取り組み状況を聞くことが出来て参考になりました。特に昭和電工の木村さんより紹介頂いた、「聞く力、言い出す勇気」の利用方法が良かったです。グループディスカッションのネタにするといった使い方をしても良いと思いました。
・他社の取組み状況が分かった（これから導入、導入済）自分では気づかない質問や解説があり参考になった。
・南川様だけでなく、他参加者の幅広い貴重な意見（各社での取り組み状況等）を聞くことできた為満足した。
・弊社でも、昨年よりＫＫマップの取り組みをはじめ、5月よりＯＯマップの実行を計画しています。いろいろな体感施設の教育と合わせて実施しているため、本来行うべき、振り返りを実施していませんでしたので、5月以降の教育には、実施するよう計画したいと思いました。いろいろな意見を聞くことができ、大変参考になりました。

・時間が十分でなかった。もう少し時間があった方が良かった。
・第1部の演習についてはどの様にして相手に伝えるのか、ミーティングをどの様に工夫していくのかが理解できた。第2部については各社の事例が参考になりました。
・他社さんの成功体験や、教育を進めていく上での悩み等情報を共有できたことがよかったです。また動物当てゲームはノンテクニカルスキル向上にベストな演習だと感じました。
・現状では要望はありませんが、興味深い演習・教室が準備されており、受講していくなかで、お聞きしたいテーマがでてくると思います。その際にはよろしくお願い致します。
・都度新規活動の紹介があるが、現時点でどのような蓄積になっているのか分かりにくいので、ノンテク事業の一覧表（どのような科目を、いつ、いくらでどのように行なっているのかの「棚卸し」）を公開して頂きたい。
・人材育成体制が遅れており、人材育成に積極的な役員がいないような組織であり正式にアサインされた教育担当者がいない状態から、教育を広げていった事例があれば聞きたい。
・今年度は、オンラインでノンテクニカルスキル教育を実施、演習についても実施しています。実施体制としては、講師が各会場（複数のグループ）の事務局と連携して、運営する方法です。今回のようなオンライン上で演習グループのメンバーを配置する方法もできるのだということが判り、参考に

なりました。弊社の実施方法では、各会場の事務局がファシリテーターになり、講師や会場の進捗を支援するようにしています。このことは、徐々にレベルアップしてきた感じです。来年度は、予めファシリテーターとして期待する事項を理解してもらうように、説明資料と機会を設けるつもりです。

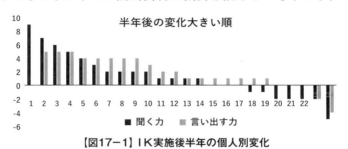

【図17-1】IK実施後半年の個人別変化

17-2-2 第2回意見交換会

実施日：2021年11月10日（水）14時〜16時20分
場所（形式）：Webによるオンライン配信（Microsoft Teams）
内　容：
1．各社のノンテクニカルスキル教育の実績と課題（30分）
　①宇部物流サービス㈱　古川氏
　②中部電力パワーグリッド㈱　藤尾氏
2．行動特性評価の比較（20分）

③危険感受性性・危険敢行性（KK）4年後の結果
　　　と考察　南川氏
※休憩10分
3．心理学を加味した安全活動活性化への動機づけ
　（15分）三井化学㈱　野田氏
4．コンテンツ提供教室の追加コースの紹介
　しなやかさを養おう（10分）　南川氏
5．組織行動の意識調査の結果を報告（ノンテクニカル
　スキル枠組みWGの中間報告）（15分）　ENEOS㈱
　堤氏
6．「意志力」の自己評価体験（15分）　南川氏
7．オンデマンドコンテンツ配信の実績と振り返りシー
　トのまとめ（15分）　南川氏
8．総合質疑応答（16時20分まで）

［振り返りシートの抜粋］

・差支えなければ、予稿集を配布いただければありがたいです。

・本アンケートは自分のメモを見て書いていますが、メモが追いつかなかった場面も多くあったので予稿集があれば細かい部分まで振り返りができるかと思います。

・教育の成功にはインストラクターの力に寄るものが大きいと思われるので、インストラクター養成の講座などがあると

良いと思います。
・取組み発表は自発的にやりたい企業様優先が良いと思います。
・ほしいコンテンツは5つのノンテク以外？の「疲労」の対処法や監督者（指導者）の能力、資質とその醸成方法。
・ノンテクニカルスキル教育はどちらかというと、時間を掛け繰り返しスキル取得させる位置づけだと思います。社員へは繰り返し教育を行い、現場でのリーダーシップを発揮してもらうことが大切と考えています。

　一方で協力会社の教育対象者の傾向として、人手不足によりこれまで当社と業務経験がない業者が増える傾向で、労災、品質トラブルなどは経験不足や理解・認識不足が共通の背景要因と考えられています。

　こうした協力会社の方を短期間に認識させる教育フレームや各種工夫でリスクを低減する必要があり、試行錯誤が続いています。「構内教育や建設業の送り出し教育にノンテクニカルスキル要素をどのように加味し理解させているか」を情報交換テーマにして頂ければ幸いです。
・一般的なコミュニケーションではなく、ブリーフィング、デブリーフィングに特化したコミュニケーションの取り方を体験できれば実践に効果的に取り込みできると思います。
・「権威勾配や言い出す勇気の適正化には個人の努力が必要ですが、むしろ上職の対応改善に重点が置かれるべきでは？」

という点です。所謂、風通しの良い職場にすることに通じると思われ、この視点からの取り組みがあれば、機会をみてご紹介いただければ幸甚です。

(回答) このときはご要望のコンテンツが用意できていなくて回答できなかったが、他にもこのような要望が聞こえてきたので、2022年11月にノンテクニカルスキル2.0コンテンツ提供教室が実施できるように2023年4月から10月にかけて「その気にさせる会話術」、「ワークエンゲージメント」、「スモーラーリーダーシップ」「新危険敢行性・危険感受性の評価手法」、「スモーラーリーダーシップとワークエンゲージメントの自己評価」「上位者育成面談手法」の6コンテンツを

【表17-1】オンデマンドコンテンツの全4コースの一覧表

第1コース	フルコース	第一科目	状況認識の構造と思い込み防止	35分
		第二科目	美浜原発事故と意見交換演習	30分
	オプション	第三科目	思い込み・おっちょこちょいの行動特性評価	30分

第2コース	フルコース	第一科目	コミュニケーション1	40分
		第二科目	三井化学レゾルシン事故と意見交換演習	30分
	オプション	第三科目	聴く力・言い出す力の行動特性評価	30分

第3コース	フルコース	第一科目	ノンテクニカルスキルの基礎	35分
		第二科目	熊本空港でのニアミスと意見交換演習	30分
	オプション	第三科目	聴く力・言い出す力の行動特性評価	30分

第4コース	フルコース	第一科目	コミュニケーション1	45分
		第二科目	東ソー南陽爆発と意見交換演習	40分
	オプション	第三科目	意思力の行動特性評価	45分

制作してリリースした。

17−2−3 第3回意見交換会

実施日：2022年5月25日（水）14時〜16時20分
場所（形式）：Webによるオンライン配信（Microsoft Teams）※Zoomに変更の可能性あり
内　容：
　1．各社のノンテクニカルスキル教育の実績と課題(20分)
　　①東北発電工業㈱　塚越氏
　2．指定テーマを班に分かれて意見交換及び発表
　　（40分+a）
　　テーマ：個人の行動特性を向上・改善していくことは重要で、それを指導する立場の上司や管理職としては、様々な行動特性の人に仕事をしてもらうことを前提に、企業活動を運用していくことが必要となっている。指導する立場の上司や管理職側は、どのようなことに気を配ればよいのでしょうか？重要となってくる要素は何でしょうか？
　※休憩（10分）
　3．パネルディスカッション（30分+a）　教育アドバイザー5名
　　テーマ：ノンテクニカルスキルの向上を目指しての現場の作業リーダーの育成についての問題点と課題に

ついて
　4．コンテンツ提供教室の追加コースの紹介
　　　きまりを守る大切さ（10分）　南川氏
　5．総合質疑応答（16時20分まで）

[振り返りシートの抜粋]
（1．塚越さんの話はいかがだったでしょうか？）
・歴史があるデータの積み重ねから得られた知見をもとにされているので非常に興味深く聞かせていただきました。特に安全力評価年齢層別傾向が参考になりました。
　弊社も教育訓練体系を進めて1年半になりますが、まだノンテクニカルスキルを活かしきれていないのが現状で、後の話の中で5年経たないとというか5年やり続けられないと成果が出てこないというところで、ノンテクニカルスキルの評価も体系的にやり続ける必要があることを理解しました。
・長年にわたり安全な職場にする為の積み重ね・努力が凄いと思いました。
・行動特性評価の解析結果が興味深かったです。
・部署別、年齢別に層別することで傾向が見えてくるので、次のアクションが立てやすいと感じました。
・弊社でも、次回体験教室を通じて、傾向分析を行っていきたいと考えております。
・（補足）今回、特性データを中心に報告させていただきま

したが、この様な情報を共有の取り組みが広がり、各特性の基準化(ベンチマーキング)にもつながれば、自組織のレベル感をしっかりするのではないかと思っています。また今後、安全管理活動に関わりDX技術の進展により導入が進んでいくものと考えますが、その過程では実際の状況を把握する方法の開発や基礎的な知見の蓄積がより求められていくものと考えています。

(⇒これからノンテクニカルスキル教育を導入する者として)
・大変貴重なお話でした。導入に至るところは社内でのコンセンサス含めて苦労が絶えないと思いますので、私にとってはこの導入部分のお話で1時間の講演でも有難い次第です。

・東北発電工業㈱殿の3年間の行動特性の評価結果を多方面から分析され、傾向を把握されていたことに感心しました。弊社は、今年2年目になりますが、行動特性評価は今年度から取り組みます。各現業に赴き、研修を実施し、アンケートで効果を確認している程度ですので、今後は、評価結果のデータを詳細に取っていこうと思いました
・コミュニケーションが重要と改めて感じました。しかしながら、コミュニケーションは、相手・周囲との関係になり簡単ではありませんが、特に若年層の災害に対してはヒントになります。

・「〇〇マップ等で顕著に悪い結果の個人を特定して指導することは実施していない」とか「導入当初は各所から反発があったが、動物当てゲームが協力会社に好評で事務局はやる気になった」など、豊富な実践経験からアドバイスをいただき、今後に大いに役立つ内容でした。ありがとうございます。
・特に、弊社ではこれから導入していこうという段階ですので、スタート時での逆風、動物当てゲームで風向きが変わったという経緯について参考になりました。

　弊社でも、粘り強く、まずは宣伝活動をおこなって、関係者が「ノンテクニカルスキル？ぜひやってみたい」と思えるように持っていきたいと思います。
・複数の拠点に勤務されている方を対象に、長期計画で対応された点。また、実施した結果を解析評価されている点で、効果を実感できると共に、次につながる活動となっていると実感しました。

（2．行動特性評価の成功のカギについて 30 名が 5 班に分かれて 20 分意見交換し、発表してもらいました。他社の方と意見交換してどのような感想がありますでしょうか？）
・三井化学岩国の森本様に司会をしていただき、日東電工の木村様、内田様と話をさせていただきました。

　内田様から 3 年ごとに 3 回もノンテクニカルスキル教育を実施してこられた経験がお聞きできたので、非常に参考にな

りました。いずれも同じで年配者が変わらない変われない‥というところも‥。年配者が抵抗勢力になるので、弊社では階層別教育をしており、それが新人や若い世代に見せないように結果としてなっているような話をさせていただきましたが、皆さんから思わぬ反響をいただきました。

　のちの森本様の発表でも皆さんからの反響が大きかったのが驚きました。

　階層別教育がやりきれないというご意見がありましたが、後のパネルディスカッションでありましたように、弊社も機能別教育のＷＧをつくりそれぞれに責任を持ってもらって、階層別教育と別に教育資料と教育スタッフを育成しており環境安全関連の人間以外にも多く参画してもらって対応しております。

　今年は私は安全配慮教育を行う予定ですが、10教室のべ420人くらいの教育を行うことになっており、双方向型（対話型）の教育を行うことで、会社全体の安全意識レベルの向上。、いわゆる安全文化の醸成につなげていければと考えています。南川様のお話にもありましたが、今まさにワークエンゲージメントとエンプロイーエンゲージメントを高める教育プログラム作成に取り掛かっており、中途採用が多く、定着率の低い弊社の現状を何とか打破したいと考えております。

・弊社にはない活動や、コミュニケーションの取り方の工夫

がされていました。また、一番にやりっぱなしではなく直ぐに面談や教育目標をするところは勉強になりました。まずは、コミュニケーション能力が必要ですね。

・抱えている課題に対して、他社がどのように取り組んでいるのか、アドバイスや指標が得られるので、とても良い試みだと感じました。

> **【表17－2】意見交換のベースとなったポイント**
> ◎行動特性評価のポイント
> 1．教育プログラムへの入れ方
> 2．フォローアップ体制
> 3．自己管理シートの活用

・［4班］社内での安全確保について、実際は様々な課題や視点が伺えて参考になるものでした。また、その推進において、「推進者を安全スタッフに限定しないで、やる気のある実務者層まで巻き込み定着化させている」は素晴らしい取り組みだと感銘を受けました。成功者の話を身近に感じることは、励みになります。当社では、オンライン接続開催要領説明会を毎年行っていますが、徐々に演習時のサポートを上手くなったや独自開催箇所の拡大など徐々に、全社大の推進力がついてきたのか？と、感じているところです。

　本主旨からそれますが、Teams会議室を複数利用した今回の方法は、予め設定できるので良い方法だと思いました。当方では、会議室開催中のブレークアウトルームをその場で

設定することで実現していましたが、今後は複数会議室による開催で運用したいと思っています。
・同じような立場の方々と班分けしていただいたので参考になりました。皆さん色々苦労されているのが分かり、少し仲間意識が芽生える感じでした。
・人それぞれで、テーマのとらえ方がちょっと違ったと感じました。管理職の立場でどうするかを考える方や、指導するスタッフとしての立場で職場全体をどうしていきたいかと考える方など、色んな意見を聞けて参考になりました。個人の目標を立てさせて、書かせることで、本人は決意して行動するとありました。研修後のアンケートに行動宣言を書かせていこうと思います。また、やりっぱなしにしないための対策を検討していきます。
・1班を聴講させて頂きました。
・1回当たり10分くらいの基礎教育、というのは良いアイディアと思いました。
・既存の面談時に、ＫＫマップの評価を知らせてフォローアップする、というのは有効であると感じました。
・他社の方との交流は新鮮味があり、気付かされることもあるので有意義な時間でした。感想としましては、同じ課題はやはりあり、苦労されているので、共有して参考にしたいです。
・教育時間10分で6回に分けて基礎教育を実践する。

・率先垂範ではついてこない。相手が持っているものを引き出す「確認会話」をする。
・禁止の押し付けをしない。　　等
今後のプログラム作成に役立てていきたいと思います。
・班に配置された教育アドバイザーの方の最初の導入が良く、雰囲気良く自己紹介から考えの共有に至るまで実施ができました。一人の意見に対し、何人かが問い合わせする時間も確保でき、良い意見交換でした。

（3．パネルディスカッションを教育アドバイザー5名で初めて実施しました。よかったでしょうか？）
・皆さんのお話は非常に参考になりました。特に若い方を巻き込んでチーム一丸・・向上一丸となって折り込まれている話は非常にうらやましかったりします。
・他社の活動がわかりよかったです。
・パネラーの経験談を個別に伺えることは、ありがたいです。（大変よかった）
・建設業以外にも、様々な雇用形態の方が混在する職場があることが分かり、同じような悩みや課題があるのではと感じています。
・階層性組織（多様な職業を含む人々の属する組織）のノンテクニカルスキル向上に関わる課題や対応について意見交換してみたいです。

・今回はそこまで時間がなかったので、各自の発表と質疑応答になったと解釈しております。それぞれの意見が聞けて良かったです。
・対面のディスカッションのように意見を出し合うような形にするのは、どなたか１人は進行役で自分の意見は発言せずに他の意見をまとめながら発言を促すようにしてはどうかと思いました。
・Teams だとどうしても個々の発表になってしまい、ディスカッションになりづらいですが、反面パネラーの方の考え方がまとまっていてわかりやすかったです。(事前にパワポを用意いただいていたのも理解に役立ちました)
・特に ENEOS 様で実践されている、若手メンバーによる教育コンテンツ作りと講師実施については、非常に参考になるとともに、うらやましく感じました。このような良い状況が作れるよう、努力したいと感じました。

（４．規律順守性教育の一部を紹介しました。実際には事業所の教育需要に応じてこのコンテンツをアレンジすることになると思います。他に興味のあるテーマはありますでしょうか？）
・特に南川様のお話でワークエンゲージメントのお話が出てきましたので今やっていることは間違っていないということを確認できました。ありがとうございます。

今回、ノンテクニカルスキルの評価をやって、それを行動変容にどうつなげていくかについてヒントをもらいましたので、又弊社でも議論を深めていきたいと考えています。

ちょっと皆さんとずれるかもですが、愛社精神、仲間意識、帰属意識など会社を好きになってもらって長く活躍してもらうことのできる会社にしてゆくために何ができるか・・・特に弊社のような大きな会社の子会社でどうやっていくのかを考えていきたいと思っています。

今日はありがとうございました。

・近年、入社後3年未満の若年層が簡単に退社してしまうこ

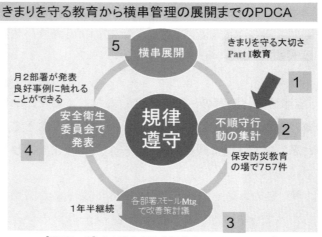

【図17-2】きまりを守る大切さのコンテンツの一部

とが懸念されています。仕事の内容理解が中途半端な若年層向けのコンテンツとして、コミュニケーションスキル、状況認識、チームワークの3要素について、ノンテクニカルスキルの必要性の認識をねらいとすると共に仕事のモチベーションアップにつながるよう、つまみ食い的なコンテンツは有効でしょうか。

(全体)
・ノンテクニカルスキル教育は、「人々へ定着させるために繰り返し認識させる機会とすること」を前提としている教育形態と考えます。一方では、当社では労災やトラブルの起因者には、定期教育を受講できない者が多く含まれていると考えます。こうした一時的、不定期な下請負会社には、入構時教育に加え全体朝礼、TBM－KYで日々利用できるツールがあると意識しやすいと考えています。従前のツールの具体的例としては、災害事例カード、不適合事例カード、新規入場者教育資料（ポケット版）などが利用できるのでこれらの記載に関連させ、ヒューマンファクターに目を向けさせるよう指導していきたい。

（⇒受講者の興味を引くように「動物当てゲーム」が必要ではないか？との考えがあり、「動物当てゲーム」の受講を検討中です。）

・弊社の来年度の取組みとして、今回ご紹介のあったＩＫマップによる行動特性の評価を実施したいと考えています。早速、体感教室4の言い出す力と聞く力の行動特性評価を申し込みます。

以上、振り返りシートへの記入どうもありがとうございます。

・言い出す勇気（先日、誰か言い出す者がいたら防げたのでは？という事象が起きたため）
・作業者心理に関するテーマがあれば。
・作業している時に、気持ちを支配しているものは何か？支配している事は色々と変わるはず。
・どの様な時にも「安全を優先する」心理状態にするには？

17－2－4　第4回意見交換会

実施日：2022年11月15日（火）13時30分〜15時30分
場所（形式）：Webによるオンライン配信（Microsoft
　　　　　　　Teams）※Zoomに変更の可能性あり

参加費：体験教室の参加者は無料。前回の意見交換会参加者も無料。上記でない場合は5,500円（税込）、その旨を申し込みの備考欄に記載する。
　内　容：
　　1．各社のノンテクニカルスキル教育の実績と課題そし

て意見交換（40分）

①宇部物流サービス㈱　赤川氏
　・階層別教育の実績も含む
②サンアロマー㈱　重松氏
　・各種テーマで教育
③ENEOS㈱根岸製油所　大平氏の代理、石塚氏
　・想定事故を自作映像で視聴してもらい意見交換した実績、その映像が再生される。

※休憩（10分）

2．上記ENEOSの想定事故映像を見ての演習と意見交換（15分）
　・発表＋模範解答で合計40分
　・5人くらいに分かれて意見交換し、発表
3．優先度付け演習の受講感想と応用（15分）
　UBE㈱　葉山氏、日東電工㈱　矢田氏
4．オンデマンドコンテンツ追加コースの紹介（10分）
　南川氏
5．総合質疑応答（15時30分まで）

[**振り返りシートの抜粋**]

・弊社の悩み、課題と同様の問題を抱え、対応している事が分かった。

・熱意を感じましたね。階層別に教育体系を作っており、確

かに、若手とベテランではレベルが違うので同じ内容では、若手に合わすとベテランがつまらなくなってしまうのは参考にしたい。

・UBE式として、体系的に階層別・機能別教育をPDCAを回して継続実施されているところを興味深く、聴講することができた。

・行動特性評価を5年前と比較し評価されていたが、弊社でもノンテク研修の効果の確認の1つとして取り組む予定です。

・ノンテクの題材はいくつかあるが、災害をノンテクのどの事象に該当するか分析しているところが参考になった。

・ビデオはやはり言葉よりも伝わりやすく、効果が非常に高いと感じた。

・理想の対応(チェックリスト、二人作業)をかいくぐり、若手の一人作業が発生します。その時何が出来るかを自分事で考えることができました。動画は、スライド資料に比べ没入感が非常に高く、教育教材としても有効性を強く実感しました。

・コミュニケーション不足、実感しています。改善の余地ありとも取れます。共に頑張りましょう。

(**回答**)このときは映像コンテンツの制作の予定は事務局になかったが、ノンテクニカルスキル枠組みWG終了時の

2022年8月に次のコンテンツとして「その気にさせる会話術」についての映像を2本制作してリリースした。

17-2-5　第5回意見交換会

実施日：2023年11月2日（木）13時30分～15時30分
場所（形式）：Webによるオンライン配信（Microsoft Teams）

参加費：体験教室、コンテンツ提供教室、ノンテクニカルスキル2.0コンテンツ提供教室の参加者は無料。前回の意見交換会参加者も無料。上記でない場合は5,500円（税込）、その旨を申し込みの備考欄に記載する。

内　容：
1．各社のノンテクニカルスキル教育の実績と課題そして意見交換（70分）
　①日本ポリエチレン㈱川崎工場　石原氏
　　・わが社のノンテクニカルスキル教育（思い込み防止と動物当てゲームなどの展開）
　②荒川化学工業㈱小名浜工場　石井氏
　　・レゴ組み立て演習について
　③住友ベークライト㈱　松下氏
　　・新KKについて
　④フタムラ化学㈱　劔氏
　　・新KKについて

⑤　＊＊＊＊＊＊＊（発表者　未定）
・その気にさせる会話術について
※休憩（10分）
2．リーダーシップとワークエンゲージメント（LEマップ）
　の自己評価の体験と行動ガイドラインの発表（20分）
　ENEOS㈱大分製油所　堤氏

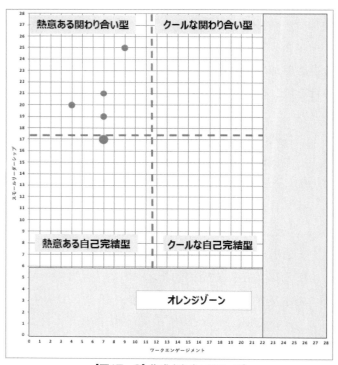

【図17-3】作成されたLEマップ

3．総合質疑応答（20〜30分）（15時30分まで）

[振り返りシートの抜粋]

・各社の具体的な取り組み状況、課題や困り事などが分かり、非常に参考になった。

・部会単位の意見交換会の場では会社紹介はもう少し簡略化いただいても良いかと思いました。

・自社でもノンテクニカルスキル教育を実施しているが、各社少しずつやり方が違うところがあり興味深く感じた。教育対象を幹部含めて全社員としている会社が多いことが新たな気付きであった。

・各社の実情が伺えて、大変有意義な時間でした。

・弊社としては、来年度からの教育開始に向けて準備を進めております。今回ご紹介いただいた、実例をもとに、自社用に工夫して取り組みたいと考えております。教育内容につきましては、都度ご相談させていただければと思いますので、引き続きご協力のほどよろしくお願いいたします。

・レゴ組み立て演習はコミュニケーション及び個人の理解力を鍛える、面白い演習だと感じ、ぜひとも取り入れていきたいと感じました。また、取り組み姿勢につきましても、仲間への愛をもって教育を進めていることに非常に共感することができました。（K工業）

・教育を進めるにあたり、社員の方への配慮を含めた自身の結果を公表しない（自分だけが知る）ことも一つのやり方で

あると勉強になりました。

　注意力を確かめるためのダニエル・シモンズの動画につきましては、存じ上げなかったため、ぜひ取り入れたいと感じました。（F化学）

・レゴ組み立て演習が印象に残った。レゴ演習の課題を簡単なものから徐々に難易度を上げていくとか、時間を測定するなど工夫されていることを感じた。

　教育を始めたばかりなので、どのように活用していくかは未定ですが、特にワークエンゲージメントについてはどこかで活用しないといけないことだと感じてます。

・評価、研修、振り返りと目標設定、OJTのサイクルで5カ年で計画しており、安全力評価、O－O評価、K－I評価と実施してきて、4年目はK－K評価を予定している。5年目の評価にLE評価を考えたい。

・安全成績との相関性については納得いくと思う。今後データを積み重ねて実証してもらえればと思った。特にスモールリーダーシップについては、リーダーシップといえば責任者的なスキルだと思っていたがそうではなく全員に必要であり、関わり合い（相互注意）などで保安を確保するものだと理解した。

・将来的に活用したいと考えております。

・すでに、ノンテクニカルスキル2.0に取り組まれている他社様もあるかと思いますが、弊社においては、まだ1.0が良

いのかなと感じております。
・弊社でもノンテクニカルスキルや行動特性の把握など導入を検討しておりぜひ手法などについてご教示願えればと思っています。問い合わせなどについては今後行っていきますので是非よろしくお願いします。
・新ゲームの開発を、ぜひともお願いしたいです！
・ワークエンゲージメントについて、若手社員にやりがいを持ってもらうことに苦労しておりますので、そこに焦点を当てた教室があると助かります。体験教室後の個別の質問にも、快くご回答やご提案をいただくことが出来まして、運用面でも助けられております。

17−2−6　第6回意見交換会

実施日：2024年5月29日（水）13時30分〜15時
場所（形式）：Webによるオンライン配信（Microsoft Teams）

参加費：体験教室の参加者は無料。前回の意見交換会参加者も無料。上記でない場合は5,500円（税込）、その旨を申し込みの備考欄に記載する。

内　容：
1. 各社のノンテクニカルスキル教育の実績と課題そして意見交換（20分）
    ①日東電工㈱豊橋事業所 拠点教育部　東園元治 氏

② UBE㈱生産・技術本部 ものづくり技術研修センター　葉山孝司 氏
　・「その気にさせる会話術」について
　・新ＫＫの実績
2．テクニカルスキル 2.0 に基づくコンテンツの体験（40 分）
　・「現場操作漏洩例とワークエンゲージメント」教室（概要は下記）
　三井化学㈱　野田誠司 氏
　概要：現場作業に対してどの程度、前後の工程を意識して行うかが大きな課題となっている。我々はこの作業連携に「ワークエンゲージメント」の要素を適応することを試みた。

　最も基本的で強化が望まれているモノの 1 つにその時、その場いる方々の連携がある。「スモーラーリーダーシップ」と同様にコンテンツを映像化した。事例をベースに意見交換し、「スモーラーリーダーシップ」や「上司面談ツール」にもつながる 60 分である。（※今回は所要 60 分を 40 分に短縮して発表）
3．総合質疑応答（15 時まで）

17-3　今後の展望

　ノンテクニカルスキル教育を始めようとしている方々にとって最初の一歩を出すのには時間と労力がかかる。どのようにやっていこうか、インストラクターの育成体制は？などある程度自分たちで新たな道を切り開く作業となるので、先行会社の体験談やノンテクニカルスキル教育を実施する上での「コツ」などを聞くのは有意義なことである。ほぼ同じ課題を抱えてノンテクニカルスキル教育を開始した会社の話は会社が違えど、ノウハウやプログラムは参考になると思われる。

　ノンテクニカルスキル教育の実践会社が体験談を語り、ノンテクニカルスキル教育のスタート会社は尋ねる（質問する）ことで、この意見交換会の目的が達成されると思われる。

　実践されている事業所の実績やその内容、課題について相互に意見交換して他社の実績に触れることで、更に産業界全体のノンテクニカルスキル教育を向上させることができることを期待する。

第18章

はじめての
ノンテクニカルスキル
教育講座

18-1　始めた背景

　2020年8月から2年間活動したノンテクニカルスキル枠組みワーキンググループ（WG）の成果を報告・発表する発表会を2023年2月22日に開催した。

　この発表会は下記趣旨で成果報告会として開催された。

　参加者（55名）からの発表会終了後の振り返りシートの提出率は約半分（通常半分）で、満足度の回答は
- だいぶ満足した：14名
- まあ満足：14名
- やや不満足：2名　　であった。

「やや不満足」と回答した2名の感想は共通して「理解不足」と記入されており、過去の化学工学会安全部会のイベント参加者名簿にはなく、また、ノンテクニカルスキル教育が初見であった。

折角参加したのに「やや不満足」の回答であったのは主催者として反省し、その年から年2回の頻度で「はじめてのノンテクニカルスキル教育講座」を開催して、初見者のためにノンテクニカルスキルの基礎やノンテクニカルスキル教育の目指すところ及び「わが社のノンテクニカルスキル教育の始まりとその後」について教育を先行した2社に事例などを講義することにした。

・第1回：2023年11月14日（開催）
・第2回：2024年5月16日（開催）

【背景及びWGの目的】

ノンテクニカルスキル起因の事故は今なお多く発生している。日本国内の産業界ではノンテクニカルスキル教育の必要性を認識した事業所においてトップマネージメントの決意で教育が開始され、インストラクターの力量も向上し、教育の良好事例が蓄積され始めた。

しかしながら、各社のノンテクニカルスキル教育は事故調査後に教育需要を導出し、教育テーマを決定している。

網羅的で深層的なノンテクニカルスキル教育を目指す場合

に、学術的な見地からの検討は十分になされておらず、現状のノンテクニカルスキル教育における弱点や強味を認識できるようにしたい。ノンテクニカルスキルの7カテゴリーを構成するそれぞれの多くの要素についてその要件やその要素の定義が必ずしも明確でなく、産業界特有の定義も存在する。

これらのカテゴリー間の関連性や要素間の連携度合いを産業界向けに明確にする。

事業所の教育需要からそれぞれの事業所でインストラクターが指針のように感じられる上記の関連性を取り込んだガイドラインの作成を目指す。

本WGにおいては議論の後で作成されるガイドラインは実用書でなく、事業所の事故を振り返り、事故抑制に向けた自覚の促進をするものとする。今までの国内のノンテクニカルスキル教育の蓄積から導出される教育手法や教材の紹介からより普遍的な内容があれば記述する。そして本WGの成果を普及する。

【WGの進め方】

それぞれのメンバーが実施している教育現場から離れ、第三者的に現状を見つめ、ノンテクニカルスキルの7カテゴリーや多くの要素の関連性と目指す教育についてそれぞれのメンバーが検討し、キックオフミーティング以降月1回の打ち合わせを実施する。

2年間の成果を46ページの成果報告書にまとめ、その中

ですでに第1部で記述のノンテクニカルスキル 2.0 を提唱した。またノンテクニカルスキル 2.0 に基づくコンテンツの制作もWG終了後、ノンテクニカルスキル 2.0 コンテンツ制作WGとして発足し、第2部で記述したコンテンツを計画どおり制作した。

18−2　はじめてのノンテクニカルスキル教育講座

18−2−1　第1回はじめてのノンテクニカルスキル教育講座

下記は初回の講座案内文である。

主催：化学工学会安全部会

近年、様々な分野でノンテクニカルスキル起因及び行動特性起因の事故の割合が増大していることが注目されている。化学・石油・電力等のプラント・オペレーションの分野では、ノンテクニカルスキルを社内教育に取り入れる事業所も増えてきているが、ノンテクニカルスキル教育の開始・実行・継続における悩みも数多く我々のところに寄せられてきている。

この講座は、そのような要望に応えるため、全産業分

野を対象にし、ノンテクニカルスキル起因・行動特性起因の事故抑制について学んでみたい、興味がある、始めてみたいと思われている人へ向けたノンテクニカルスキルの入口となる講座である。初学者向けの講座と言いながら、最新のコンセプトであるノンテクニカルスキル 2.0 の概念も取り入れており、必ずや皆様の興味を刺激する内容になると考えている。2023 年に初回を開催し、以降年 2 回（5 月と 11 月）開催の予定。

開催日：2023 年 11 月 14 日（火）13 時 30 分〜 16 時
場　所：Web によるオンライン配信（Microsoft Teams）
講習・発表内容：質疑応答時間含む
　1）ノンテクニカルスキル教育の基礎（40 分）
　　　南川忠男 氏（南川行動特性研究会）
　※休憩（10 分）
　2）わが社のノンテクニカルスキル教育の始まりとその後（50 分）
　　　野田誠司 氏（三井化学㈱岩国大竹工場）、堤克一路 氏（ENEOS㈱大分製油所）
　※休憩（5 分）
　3）質問に答えるフリートーク（30 分）
　　　南川忠男 氏、堤克一路 氏、野田誠司 氏
　4）教育需要に対応する体験教室、コンテンツ提供教室、

　　　　　ノンテクニカルスキル 2.0 コンテンツの紹介（15分）
参加費：8,800円（税込）。化学工学会安全部会の法人賛助会員の社員は2名無料。

この講座には32名が参加し、約半分の回収率で満足度状況は
・満足した：9名
・まあ満足した：6名
・どちらともいえない：1名　　　であった。

1）では、ノンテクニカルスキル教育の基礎の講義（40分）は、下記のようにノンテクニカルスキル教育の目的や意義について話した。
1．ノンテクニカルスキル教育の目的と概要
2．ノンテクニカルスキル教育の意義
3．事故原因の推移
4．事故発生のスイスチーズモデルの基本形・応用形
5．自己を知れば事故は減る・・・行動特性の自己評価
　　　自己認識の強化が事故を減らす
6．チームヒューマンエラー防止教育（一例）
　　　言い出す勇気をもとう！！
7．ノンテクニカルスキルとテクニカルスキルの作用概念図
8．ノンテクニカルスキル 2.0 とは（付録）

2）では、野田誠司氏はノンテクニカルスキル教育導入のきっかけ、ノンテクニカルスキル教育の試行と味付け（MMG）、ノンテクニカルスキル教育の実績と展開についてそれぞれ実施上のポイント及びノンテクニカルスキル教育プログラム例が語られた。

堤克一路氏は製油所におけるヒューマンスキル向上に向けた取り組みと題して「最近、事故・トラブル・ヒヤリ・労災が目につく、そのように思いませんか？」という問い掛けで始まり、下記目次に沿って発表した。

1．はじめに
2．製油所でのヒューマンスキル教育・訓練体系
3．ヒューマンスキル向上のための意識教育
4．ヒューマンスキルの重要性
5．集合演習
6．現場活動事例
7．これからのヒューマンスキル教育

最後に「どうすればヒューマンスキルが浸透するのでしょうか？」で発表が終わった。

3）では、質問に答えるフリートークでは、当日参加者の質問に答える形で講師3名でフリートークした。また、質問者とも意見交換した。
・ノンテクニカルスキル教育をして工場の雰囲気は変わっ

たか？
・ノンテクニカルスキルのテーマはどう決めているか？
・構内の協力会社の人たちにはノンテクニカルスキル教育はしているか？
・グループ演習の大きさや人数は？
・行動特性の自己評価でうそをつく人にはどう対応するか？

［振り返りシートの抜粋］
・どのような事務局体制で、どう進めているのか？聞くことができて有意義でした。
・ノンテクニカルスキルを運用している工場での、様々な進め方や問題点など現状を聞けたので参考になりました。
・ノンテクニカルの教育や、必要性について学ぶことが出来たと感じています。
・他社の取り組みの事例や効果的に有意義に進めるのにどういった視点ややり方が適切なのか、大変参考になりました。弊社では、数年前から南川さんの図書等を参考にして、模擬プラントを活用して、取り組んできましたが、その意義や伝え方にも工夫が必要で、今後、この取り組みを拡張するために参考にさせて頂ければと思います。
・具合的な進め方の事例紹介や、意見交換があり、非常に参考になりました。一方で、推進体制が他社と比較して（当社

では）マンパワーがかなり不足しているため、同様の進め方や展開の仕方は難しいと痛感しました。
・今あるマンパワーで、できるところから少しずつ進めていこうと考えております。
・南川先生の「はじめてのノンテクニカルスキル講座」は、これまでの当教育の振り返りが出来たとともに、ノンテクニカルスキル教育の原点を確認することが出来、この教育の意義や存在価値を確認することが出来ました。
・三井化学・野田様、ENEOS・堤様の逞しい実践活動報告は、これからこの教育を本格的に軌道に乗せようとする我々にとってお手本であり、励ましとなる講義でした。
　特に、教育テーマ選定などについて、難しいことではなく
　・コミュニケーション改善が目的でよい
　・要望のあった職場からのヒヤリヒヤリングで決定する
　など、教えて頂きハードルを下げる事も必要だと気づかされました。
この企画に大変に感謝いたします。

18-2-2　第2回はじめてのノンテクニカルスキル教育講座

開催日：2024年5月16日（火）13時30分〜16時
場　所：Webによるオンライン配信（Microsoft Teams）
講習・発表内容：質疑応答時間含む

1）ノンテクニカルスキル教育の基礎（40分）
   南川忠男 氏（南川行動特性研究会）
※休憩（10分）
2）わが社のノンテクニカルスキル教育の始まりとその後（50分）
   野田誠司 氏（三井化学㈱岩国大竹工場）、堤克一路 氏（ENEOS㈱大分製油所）
※休憩（5分）
3）質問に答えるフリートーク（30分）
   南川忠男 氏、堤克一路 氏、野田誠司 氏
4）教育需要に対応する体験教室、コンテンツ提供教室、ノンテクニカルスキル2.0コンテンツの紹介（15分）

18-3　今後の展望

はじめてノンテクニカルスキル教育を開始する人たちにその基礎となることを企画する前に学んでおくことは必須のことであり、いままでそのような講座がなく、ノンテクニカルスキル講座も行動特性研究会も約10年間実施してきたが、そのことに気づかず実施してきた。今後はこの「はじめてのノンテクニカルスキル教育講座」を受講し、体験教室やコンテンツ提供教室でどんなコンテンツで教育しているのかを体験し、自社の教育需要に合ったプログラムを作る構想力や実

行力の源になっていただければと思う。

　常にノンテクニカルスキルの初見の人やはじめてのインストラクターの人たちが発生してくると想定して、第2回のプログラムは第1回と同じにしたが、参加者の要望にもあり、教育2，3年目のインストラクターの人にその教育を始めた経緯や教育事例を「わが社のノンテクニカルスキル教育の始まりとその後」として発表してもらうのもやってみようかと計画している。今後も参加者の要望などを取り入れて、この「はじめてのノンテクニカルスキル教育講座」を発展させていきたい。

あとがき

　このたび、現場におけるノンテクニカルスキル向上活動の一環として、2020年発行の『産業現場のノンテクニカルスキル教育実践ガイドブック』に続き、ノンテクニカルスキル2.0に関する新たな取り組みをまとめた書籍を発刊する運びとなり、関係各位のご指導とご協力のもと、南川行動特性研究所の南川忠男氏を中心に執筆・編集作業を進めてまいりました。本書では、ノンテクニカルスキル2.0の理論を軸に、近年開発されたノンテクニカルスキルの向上に資する多くのコンテンツを紹介すると共に、これまでのノンテクニカルスキルに関する活動の歩みを取りまとめたものとなっており、手に取って読んだ皆さま（読者）がノンテクニカルスキルの活動を進めていくにあたりヒントとなる内容がふんだんに盛り込まれています。特に、皆さまの活動が成果につながる転機となるであろうノンテクニカルスキル2.0の理論は、現場ファーストの視点で生み出された理論であると言えます。

　振り返れば、ノンテクニカルスキル2.0は、約2年間にわたる産学の7人のメンバーによるノンテクニカルスキルに関するワーキンググループ（WG）活動から生まれた理論でした。本書ではWG活動の苦労話に触れることはしませんでしたが、筆舌しがたい苦労の連続でした。というのも、WG活動の掲げたテーマが「これまでのノンテクニカルスキルの理

論を学術的見地から見直し、現状のノンテクニカルスキル教育における強みや弱みを認識し、網羅的で深層的かつ予防保全的なノンテクニカルスキル教育を提言する」といった途方もなく難解なテーマでした。活動を開始してみると案の定、何から手を付けてよいのか？暗中模索の状態となりました。そのような中、最初に手を付けたのが産業現場の現状把握でした。原点に戻り、思い込みを捨て、まずは現場の最前線で働く人たちを対象に事故・トラブルに関する意識調査を行いました。メンバーの期待の高まるなかで行われた意識調査ではありましたが、その最初の意識調査からは何も得るものもありませんでした。落胆の中、WG内でのメンバーの議論もかみ合わず、混沌とするなか時間だけが過ぎていきました。そんなメンバーたちの転機となったのは、何気なく耳にした社内の無災害連続運転表彰のニュースでした。これまでの意識調査においてメンバーたちは、なぜトラブルや労災が起こるのか？どこか悪いところがあるに違いない？という視点からの思い込みによる解析にどっぷりはまり込んでいました。反対にトラブルや労災が少ない職場は何がよいのか？という視点でのものの見方をすることが中々できませんでした。物事を理解するには多面的な視点から見ることが大切であるとわかっていながら、まさに思い込みでありノンテクニカルスキルの不足した事象でした。調査対象を特にトラブルや労災の少ない安全成績がよい職場に広げ、その職場への追加意識

調査を実施したところ、ノンテクニカルスキル2.0の軸となるスモーラーリーダーシップとワークエンゲージメントの２つの要素の発見にたどり着くことができました。意識調査においては、後ろ向きな点よりも、前向きな点の方が素直に結果に現れやすいのかもしれません。とにもかくにもこの発見はＷＧメンバーにとっては大きな前進でした。

　ノンテクニカルスキル2.0の理論は、従来の７つの要素で構成するノンテクニカルスキルを向上させていくことに加え、上位者とメンバーの持つ心理的な２つの要素の充実を結びつけることが事故・トラブルのない現場つくりへとつながることを示しています。今思えば２つの要素自体は、よく聞く普通の要素であるようにも思えますが、心理的な２つの要素の充実と事故・トラブルのない職場づくり、つまり安全に関する組織文化・風土の醸成を結びつけたことに今回のＷＧの成果があると思います。

　どんなに高度なテクニカルスキルを持っていようと、どんなに素晴らしい仕組みやルール・規則があろうとそれを活かすも活かさないもその人（ひと）次第であり、ノンテクニカルスキルはその根幹にあります。ノンテクニカルスキルを向上することによって、その人ひとりがもつ様々な能力を、そして人の集まりである集団の能力を最大限に引き出すことができるのです。一人ひとりが潜在的に持っている力を今よりも少しプラスして発揮することができれば、集団としては大

きな成果につながります。こんなに素晴らしいことはありません。ノンテクニカルスキルはそのことを可能にします。これは、私（堤）のノンテクニカルスキルに関する持論であり、いまも変わることはありません。

　ノンテクニカルスキルは、なにも企業における業務に限る必要はありません。日常生活する上においても、生活を豊かにしていくためにも、心地よくしていくためにも役に立つスキルです。そのような意味からは、ノンテクニカルスキルに関する教育は、人材育成の最も基礎的なメニューの1つであるともいえます。昨今の新しい試みとして、社会に出る前の大学生を相手にノンテクニカルスキルの講座を開講しました。トラブル・労災の撲滅を目指す企業向けに作成したノンテクニカルスキル研修の教材を学生向けにアレンジして、授業をしています。開講前の準備段階では、理解できるかな？とか、興味があるかな？とか、聴いてくれるかな？とか心配していましたが、始まってみるとそのような心配はまったく無用でした。むしろ、様々な反応を示し、好奇心をもって、意識高く受講している学生がほとんどでした。驚いたことに、講義後に我々とノンテクニカルスキルに関する議論を望む学生までいました。日常生活などの身近な場面におけるノンテクニカルスキルの自己体験と上手く結びついたのでしょう。また、この講座では社会人になる前の心構えや役立つスキルを体感することができるといった我々のアピールが功を奏し

たのかもしれません。これからどのような形でこの講座が学生と共に成長していくか？楽しみになってきました。

　ノンテクニカルスキルの向上に必要なのは意識と好奇心だけです。一人ひとりが意識と好奇心を持って、そして皆で楽しくノンテクニカルの向上への活動に取り組むような姿が本来目指すべき姿であろうと、そのようなことを思いながら今回の執筆にあたりました。

　本書は、閉塞した状況を打開する1つのきっかけになるはずです。本書を読んだ皆さまのノンテクニカルスキルへの意識と好奇心が高まり、ノンテクニカルスキルが向上し、業務の質が向上し、日常生活が豊かになることを願っております。

　今回、縁あってこのような機会をいただいたことに感謝すると共に、再び書籍発刊に参画できたことをうれしく思い、発刊にあたりご指導とご協力をいただきました各位に心より御礼申し上げます。

2024年9月

堤　克一路

◎著者略歴

南川 忠男（みなみがわ ただお）　[第5章、第11章、第13章～第18章：執筆]
1955年三重県生まれ。1975年鈴鹿工業高等専門学校卒業。
同年旭硝子㈱[現 AGC㈱]に入社。千葉工場製造部門及びインドネシアの関係会社勤務を経て、2004年千葉工場環境安全部、2020年定年退職。2015年公益社団法人化学工学会安全部会事務局長。
2017年一般社団法人日本化学工業協会・レスポンシブルケア賞審査員特別賞を受賞。
著書に『組織と個人のリスクセンスを鍛える』[共著：大空社（2012年）]、『産業現場のノンテクニカルスキルを学ぶ―事故防止の取り組み』[化学工業日報社（2017年）]、『産業現場のノンテクニカルスキル教育実践ガイドブック』[化学工業日報社（2020年）]などがある。

堤　克一路（つつみ かついちろ）　[第1章～第4章、第10章：執筆]
技術士（化学部門）
1965年大分県大分市生まれ。1988年早稲田大学理工学部資源工学科卒業後、同年九州石油㈱に入社。大分製油所における石油精製装置の建設工事に数多く従事し、主にプロセス設計の業務を担当する。以降、製油所現場における運転管理、収益改善、人材育成、TPMなどの諸活動を推し進める。新日本石油㈱と九州石油㈱の会社統合を経て、2015年根岸製油所への異動を機に、運転現場における自主保全活動と所内的なノンテクニカルスキルの活動の礎を築く。その後、JXTGエネルギー㈱本社製造部でのプロセス安全業務を経て、現在はENEOS㈱大分製油所にて、リスクアセスメント、ノンテクニカルスキル、TPM、プラントの設計、運転改善、収益改善など多岐にわたる分野の業務に従事している。
著書に『産業現場のノンテクニカルスキル教育実践ガイドブック』[化学工業日報社（2020年）]。

野田 誠司（のだ せいじ）　[第7章～第9章、第12章：執筆]
1964年広島県生まれ。1990年山口大学工学研究科化学工学専攻修士課程修了後、同年三井石油化学工業㈱[現 三井化学㈱]に入社。製造部、生産技術研究所、企画技術G、管理部にて、プラント能力増強、海外支援、新規事業、近隣連携を担当。
2012年4月RS事故にて現場指揮本部情報班、一般配管復旧班を担当し、その後の活動において、有事対応訓練とエンジニア育成を担当。2016年から森本聡※の指導を受け、ノンテクニカルスキル教育の企画・講師を開始、現在に至る。2022年～広島大学工学部第3類客員准教授。
※森本聡：『産業現場のノンテクニカルスキル教育実践ガイドブック』第3章執筆者

井上 哲夫（いのうえ てつお）　[第6章：執筆]
1957年東京都生まれ。1984年法政大学大学院工学研究科建設工学専攻 修士課程修了。同年清水建設㈱へ入社、2008年まで建築施工に携わる。その後、社内業務改革や 施工部署の品質、環境、安全管理を担当。2015年労働安全コンサルタント（建築）資格取得、2016年東京支店安全環境部安全担当部長、2021年社会保険労務士資格取得、2022年清水建設㈱退職後、中央労働災害防止協会東京労働安全衛生教育センター非常勤講師、労働安全コンサルタント事務所COSIN所長、現在に至る。

◎関連書籍案内◎

職場の安心・安全を確保するために―

産業現場のノンテクニカルスキルを学ぶ 事故防止の取り組み

南川 忠男 著

Ｂ６判／360頁　定価：本体3,000円＋税（送料別）　2017年８月１日発行

　近年の事故発生要因は、テクニカルスキル（技術面）に起因するものよりもノンテクニカルによるものが増加する傾向にあります。ノンテクニカルスキル教育は、航空業界をはじめ、海運、医療、原子力などさまざまな分野に広がり、製造産業の現場においても取り組みがはじまっています。

　本書は、著者が所属するＡＧＣ旭硝子でのノンテクニカルスキル教育の実践を踏まえて執筆されました。「基礎編」では、ノンテクニカルスキルの概要を解説し、続く「応用編」では、教育インストラクターの養成、スキルアップの手法、現場の意識改革などを実際の演習内容をもとに解き明かしています。

　事業所のトップリーダー、現場の管理者、また、第一線で活躍する作業者のみなさまが、これからの事故防止・保安安全活動を推進するために本書をご活用いただくことを強くお薦めします。

◎目　次

[基礎編]
- 第１章　ノンテクニカルスキルとは何か
- 第２章　状況認識
- 第３章　コミュニケーション
- 第４章　意思決定
- 第５章　リーダーシップ
- 第６章　ノンテクニカルスキル能力の開発

[応用編]
- 第７章　ノンテクニカルスキル力を高める演習
- 第８章　ノンテクニカルスキル教育の実践
- 第９章　行動特性評価の実際
- 第10章　現場で醸成できるノンテクニカルスキル
- 第11章　演習の作成方法
- 第12章　インストラクターの要件

◎関連書籍案内◎

産業安全の確保・向上に役立つ

産業現場の ノンテクニカルスキル教育 実践ガイドブック

－事故防止教育の普及へ

南川 忠男／編著　森本 聡、堤 克一路、井上 哲夫／著

◉B6判／380ページ　◉定価：本体3,500円＋税（送料別）　◉2020年6月18日 発行

近年の事故発生要因は、テクニカルスキル（技術面）に起因するものよりもノンテクニカルによるものが増加する傾向にあり、事故防止教育におけるノンテクニカルスキル教育は、製造業や建築業の現場においても取り組みがはじまっています。

本書は、編者らがこれまで実践し積み重ねた経験をもとに、所属先でのノンテクニカルスキル教育の実際をはじめ、教育インストラクターの養成、スキルアップの手法、教育プログラムの作り方などを解説しています。

事業所のトップリーダー、現場の管理者、また、第一線で活躍する作業者のみなさまが、これからの事故防止・保安安全活動を推進するために本書をご活用いただくことを強くお薦めします。

目 次

第1部　各社のノンテクニカルスキル教育
- 第1章　AGC 千葉工場のノンテクニカルスキル教育
- 第2章　JXTG エネルギー 根岸製油所のノンテクニカルスキル教育
- 第3章　三井化学 岩国大竹工場のノンテクニカルスキル教育
- 第4章　清水建設 東京支店のノンテクニカルスキル教育

第2部　ノンテクニカル教育の実際
- 第5章　化学工学会安全部会のノンテクニカルスキル教育講座及び行動特性研究会の実績
- 第6章　行動特性研究会での質疑応答
- 第7章　教育プログラムの作り方
- 第8章　インストラクターの教え方・話し方
- 第9章　行動特性評価の実際と応用
- 第10章　若年層教育の必要性と実際
- 第11章　プロセス安全におけるノンテクニカルスキルの活用
- 第12章　ノンテクニカルスキルの視点を入れた事故調査手法と 適合化作業

産業現場のノンテクニカルスキル2.0の取り組み
― 事故防止教育の新展開

2024年9月17日　初版1刷発行

著　者　南川　忠男　堤　克一路　野田　誠司　井上　哲夫
発行者　佐藤　豊
発行所　株式会社化学工業日報社
〒103-8485　東京都中央区日本橋浜町3-16-8
電話　　03(3663)7935(編集)
　　　　03(3663)7932(販売)
振替　　00190-2-93916
支社　大阪　　**支局**　名古屋、シンガポール、上海、バンコク

印刷・製本：昭和情報プロセス㈱
DTP、カバーデザイン：㈱創基
本書の一部または全部の複写・複製・転訳載・磁気媒体への入力等を禁じます。
Ⓒ 2024〈検印省略〉落丁・乱丁はお取り替えいたします。
ISBN978-4-87326-773-9　C3050